석학
人文
강좌
75

공간으로 세상 읽기
- 집·터·길의 인문사회학

석학人文강좌 75

공간으로 세상 읽기
– 집·터·길의 인문사회학

초판 1쇄 발행 2017년 2월 28일

초판 2쇄 발행 2018년 2월 7일

지은이 전상인

펴낸이 이방원

편 집 강윤경·김명희·이윤석·안효희·윤원진·홍순용

디자인 손경화·전계숙

마케팅 최성수

펴낸곳 세창출판사

출판신고 1990년 10월 8일 제300-1990-63호

주소 03735 서울시 서대문구 경기대로 88 냉천빌딩 4층

전화 723-8660

팩스 720-4579

이메일 edit@sechangpub.co.kr

홈페이지 http://www.sechangpub.co.kr

ISBN 978-89-8411-666-5 04300

978-89-8411-350-3(세트)

이 도서의 국립중앙도서관 출판시도서목록(CIP)은 서지정보유통지원시스템 홈페이지(http://seoji.nl.go.kr)와
국가자료공동목록시스템(http://www.nl.go.kr/kolisnet)에서 이용하실 수 있습니다. (CIP제어번호: CIP2017003986)

석학
人文
강좌
75

공간으로 세상 읽기

– 집·터·길의 인문사회학

전상인 지음

세창출판사

사회학의 가장 핵심적인 발견 중에 하나는 합리성이 제한되어 있으며 특정한 조건 아래에서만 모습을 드러낸다는 것이다. 합리성의 전능함을 의심하게 된 가장 단순한 이유는, 합리성을 옹호하는 사람들의 의견이 엇갈릴 때가 많다는 것이다. 인간사회를 유지해 주는 것은 합리적인 합의가 아니라 더 심층에 자리 잡은 감정이다. 만약 진정한 인공지능이 만들어진다면 사회학자들이 반드시 중요한 역할을 맡아야 할 것이라고 말하고 싶다. 인간의 사고는 기본적으로 사회적이다. 인간과 똑같은 일을 할 수 있는 컴퓨터 지능을 만들려면 컴퓨터에 감정을 부여해 주어야 한다.

_랜들 콜린스, 『사회학 본능』 중에서

들어가며

내세울 만한 업적은 하나도 없지만 대학의 전업(專業) 사회학자로서 내 시작은 역사사회학 분야였다. 역사는 기본적으로 시간 축(軸)에서 사회를 이해하는 학문이다. 그로부터 어언간 사반세기(四半世紀)가 흘러 현재는 주로 공간사회학 방면에 와 있다. 세상을 읽는 축선(軸線)이 완전히 뒤바뀐 셈이다. 물론 이쪽에 와서도 내놓을 만한 성과가 하나도 없기는 마찬가지지만 말이다.

시간 축에서 공간 축으로 옮겨오게 된 것은 자의반타의반(自意半他意半)이었다. 한림대 사회학과에 있다가 십여 년 전 서울대 환경대학원으로 이직한 것이 계기였다. 사전 정보나 예비 지식이 없는 대부분의 사람들은 서울대 환경대학원의 본업이나 정체성을 자명(自明)한 것으로 생각하는 경향이 있다. 또한 그와 같은 선입관이 완전히 틀린 것도 아니다. 그러나 서울대 환경대학원의 핵심 키워드는 환경이라기보다는 계획(planning)과 공간(space)이다. 공간에 관련된 제반 이슈들을 공공계획의 관점에서 접근하는 것이다.

계획과 공간 둘 중에서 계획은 비교적 익숙한 척할 수 있었다. 그것은 기왕 공부해 오던 정치사회학이나 국가론, 사회변동론 등과 크게 다르지 않았기 때문이다. 하지만 공간은 달랐다. 공간에 대한 나의 지식은 많은 부분이 학교를 옮긴 이후 가르치며 배운 것이다. 미국 유학 시절 도시사회론 과목을 몇 개 수강한 적은 있지만 이미 오래전 이야기였다. 그러던 어느 날 내가 문득 깨달은 것이 있었다. 그것은 시간이 공간에 흔적을 남긴다는 사실이었다. 그리고 시간이 공간에 남기는 형적(形迹)이 기억을 만들고, 기억들이 쌓여 역사를 이룬다는 데까지 생각이 미쳤다. 이런 식으로 '역사의 공간화'를 추구했던 '아날학파'를 떠올린 것이 이 책의 서막이다.

역사나 사회변동을 공부하는 사람들은 선진국이나 후진국이라는 말을 자주 쓴다. 발전에 앞서는 나라가 있고 뒤처지는 나라가 있다는 판단에서다. 이런 맥락에서 수많은 경제 관련 지표들은 대한민국이 선진국 대열에 진입했다고 말하고 있다. 2016년 기준 3만 달러를 눈앞에 둔 일 인당 국민소득에다가 GDP 규모 세계 11위, 수출 세계 6위를 자랑하는 나라가 바로 대한민국이다. 하긴 벌써 20여 년 전에 선진국 클럽으로 분류되는 경제협력개발기구(OECD)에도 가입한 우리나라 아닌가.

그런데 막상 삶의 공간에 투영된 '근대화의 기적'은 아직도 개발도상국 수준이다. '언제나 공사 중'이라는 이미지와 겹쳐 '영원한 개도국'으로 남을지 모르겠다는 불길한 예감이 들 때도 있다. 지상낙원 같은 초고층·초대형·최첨단 아파트 단지가 즐비한 나라에서 주거난은 오히려 나날이 더 심각해져 간다. 세계 최고수준의 도시화 국가이지만 보란 듯이 내놓을 명품도시와 교양시민은 참으로 드물고 귀하다. 세계 초일류 고속도로와 고속철도가 사통팔달 달리는 세상이 되었지만 정작 매일 지나다니는 동네 길에는 보도블록 하나 제대로 못 깐다. 외국인 친구 하나가 한국 사람들은 왜 차만 타면 조는지 이유를 알았다고 했을 때는 쥐구멍이라도 찾고 싶었다. "창밖에 볼만한 경관이 없어서"라는 게 그의 설명이었다.

오늘날 대한민국의 생활공간은 전쟁터 아니면 난장판이다. 집이 그렇고 동네가 그러하며, 도시가 그렇고 길 또한 그러하다. 우리들의 공간생활에는 전통도 없고 문화도 없으며, 평화도 없고 정의도 없다. 내 평소 소신 가운데 하나는 일상의 공간만큼 선진국과 후진국을 정직하게 구분하는 기준이 없다는 것이다. 이럴 때 우리는 변명의 여지 없는 공간 후진국이다. 그렇지 않다고 말한다면 무식하거나 뻔뻔하거나 둘 중의 하나다. 『서유견문(西遊見聞)』에서 유길준이 19세기 말 구미(歐美) 각국 도시들에 대해 가졌던 콤플렉스를 우리는 21세기가 되도록 여전히 극복하지 못하고 있다. '공간이 빈곤한 나라' ─ 이는 공간 관련 학계에 늦깎이로 합류한 내가 내린 잠정 결론이다.

바야흐로 시대정신은 어딜 가나 국민행복이다. 대한민국의 행복 순위가 세계 꼴찌급이라는 사실은 이제 삼척동자(三尺童子)도 입에 담는다. 일련의 행복연구에 따르면 행복과 공간 사이에는 상관성이 항상 높게 나타난다. 공간은 건강, 교육, 소득, 안전, 연대나 교류 등 다른 행복 요인들의 배경이자 무대이기 때문이다. 행복으로부터 멀어진 한국인들이 공간의 빈곤을 향해 보다 엄중한 책임을 물어야 할 이유와 근거가 바로 이 대목에 있다. 경제부국(經濟富國)과 공간빈국(空間貧國)의 불편하고도 창피한 공존 ― 이것이 이 책의 화두다.

공간의 빈곤이라는 이 책의 문제 제기에 펄펄 뛰며 반대하는 입장이 만만치 않을 것이다. 특히 건설입국을 내세우고 교통 강국을 외치고 도시 수출을 부르짖는 쪽에서 말이다. 군말 없이 인정한다. 최근 수십 년 동안 주택이나 도시, 교통 등 삶의 여러 공간이 과거보다 획기적으로 좋아지고 편해지고 빨라진 측면 말이다. 그러니까 내가 여기서 말하는 공간의 빈곤은 '내빈'(內貧), 곧 외화(外華)와 대비되는 개념으로서의 내빈으로 바꾸는 게 낫겠다. 이렇듯 겉은 화려하나 속은 부실한 우리나라 공간의 외화내빈 ― 그 이유를 공간의 인문사회학 부재에서 찾는 것이 이 책의 주제다.

우리나라의 인문사회과학 분야는 공간에 대한 관심이 높은 편은 아니다. 싫든 좋든 우리에게는 이렇다 할 공간 정벌의 역사가 없어 적극적이고 진취적인 지정학적 상상력은 애당초 설 땅이 좁았다. 게다가 분권의 전통과 지방자치의 경험마저 없던 나라여서 공간의 지배나 관리, 생산이나 소비 등과 관련하여 제대로 된 정책 역량과 시민의식을 배양하기는 더욱더 힘들었다. 하지만 이보다 더 큰 이유는 한국의 공간지식 생태계를 워낙 공학·기술적 접근이나 부동산 연구가 점령하고 있기 때문이다. 사회학의 넓고 넓은 오지랖을 앞세워 이에 대한 시비를 한번 걸어 봐야겠다고 작심한 것이 이 책을 쓰게 된 발단이었다.

그러잖아도 평소에 우리나라의 학문세계에는 두 가지가 부족하다고 생각해 오던 터였다. 하나는 '디테일'(detail)이다. 수치로 표현하거나 파워 포인트로 요약하는 것이 학계의 관행으로 자리 잡으면서 인문·사회과학 본연의 '말의 성찬'(盛饌)은 점점 더 보기 힘들어지고 있다. 오늘날 한국 사회학에서 통용되는 어휘의 총량은 과연 얼마나 될까? 비트겐슈타인(Ludwig Wittgenstein)은 "내 언어의 끝이 내 세상의 끝"(The limits of my language mean the limits of my world)이라고 했다. 말이 줄면 세상도 그만큼 좁아진다. 사전이 얇아지면 생각은 옅어지고 지식도 얕아질 수밖에 없는 것이다.

다른 하나는 '스피릿'(spirit)이다. 언제부턴가 학문하는 이들 사이에 영혼이랄까, 열정이랄까 할 만한 것들이 잘 보이지 않는다. 물론 대학이 '진리의 상아탑'이라는 식으로 옛날을 고집하는 것은 아니다. 하지만 대학이 논문 공장으로 변질되고 교수가 논문 기계로 전락하는 작금의 추세는 분명 문제가 있다. 공리적(功利的) 연구목적이 늘어나고 연구양식이 판박이가 되어 가는 가운데 연구결과 또한 점차 공산품을 닮아 가기 때문이다. 일찍이 베버(Max Weber)가 강조한 학자의 직업적 소명의식, 곧 실천적 동기나 실용적 이익이 아니라 "언젠가는 능가되고 낡아 버리는 것이 학문연구의 운명이자 목표라는 사실을 희망하고 감수하는 정신"은 우리 주변에서 점점 더 낯설어지고 있다.

이 책의 직접적 모태는 한국연구재단이 주관하는 〈석학과 함께하는 인문강좌〉 제8기 제5강 내용이다. 2015년 8월 29일부터 9월 19일까지 서울 서초구민회관에서 매주 토요일 오후에 열렸다. 이 자리를 통해 강연 및 출판의 기회를 제공해 준 한국연구재단에 정중히 사의를 표한다. 어느덧 회갑을 목전에 둔 나이가 되어 정년이 얼마 남지 않았는데 끝내 빈손으로 대학을 떠날까 벌써 세상의 이목(耳目)이 두렵다. 행여 이 책이 이런 스산한 감정을 잠시라도 달래주면 좋겠다.

정유년 입춘
북한산 비봉 아래
나의 우거(寓居)이자 우주(宇宙)에서
전상인

제 1 장

—

공간과 삶

1. 공간으로 읽기까지

인간은 시간 및 공간과 더불어 사는 존재다. 인(人), 시(時), 공(空) 모두 '사이 간(間)' 자와 합쳐진다는 공통점이 있다는 사실도 예사롭지 않다. 우리가 존재한다는 것은 어디까지나 시간 사이에, 공간 사이에, 그리고 인간 사이에서다. 물론 다른 동식물들 역시 시간과 공간 속에 존재한다. 이 점에서 인간과 크게 다를 바 없는 것처럼 보일지 모른다. 하지만 그들의 시공간 활용 능력이나 활동 범위는 인간에 비해 크게 제한적이다.

하늘을 나는 새나 물고기 가운데 먼 공간을 이동하는 경우가 있긴 하지만 거의 매번 정해진 경로를 왔다 갔다 할 따름이다. 기러기는 어디까지나 철새며, 연어 또한 언제까지나 회귀성 어류다. 식물 가운데 인간보다 오래 생존하는 것이 물론 많이 있다. 가령 은행나무는 '살아 있는 화석'이라는 별명과 함께 천 년을 산다고 한다. 하지만 인간보다 단명인 식물의 숫자는 이루 다 헤아릴 수 없이 더 많다. 그리고 동물 세계에서는 인간이 비교적 장수를 누리는 편이다. 100년을 사는 거북이가 있다고 하지만 대개는 50년 미만이며, 학이 1000년을 산다는 것도 어디까지나 이상향(理想鄕)에서의 이야기일 뿐이다. 더욱이 작금의 고령화 추세에서 보는 것처럼, 지구 상의 생명체 가운데 평균 수명을 늘리는 능력을 스스로 키우는 종(種)으로는 인간밖에 없다.

다른 동물과 식물들도 시간 및 공간과 더불어 살지만, 상대적으로 보다 오랜 시간을, 그리고 상대적으로 보다 넓은 공간을 살아가는 것은 역시 인간이다. 게다가 인간은 다른 동물들처럼 바로 눈앞의 공간, 코앞의 시간만을 살아가지 않는다. 시간의 차원에서 인간은 현재를 중시할 뿐 아니라 과거를 성찰하기도 하고 미래를 고민하기도 한다. 공간의 차원에서 인간은 이곳이나 여기만이 아니라 과거의 형적(形迹)을 추억하기도 하고 미지의 공간을 꿈꾸거나 찾아나서기도 한다. 말하자면 "특정한 영역과 현재의 한계를 넘어 시간과 공간을 의식적으로 인식하는" 능력은 지구 상에서 오직 인류만이 갖추었다(클라크, 2011: 207). 요컨대 명실상부한 시공간적 존재는 인간뿐이다.

시간과 공간이라는 삶의 두 축 가운데 인문사회과학 연구가 보다 많은 관심을 기울인 쪽은 공간이 아닌 시간이었다. 이는 19세기 근대 학문의 대표적 패러다임인 역사주의(historicism)의 막강한 위력 때문이었다. 역사주의는 "모든 사상(事象)이 역사성을 본질적 속성으로 갖는다고 보고, 역사성을 통해 이들을 설명하고 평가하고자 하는 특수한 사고방식"으로 정의된다(이한구, 2010: 33).[01] 그것은 우리의 삶과 세계를 인식하고 분석하는 세계관이자 방법론 가운데 하나로서 흔히 '자연주의'(naturalism)와 쌍벽을 이루는 것으로 이해된다. 역사주의는 시간의 변화에 반영되는 인과관계와 단선적 방향의 사회변동에 초점을 맞추는 것으로 철학뿐 아니라 다른 인접 학문에도 지대한 영향을 미쳤다.

시간적 사고의 부상과 공간적 사유의 퇴조를 대표적으로 웅변하는 사태는 20세기 중반까지 이어진 지리학의 침몰과 침잠이다(소자, 1997: 45-54). 당시의 시대정신은 인문지리를 '환경결정론'이라는 이유로 거부하였고, 공간연구의 간판 격이던 지리학은 그 무렵 활발한 사회이론의 생산과정에서 배제되고 고립되기 일쑤였다. 그 대신 학계의 헤게모니를 장악한 것은 역사학이었다. 19세기에 들어와 역사학은 인문사회과학 분야 가운데 학문적 전문화를 최초로 구현하며 자신의 최고 전성기를 구가했다(Collins, 1994: 25-26).

사회학은 19세기 말 근대 학문의 늦둥이로 출생했다(Collins, 1994: 38-46). 당시 분위기에 따라 사회학은 역사학의 강력한 영향을 받았을 뿐 아니라 계몽주의 사상과 관념론적 철학의 입김으로부터도 자유롭지 못했다. 그 결과 초기의 고전사회학은 공간적 차원에 대해 대체로 무심했다. 사회현상을 분석하는 데 있어서 시간은 진보와

01 가령 조선시대 한옥을 우리가 보편적으로 생각하는 집의 기준, 곧 집의 크기나 집의 재료, 생활의 편리성 등의 시각이 아니라 당대의 시대정신이나 유학이념의 입장에서 접근한다면 그것이 바로 역사주의이다(이한구, 2010: 34-35). 하지만 역사주의 개념 자체는 학자마다 서로 생각이 다를 뿐만 아니라 다양한 방향의 진화를 거듭해 오면서 현재는 대단히 모호한 상태에 처해 있다. 예컨대 역사주의 안에서도 '역사법칙주의'와 '역사개성주의'는 서로 대립적이다. 역사주의 자체에 대해 왈가왈부하는 것은 이 책의 범위를 벗어난다.

역동성으로 간주되었으나, 공간은 부동(不動)의, 혹은 비어 있는 용기(容器)로 취급되는 경우가 많았다. 오랫동안 사회학에서는 공동체나 구조 등의 개념이 공간을 대신하였다.

하지만 19세기 후반에 이르러 인간의 실제 공간 경험에 일대 전환이 일어났다. 컨(2004)에 의하면 1880년경부터 제1차 세계대전이 끝나던 1918년까지 인간의 시·공간 감각에 획기적인 변화가 일어났는데, 그것은 주로 테크놀로지의 급속한 발달 때문이었다. 과학기술 혁명으로 삶의 속도는 대단히 빨라지게 되었고, 특히 이동·통신 수단의 발전은 공간에 대한 사람들의 생각과 태도를 완전히 바꾸었다. 곧 그 이전까지 "그 자체로는 무력하고 텅 빈 곳"으로 여겨졌던 공간이 마침내 "능동적이고도 구성적인 기능"을 수행하는 것으로 간주되기 시작하였다(컨, 2004: 381). 말하자면 '공간혁명'의 의미와 진가를 제대로 인식하게 된 것이다.[02]

시간 및 역사 카테고리에 집중한 근대 학문에 공간적 분석력이 취약하고 공간적 상상력이 부재하다는 비판은 20세기 후반 탈근대

---

02 공간혁명이라는 개념 자체는 독일의 법학자이자 정치학자인 칼 슈미트가 1942년 『땅과 바다』에서 처음 제안하였다. 나치에 협력하기도 한 그는 공간의 변화를 중심으로 세계사를 재인식해야 한다고 주장하면서 16-17세기 유럽에 의해 시작된 신대륙의 발견과 세계일주 항해를 공간혁명의 시작으로 이해했다. 그에 의하면 그것은 "진정한 의미에서 처음으로 완벽한 지구적 규모의 공간혁명" 으로서 인간이 그 이전까지 갖고 있던 이른바 '호로 바쿠이'(horror vacui), 곧 '빈 공간에 대한 공포'를 일소하였다. 그것은 "단순한 지리적 지평의 양적인 확장"이 아니라 "어떤 다른 혁명들과도 비교될 수 없을" 정도로 "모든 인류의 전반적인 의식이 근본적으로 변하게" 된 결정적 계기였다 (슈미트, 2016: 80-87). 한편, 공간혁명 개념을 활용하여 세계사를 여섯 시대로 구분한 연구로는 미야자키 마사카츠(2016) 참조.

혹은 포스트모던 사회이론의 대두와 더불어 본격화되었다. 사회인식의 '공간화'(spatialization) 혹은 사회분석의 '공간적 전환'(spatial turn)을 위한 첫 포문은 프랑스의 철학자 푸코(Michel Foucault)가 열었다. 그는 공간을 "죽은 것, 고정적인 것, 비변증법적인 것, 정지된 것"으로, 시간을 "풍요로운 것, 비옥한 것, 살아 있는 것, 변증법적인 것"으로 대비하는 기존의 역사주의적 전통에 도전장을 던졌다(Foucault, 1980: 67, 70-72).

푸코는 원형감옥 혹은 파놉티콘(panopticon)으로 상징되는 근대적 권력 특유의 '배치'라는 관점에서 공간의 독자적인 지위와 능동적인 역할을 강조하였다. 발전과 진보, 누적, 퇴행, 정지 등의 개념에 입각하여 지난 19세기가 '역사'에 몰두했다면, 아마도 현재는 "무엇보다 공간의 시대"라는 것이 푸코의 판단이었다(Foucault, 1986). 왜냐하면 오늘날 우리는 "동시성의 시대, 병치(竝置)의 시대, 원·근(遠·近)과 병존(竝存)과 분산의 시대"에 살고 있어서 선후를 확인하고 방향을 판단하는 식의 인과적 분석은 애당초 쉽지 않다는 이유에서였다. 말하자면 역사주의의 효용과 입지가 크게 줄어들고 있다는 관점이었다.

프랑스의 철학자이자 사회학자인 르페브르(Henri Lefebvre)는 푸코의 탈역사주의적 공간화 기획을 환영하면서 이를 보다 더 철저하게 밀어붙이고자 했다(소자, 1997: 28-34). 우선 르페브르는 이렇게 물었다. "공간이란 고작 사회적인 관계가 이루어지는 수동적인 장소, 그

관계들이 확실하게 드러나는 장소, 혹은 관계들이 유지되고 연장되는 과정의 총체에 불과한 것은 아닐까?" 그런 다음 그는 이렇게 단호히 대답했다. "아니다"(르페브르, 2011: 51). 르페브르는 "공간은 (누구를 혹은 무엇을 위해) 봉사하며, (지배적) 헤게모니는 공간을 수단으로 하여, 지식과 기술을 사용하여 하나의 체계를 형성함으로써 비로소 행사"된다고 설명하면서 공간이 독자적으로 갖고 있는 능동적인 요소와 적극적인 측면을 부각시켰다.

이런 입장에서 르페브르가 제시했던 '공간의 생산'(production of space) 개념은 매우 신선하고도 파격적인 것이었다. 원래 존재하는 바도 아니고 그냥 주어진 것도 아닌 공간은 복잡한 사회적 과정을 통해 의도적으로 생산된다는 주장이었기 때문이다. 기본적으로 마르크스주의자였지만 르페브르는 지금까지의 역사를 계급투쟁의 역사로 보는 대신 공간 갈등의 역사로 해석하고자 했다. "'사회'와 더불어 변화하는 공간은 그것 나름의 역사가 존재한다"고 믿었던 그는 따라서 지금부터라도 공간의 역사를 써 나가야 한다고 주장하였다(르페브르, 2011: 29).

르페브르에 의하면 공간은 생산물이자 생산자이고, 경제적 관계 및 사회적 관계의 토대이다. 이런 점에서 그의 공간 개념은 하부구조-상부구조라는 식의 통상적 분류를 벗어난다. 대신 그것은 "여러 '층위' 중에서 어느 한 층위에 개입하다가 다른 층위로 옮아간다" (르페브르, 2011: 29).[03] 물질이나 대상으로서 공간은 하부구조에 속하지만 그것을 생산하고 변형하는 공간계획은 상부구조에 해당하는 것이다. 자본주의의 유지 및 재생산의 동력을 상부구조에서 찾으려는 이른바 네오 마르크스주의의 진면목이 드러나는 예리한 통찰이 아닐 수 없다.

르페브르에 의한 공간의 재발견과 재인식은 새로운 역사지리유물론의 계보를 형성했다. 대표적으로 하비(David Harvey)와 카스텔(Manuel Castells)은 자본주의의 지속 및 발전과 관련하여 도시를 중심으로 하는 공간의 정치경제학을 정립했다. 하비(1995: 6-7, 519-523)는 마르크스주의 이론에서 그동안 "아주 미개발되었거나, 거의 고찰되지 않았던" 도시과정을 분석하기 위해 건조환경(built environment)을 통한 자본순환의 원리에 주목했다. 카스텔(1979: 115)에 의하면 "공간은 사회구조를 단순히 배치하는 정도가 아니라, 사회의 특성을 드러내는 역사적 총체(ensemble) 각각의 구체적인 표현"이다.

하지만 이러한 사회비판적 사고의 공간적 전환이 단순히 반(反)역사주의로 귀결한 것은 아니었다. 푸코가 그랬던 것처럼 정치경제학적 공간이론 역시 한편으로는 역사주의의 과잉과 특권을 해체하

---

03 르페브르는 여러 층을 옮겨다니는 공간의 생산과정을 변증법적으로 설명했다. 첫째는 '공간 재현'(representation of space)인데, 이는 계획가나 전문가, 기술관료 등이 구획하고 배열한 것으로 대개 지배의 공간이 된다. 둘째는 '공간적 실천'(spatial practice)으로서, 사회구성원들이 주어진 자신의 위치와 역할을 일상화하는 공간이다. 끝으로 '재현 공간'(representational space)에서는 주어진 공간을 상상력이나 이미지를 통해 자기 식으로 해석·변용하려는 시도가 벌어진다. 이것은 저항의 공간 혹은 창조의 공간이 된다. 우리는 이와 같은 공간 재현과 공간 실천, 그리고 재현 공간이 서로 교호하면서 동태적으로 진화하는 과정 속에 살아간다(르페브르, 2011: 86-88).

면서도 다른 한편으로는 공간과 시간, 그리고 사회적 존재 간의 적절한 균형을 추구했기 때문이다. '사회-공간 변증법' 혹은 '역사적이면서 동시에 지리적인 유물론'의 가능성은 이런 맥락에서 나온 것이다(소자, 1997). 말하자면 사회분석에서 공간적 차원의 중요성을 십분 강조하되 시간적 측면의 의미와 가치를 결코 배척하는 입장은 아니었다.

공간에 대한 적극적인 관심을 배출한 또 다른 영역은 현대철학 분야였다. 그 가운데서도 이를 특히 주도한 것은 20세기 초 현상학이었다. 19세기 이후 과학과 기술의 급속한 발전은 전반적으로 철학의 위기를 초래하였다. 특히 심리학의 성장은 인지와 정신의 영역을 철학적 논쟁이 아닌 과학적 탐구 대상으로 이동시켰다. 이에 대해 독일의 철학자 후설(2007)은 근대 실증주의가 의식과 대상을 실체적으로 분리해 사고하는 것은 철학적 오류라고 경고하였다. 그는 우리의 의식이 항상 어떤 대상과 관계를 맺고 있기에, 모든 대상은 의식을 매개로 하지 않고서는 의미가 없다는 입장을 취했다. 후설의 현상학에 따르면 공간 역시 객관적으로 존재하는 분석대상이 아니라 의식과의 관계를 통해서만 탐구대상으로서의 가치를 획득하게 된다.

후설의 인식론에 기초하여 공간에 대한 실존론적 내지 존재론적 현상학이 한 시대 철학 분야를 풍미했다. 이는 "인간의 가장 내밀한 중심과 관련되는 시간과 달리 공간은 인간의 외적 생활환경만을 구성한다고 여겨 철학적 생산성이 떨어진다"고 생각하던 철학계의 기존 인식에 대한 반성이기도 했다(볼노, 2011: 13). 가장 대표적으로 하이데거(1992)는 "실존은 공간적"이라고 선언했다. 이를 바탕으로 메를로-퐁티(2002)는 공간의 실존성을 강조하기 위해 '신체적 공간'이라는 개념을 제안했고, 볼노(2011)는 인간 현존재의 공간성을 주장하기 위해 '체험공간'이라는 용어를 제시했다. 또한 바슐라르(2003)는 '상상력'의 원천으로서 공간을 강조하였다.

유럽 대륙에서 발전한 현상학적 공간관은 1970년대 이후 미국을 중심으로 인간주의 혹은 인본주의 지리학이 태동하는 데 지대한 영향력을 행사했다. 투안(1995)에 의하면 낯선 추상적 공간은 인간의 '경험'을 통해 의미 있는 구체적 장소로 바뀐다. 렐프(2005: 32)는 인간이 공동체를 중심으로 세상과 관계를 맺는 실존의 근원적 중심을 '장소'로 정의한 다음, "장소는 지리학의 현상학적 기초"라고 선언했다. 지리학적 탐구에서 공간(space)이 아닌 장소(place)가 명시적으로 핵심 개념이 되기는 이때가 처음이었다(크레스웰, 2012: 130-131). 장소에 대한 인문지리학적 관심은 머지않아 공간의 정치경제학이나 포스트모던 사회이론 등과 합류하게 되었다. 시간을 중시하던 역사주의의 그늘에서 벗어나 마침내 공간이 사람과 세상읽기의 유력한 방법론이자 세계관으로 확실히 자리 잡는 순간이었다.

2. 한국의 공간지식 생태계

우리나라의 근대 학문은 태동에서부터 성장에 이르기까지 싫든 좋든 자생적이지도 않았고 주체적이지도 않았다. 서구의 인문사회과학이 시간과 공간 축 사이를 오가는 동안 국내 학계는 그것의 소비자나 방관자 혹은 추종자로 머물러 있었다고 해도 과언이 아니다.[04] 최근 우리나라 인문사회과학 분야에서 공간적 접근의 중요성을 환기하는 목소리가 높아지고 있는 것도 사실은 자발적인 현상이 아니라 서구 학계의 영향 탓이다(도승연 외, 2011; 박배균, 2012; 신지은, 2012; 유승호, 2013; 정성훈, 2010; 조명래, 2013 등 참고). 이래저래 한국의 공간연구는 아직도 초보적이고 여전히 후진적이다. 특히 공간계획 연구 분야가 그렇다. 한국의 공간 인문사회학은 여태 제자리조차 찾지 못하고 있다.

물론 이런 상황이 초래된 것에는 몇 가지 이유가 있다. 우선 우리나라의 공간연구가 처한 현실은 서구 학계의 경우와 근본적으로 다르다. 인문사회과학 분야에서 역사주의의 패권이나 탈역사주의의 반격을 논하기 전에 우리나라에서 공간 문제를 다루는 주역은 공간·기술 분야가 압도적이었다. 물론 서구 학계에서도 물리적인 측

---

04 김종영(2015)은 미국 유학을 다녀온 한국의 엘리트 학자그룹을 미국대학의 글로벌 헤게모니를 일상적으로 체화하고 있는 '트랜스내셔널 미들맨(transnational middleman) 지식인' 혹은 '지배받는 지배자'로 표현한다.

면에서 공간에 접근하는 토목이나 건축, 조경 등의 학문이 발전되어 있다. 하지만 그곳에서는 우리나라에서처럼 공학·기술 분야가 독점하다시피 하는 일은 거의 없다. 공학·기술적 접근과 더불어 문학, 철학, 역사학, 사회학, 인류학, 지리학, 심리학, 교육학, 사회복지학 등이 공간연구에 처음부터 거의 같은 비중으로 동참하기 때문이다.

우리나라는 압축적 근대화 과정에서 공간 문제에 대한 인문사회학 분야의 지분을 알게 모르게 배제해 왔다. 공간을 사유나 성찰이 아니라 계획과 개발의 대상으로 여기는 시대정신이 공간연구를 건축공학이나 토목공학, 도시공학이나 도시계획학, 주거과학 등에 거의 일임하다시피 한 것이다.[05] 모르긴 몰라도 공병학(工兵學, military engineering) 분야의 역할도 컸을 것이다. 여기에 특이하게도 우리나라에서는 부동산학이 공간연구의 상석(上席)을 차지하는 일까지 벌어졌다. 언제부턴가 국내 도시 관련 대학 및 학과들은 부동산이라

---

05 일본에서도 도시에 관련된 학과들 가운데 주류는 도시공학과이다. 일본 출신의 세계적인 작가 시오노 나나미(1995a: 31-32)는 도시를 만드는 방식의 중요성을 다음과 같이 이야기했다. "이런 도시를 여행하면서, 나는 어째서 일부러 이런 곳에다 도시를 세웠을까 하고 의아해 하는 것이 고작이지만, 도시를 건설하는 조건도 물이나 기후 같은 자연조건 이외에 민족과 시대에 따라 달라질 수 있을 것이다. 도시 건설에 나타난 사고방식의 차이가 그 이후 그곳에 사는 사람들의 운명을 좌우했다고 생각할 수도 있다. 방어에는 완벽하지만, 발전을 저해받기 쉬운 언덕을 좋아한 에트루리아인, 방어가 불완전한 곳에 도시를 건설한 덕분에 결과적으로 밖을 향해 발전하게 된 로마인, 통상에는 편리하지만, 자칫하면 적의 존재를 잊게 만드는 바닷가에 도시를 세운 남부 이탈리아의 그리스인. 공과대학의 도시공학과에 다니는 사람이라면, 무엇보다도 우선 철학이나 역사 같은 인문학을 배우는 것이 좋다. 도시를 어디에 세우느냐에 따라 주민의 장래가 결정될지도 모르기 때문이다."

는 꼬리표를 당연한 듯 붙이고 있다. 이렇듯 학문의 도구적 실용성이나 직업적 연관성이 중시되면서 한국의 공간연구는 점점 더 세속화 내지 속물화의 길을 걷게 된 것이다.

　우리나라에서는 공간과 관련된 학문 전체를 문과가 아닌 이과, 그 가운데서도 공학·기술 분야로 분류한다.[06] 이는 정부행정에서 토목이나 건축, 도시계획, 조경 등의 주무부서가 당연히 국토교통부라고 생각하는 관행과도 무관하지 않다. 프랑스를 비롯한 주요 서구 국가들에서는 도시나 건축이 문화부 소관인 경우가 많다(이상헌, 2013: 122). 공간 관련 국가정책 결정과정에 여성부, 교육부, 복지부, 외교부 등이 참여하는 것이 선진국에서는 거의 상식화되어 있다. 한국산업인력공단이 관할하는 도시계획기술사 역시 '토목기술자'로 분류되는데, 이 또한 공간에 관련된 "계획활동이 지닌 사회과학적 측면을 완전히 무시하는 처사"가 아닐 수 없다(권원용, 2008).

　물론 공학·기술적 접근이 전부 잘못되었다는 의미나 무조건 틀렸다는 말을 하고자 하는 것은 결코 아니다. 우리나라처럼 산업화 및 도시화가 급속히 진행된 경우에는 공간 문제에 대한 대응 방식이 서구와 다를 수밖에 없는 측면이 분명히 있다. 그런 만큼 우리나라 건설공학 분야의 높은 자부심에도 일리가 있다. 주거의 근대화

06　필자는 『옥상의 공간사회학』(AURI, 2012)이라는 공저를 낸 적이 있는데 국립중앙도서관에서는 이 책을 '도시공학' 분야의 도서로 분류하고 있다. 옥상은 건물이고 건물은 건축분야이며, 건축은 당연히 공학 분야라는 생각의 습관 탓이다.

와 도로 및 철도의 발전 등을 거론하며 "우리 건설은 국민과 국가로부터 당연히 1등 공신으로 대접받아야 마땅"하다는 주장도 이래서 나온다(이복남, 2015: 12). 그럼에도 공학·기술 중심의 공간담론이나 공간정책에 내재된 한계와 문제점만은 아무리 강조해도 지나칠 수 없다. 무엇보다 계획과 토건의 관점에서 공간에 접근하게 되면 공간연구가 아무래도 권력의 도구나 자본의 수단이 되기 쉽기 때문이다. 물론 겉으로는 '관학협력'이나 '산학협동'을 표방하면서 말이다.

"한국에 존재하는 수많은 학회는 학문을 추구하는 학자들의 공동체라기보다는 영역을 확보하여 프로젝트를 하는 이익집단의 성격이 강하다"는 주장(이상헌, 2013: 68), 혹은 "학회 논문은 학계에서 살아남기 위한 방편이라는 의미를 빼면, 그 존립 근거가 의심스럽다"는 건축학계의 내부 고발은(이종건, 2013: 10-11) 현행 우리나라 공간 관련 지식생태계의 불편한 진실을 적나라하게 말해 준다. 우리나라의 공간지식 분야에는 내로라할 만한 독보적 스칼러십(scholarship)이 없다. 빛나는 학문적 전통은커녕 이런저런 모럴 해저드(moral hazard)가 적폐를 낳고 있는 것이 우리나라 공간 관련 지식생태계의 솔직한 민낯이다.

우리나라 공간 관련 연구에서 가장 전형적인 것 가운데 하나는 이른바 '비용·편익 분석'이다. 물론 모든 비용·편익 분석이 용역형(用役型)은 아닐 뿐 아니라 그것의 실용적 가치 또한 결코 폄하될 수 없다. 문제는 그것을 기계적으로만 적용함으로써 그것의 궁극적인 의미를 간과하는 경우가 많다는 점이다. 또한 비용·편익 분석은 통계적 방법론과 태생적 친화력을 견지하는 경향이 있다. 그 결과 수치화(數値化)되지 않는 인문사회학적 공간지식은 의사결정 과정에 아예 입장조차하기 힘들다. 통찰이나 직관 등 이른바 암묵지(暗黙智, tacit knowledge)에 대한 계산과 보상은 비용·편익 분석에서 원천적으로 성가시다고 생각하기 때문이다.

우리나라 공간연구의 저(低)발전을 설명할 수 있는 또 하나의 요인은 지역단위의 정체성 및 자율성 부재다. 서구 학계에서 공간지식은 도시의 일상적 삶과 밀접히 연관되어 생산되고 축적되어 왔다. 이는 중세 자치 도시의 전통을 계승한 지방자치의 오랜 역사 때문이다. 말하자면 도시의 주인은 원천적으로 시민이며, 시민의 생각과 선택에 따라 도시의 현재와 미래가 바뀔 수 있다는 전제와 기대가 기본적으로 깔려 있다. 그곳에서는 살기 좋은 도시에 대한 사유와 성찰이 일찍부터 고무되어 왔고, 이를 배경으로 도시의 인문사회학은 자신의 존재감과 효능감을 지속적으로 키워 왔다. 선진국일수록 도시나 도시계획 관련 학과나 전공의 위상이 높고 인기도 많은 것은 이런 연유에서다.

이에 비해 우리는 시민이 도시의 진정한 주인이 되어 본 경험이 거의 없는 나라다. 제대로 된 시민혁명을 거치지 않았던 터라 성숙한 시민의식이 있을 리 없고 남부럽지 않은 시민교양 또한 있을 수 없다. 그러다 보니 일반 시민들이 도시공간 문제에 갖는 관심 역시 진정성의 측면에서는 갈 길이 멀다.[07] 게다가 공간자치의 빈곤 혹은 부재는 지역 차원에서 공간지식이 축적될 기회를 배제해 왔다. 서구에서와는 달리 우리나라의 도시담론과 도시지식은 "국가적 차원의 도시행정 및 도시계획 집단 주도로 형성"되었고 그런 만큼 지역학의 성격보다는 통치술의 일환에 더 가까웠다(임동근, 2010).

　물론 공학·기술 분야가 공간의 인문사회학적 측면을 완전히 도외시하는 것은 아니다. 특히 최근 인문학 붐을 타고 건축이나 도시 분야에서 범람하는 각종 대중적 글쓰기 현상에서는 더욱더 그렇다. 그런데 문제는 이들이 제시하는 인문학적 공간담론이 객관성과 현실성을 결여하는 경우가 많다는 사실이다. 그 가운데는 노스탤지어나 센티멘털리즘을 인문학의 본질로 착각하거나 관념적이거나 규범적인 감언이설(甘言利說)을 인문학의 핵심인 양 오해하는 경향이 없지 않다.

　한옥이나 골목, 전통시장 등을 들먹이며 '우리 것이 최고'라거나 '아, 옛날이여!'를 외치는 복고풍 민족주의, 사람은 남들과 어울려 반드시 공동체 속에 살아야 한다거나 공간 앞에 만인이 무조건 평등해야 한다는 식의 도덕적 포퓰리즘, 개발독재에 대한 반발로서 토건 사업과 건설 행위 일체를 적대시하는 생태적 근본주의가 그

07　민주화와 지방자치제 실시 이후 공간계획에 관련하여 시민참여가 크게 활성화된 것은 사실이다. 하지만 아직은 '저항형'이나 '이권형'이 대부분이다. 권리를 주장하는 시민은 많지만 책임을 이행하는 시민은 드물다. 개인적인 관찰에 따르면 시민참여를 공공의 목적 대신 사익의 구현 기회로 이용하는 경우가 적지 않다.

대표적 사례이다. 우리 학계의 '자칭' 공간의 인문학이 사안에 대한 종합적 판단력과 합리적 균형감을 놓치고 있는 이유는 그들의 공간 지식이 정상적인 제도권 교육과정을 통해서가 아니라 많은 경우 독학이나 만학(晚學)의 산물이기 때문이 아닐까 의심한다. 공간연구가 "도시계획 마피아"의 수중에서 벗어나기 위해 지금부터라도 주류 인문학이나 정통 사회과학과의 보다 내실 있고 긴밀한 지적 상호작용이 이루어질 필요가 있다.

3. 공간에서 장소로

"인간은 공간을 만들고 공간은 인간을 만든다." 출처에 대해 설(說)이 분분한 이 말은 공간과 인간의 관계를 생각하는 사람이라면 귀가 아프도록 듣는다.[08] 문화인류학자 에드워드 홀(Edward Hall)에 의하면 공간은 인간에게 기초적이고 근원적인 조직화 방식 가운데

08 이 말을 뚜렷이 기록으로 남긴 최초의 인물은 영국의 처칠(Winston Churchill) 수상이라는 것이 정설이다. 제2차 세계대전 중 독일군 폭격기에 의한 런던 대공습에 따라 영국 하원 건물이 파괴되었는데, 1943년 10월 어떤 형태로 재건할 것인가 하는 문제가 공론화되기 시작했다. 이때 몇몇 의원들이 반원형 혹은 말굽형 의회 내부구조를 제안했지만 처칠은 원래 모습대로 서로 마주 보는 직사각형 디자인을 고수했다. 처칠은 이것이 영국 의회민주주의의 핵심인 양당제 원리에 보다 더 적합하다고 설명하면서 "우리가 건물을 만들지만 나중에는 건물이 우리를 만든다"(We shape our buildings and afterwards our buildings shape us)라고 말했다고 한다(영국하원 홈페이지 www.parliament.uk 참조). 처칠 이전에 지구 상에서 이런 식의 말을 아무도 하지 않았다는 것은 믿기 어렵지만, 그가 1953년도 노벨문학상 수상자였다는 점을 감안하면 이 말의 저작권을 처칠이 차지하는 명분은 나름 없지 않다고 본다.

하나다. 홀은 공간을 인간과 소통하고 관계하는 '커뮤니케이션'의 관점에서 고찰했는데, 직접 들리지는 않지만 항상 말을 하고 있는 점에서 공간을 '침묵의 언어'(silent language)라고 표현했다. "천지개벽을 해도 인간세상에서는 공간을 배치(setting)하는 일이 있게 마련이며, 그 배치된 구도(design)는 사람들의 행동에 뿌리 깊고 끈질긴 영향을 남긴다"는 것이 홀의 주장이다(홀, 2002: 32-33, 번역 일부 필자 수정).[09]

하지만 인간이 모든 공간과 관계하는 것은 아니다. 사실상 인간이 개입하고 이용하는 공간은 천지만물의 극히 작은 일부에 불과하다. 이는 무한대의 시간 가운데 극히 일부를 우리가 사는 것과 유사하다. 볼노(2011: 14-18)가 '수학적 공간'(mathematische raum)과 '체험공간'(erlebter raum)을 구분한 것은 이런 맥락에서다. 전자가 '추상적 공간'으로서 완전히 균일한 상태에서 모든 방향으로 무한 확대되는 것이라면, 후자는 인간의 삶에 구체적으로 열려 있는 공간, 곧 '생활공간'(Lebensraum)을 의미한다. 체험공간은 우월한 중심점과 좌표계가 있고 경계선을 두고 있을 뿐 아니라 위치에 따라 곳곳이 질적인 차이를 갖는다.

09 푸코가 주장했던 것처럼 공간에 대한 지식은 권력과 무관하지 않다. 자본주의 사회에서 '시간이 돈'이라면 그 이전에는 공간지식, 곧 '지도가 돈'이었다(하비, 1994: 269 참고). 홀이 공간을 본격적으로 연구하게 된 계기도 전후 냉전체제 때문이었다. 그는 미국의 해외원조사업이 집중적으로 행해진 1950년대에 국무부의 의뢰로 '해외파견요원 훈련사업'(Foreign Service Institute)의 책임자역할을 수년간 맡았던 경력이 있다. 그가 강조한 것은 미국의 대외원조나 지원이 보다 효과적으로 이루어지기 위하여 현지문화에 대한 정확한 이해가 필수적으로 여기에는 '비언어적 언어'에 해당하는 사람들의 공간심리나 공간행태가 결정적이라는 점이다.

체험공간에 대한 논의는 장소 개념을 공간으로부터 분리시켜 이 둘을 서로 대립적인 관계로 설정하는 쪽으로 나아하고 있다. 투안 (1995: 19-20)에 의하면 공간이 추상적이고 무차별적인 것으로 움직임, 개방, 자유, 위협 등을 의미한다면, 장소는 멈춤을 전제로 하여 익숙해진 공간에 안전이나 안정 등의 정서적 가치가 부여된 것이다. 그런 만큼 장소는 애착과 호감의 대상이다. 오제(Augé, 1995: 52, 78)는 이를 "인류학적 장소"(anthropological place)라 부르며 그것의 공통적 특징으로 "정체성, 관계들, 역사" 세 가지를 지적한다. 또한 그는 현대사회에서 점점 더 늘어가는 비장소(non-places)에 주목하면서 이를 모더니즘의 잘못된 과잉인 수퍼모더니티(supermodernity)의 징후로 해석한다. 렐프(2005: 175-245)는 대기업 주도 산업화, 중앙 집중화, 매스 커뮤니케이션의 발달, 대중문화의 확산 등에 따라 장소가 추상화, 탈역사화, 획일화, 표준화되는 결과를 '무장소' (placelessness) 혹은 '장소 상실'로 개념화한다. 진정성이 없는 공간은 장소가 아니라는 의미에서다.

중요한 점은 장소가 '장소성의 여부'가 아니라 '장소화의 정도'에 의해 파악될 필요가 있다는 것이다. 정치지리학자 애그뉴(John Agnew)에 의하면 장소는 장소 저 너머에 있는 하나의 추상적 사회과정이 지도상에 드러난 '결과'(outcome)가 아니다. 대신 그는 장소가 사회적 구조화(social structuration)에 있어서 하나의 '과정'(process)이라는 입장을 취한다(Agnew, 1987: ix, 28-36).[10] '구조화' 사회이론에 입각하여 애그뉴가 요약하는 장소의 세 가지 특징은 다음과 같다. 첫째는 위치(location)다. 모든 위치가 장소로 되는 것은 아니지만 모든 장소는 항상 위치를 가진다. 둘째는 현장(locale)이다. 로케일은 사회적 관계를 위한 물질적 배경으로서, 장소는 건물이나 길, 자연과 같은 어떤 구체적인 형태를 띠고 있다. 셋째는 장소감(sense of place)이다. 그것은 사람들이 장소에 대해 가지는 주관적이고 감정적인 애착을 의미한다.

장소에 관련된 이와 같은 관점은 두 가지 측면에서 주목할 필요가 있다. 첫째는 장소가 모든 곳에 존재할 수 있다는 사실이다. 침대, 방, 집, 동네, 마을, 학교, 카페, 공원, 길, 도시, 나라, 지구 그 어디든 가리지 않고 적용될 수 있는 것이 바로 장소 개념이다. 모든 공간은 인간의 경험에 의해 장소가 될 수 있는 잠재력을 갖고 있다. 말하자면 장소화의 가능성은 언제 어디서나 열려 있는 것이다. 비장소의 전형이라는 호텔방에 성경책을 비치해 두는 것, 아니면 낯선 호텔방에 자신이 좋아하는 꽃 한 송이를 스스로 꽂아 두는 것에서부터 장소화는 비롯될 수 있다.

둘째는 장소가 반드시 위치 고정적일 필요가 없다는 사실이다.

10 구조화이론(theory of structuration)은 원래 사회학자 기든스(Giddens, 1979)에 의해 제시된 것이다. 그는 인간의 주체적 행위와 사회구조적 조건을 각각 강조하던 기존의 행위이론과 구조이론을 통합하고자 했다. 곧 인간의 행위 수행과 사회의 구조가 별개로 작동하는 것이 아니라 사회구조는 인간행위의 조건으로 작용하고 인간행위는 다시 사회구조의 재생산에 영향을 미친다는 것이다. 요컨대 인간행위와 사회구조는 고정적인 형태로 불변하는 것이 아니라 구체적인 시간 및 공간 속에 끊임없이 상호작용한다는 것이다.

물론 대개의 경우 장소는 특정한 공간적 위치에서 발현한다. 예컨대 위도 37° 34′ 11″, 경도 126° 59′ 17″는 공간상의 위치를 가리킨다. 그런데 그곳을 중심으로 사람들의 경험이 발생하고 축적되면 서울시 종로구 '인사동'이라는 장소의 의미가 탄생한다. 하지만 장소가 반드시 정적(靜的)인 상태를 요구하는 것은 아니다. 계속 위치를 바꾸더라도 선박은 선원들에게 특별한 종류의 장소가 될 수 있다. 유목생활을 하는 집시나 인디언의 거주지, 혹은 서커스단의 야영지의 경우에도 그들 특유의 장소성은 존재한다.

이처럼 장소와 이동성이 서로 상충하지 않는다는 사실은 특히 오늘날 사회에 매우 중요한 함의를 던진다. 인간의 경험이 공간에 개입하는 방식은 전통적으로 정주(定住)를 통해서였다. 삶이든, 일이든, 쉼이든, 놀이든, 공간이 장소로 의미를 갖게 되는 것은 머무르는 터전으로서였다. 하지만 우리 시대는 전에 없던 이동사회이며, 사람들은 과거에 비해 훨씬 더 많은 시간을 이동 경로나 이동 수단에서 보내고 있다. 공간은 움직임이요 장소는 멈춤이라는 투안식(式)의 접근은 점차 시대착오적이 되어 간다. 이런 점에서 오늘날은 정주 공간의 장소성이 아닌 이동 공간의 장소성을 보다 적극적으로 강조할 때다.

공간적 유동성의 급증은 21세기 전후의 문명사적 특성으로 지적되곤 한다. 대표적으로 아탈리(2005)는 현대사회를 신유목사회로 불렀고, 바우만(Bauman, 1993)은 현대인을 '포스트모던 유목민'이라 말했다. 들뢰즈와 가타리(2003: 732-735)에 의하면 유목민의 특징은 어떤 지점도, 진로도, 토지도 갖지 않는 탈영토성에 있다. 이주민과는 차원이 전혀 다른 의미에서의 유목민은 "탈영토화가 대지와의 관계 그 자체를 구성하고" 있으며, 그런 만큼 "상대적 포괄성에 소속되는 것이 아니라 국지적 절대성 속에 존재"한다. 탈영토적 신유목사회는 수목(樹木) 모델이 아닌 리좀(Rhyzome) 모델에 입각해 있는데 우리 시대의 흐름이 바로 그러하다는 것이다.[11] 구조를 의미하는 중심도 없고 주체를 의미하는 깊이도 없는 이질성과 다양성의 세계, 그리고 불연속적이고 유연한 관계들의 흐름이야말로 현대사회의 본질이라는 주장이다.

이와 관련하여 어리(2012)는 '포스트 사회'의 국면에서의 '새로운 사회학'을 제창한다. 그가 말하는 포스트 사회의 핵심은 '모빌리티 전환'(mobility turn)이며 새로운 사회학의 요체는 '모빌리티 패러다임'이다(어리, 2014). 20세기 후반에 인문사회과학의 '공간적 전환'이 시작되었다면 오늘날에는 그것의 '이동적 전환'이 모색되고 있다. 어리에 의하면 현대사회를 이해하고 분석하는 데 요구되는 것은 고정된 집과 거주, 영역의 메타포가 아니라 네트워크와 흐름과 만남의 메타포이다. 일과 가족생활, 여가, 우정을 위해 이동은 시나브로 '항

---

11 리좀은 뿌리줄기 혹은 근경(根莖)으로 번역되는데, 크랩그라스(crab-grass)처럼 줄기가 마치 뿌리처럼 땅속으로 파고들어 난맥(亂脈)을 이룸으로써 뿌리와 줄기의 구별이 사실상 모호해진 상태를 의미한다. 수목(arbre)이 계통화하고 위계화하는 방식이라면, 리좀은 복수성과 이질발생, 그리고 새로운 접속과 창조의 무한한 가능성을 시사한다(들뢰즈·가타리, 2003: 9-55 참고).

상 필요한' 그 무엇이 되고 있기 때문이다(어리, 2012: 93, 223, 262). 인류문명은 '이동 속의 거주'라는 역설적이고도 모순적인 시대를 맞이하고 있는 것이다.

상시적 공간 이동이 삶의 조건이자 양식으로 자리 잡고 있는 현실은 '거리 다루기', 곧 교통(traffic)의 중요성을 과거 그 어느 때보다 더 크게 부각시킬 수밖에 없다(어리, 2014: 115-117). 지금까지 거리를 이동하는 다양한 방법이나 수단에 대한 관심은 일부 기술적 전문 분야를 제외하고는 인문사회학 영역에서 대체로 빈약한 편이었다. 교통학의 대종(大宗)은 교통 공학 아니면 교통 경제학이었다. 하지만 모빌리티 사회에서 교통이 차지하는 의미와 비중은 아무리 강조해도 모자란다. 교통은 삶의 일부에서 삶의 전부로 변모하고 있다. 모바일 사회에서는 이동과 관련된 수단이나 장치, 방법, 경로 등이 독자적인 생활공간 혹은 장소로 부상하고 있다. 길, 도로, 자동차, 기차, 선박, 철도, 항공기, 공로(空路), 해로(海路), 역사(驛舍), 터미널, 공항, 휴게소, 모텔 등은 이제 정주형 사회의 지원 회로가 아니라 이동형 사회의 본질적 요소로 인식되어야 한다.

4. 이 책의 구성

이 책은 크게 5개의 장으로 구성되어 있다. 제1장에서는 공간을 통해 세상을 읽는 것의 의미를 살펴본다. 이를 위해 먼저 학문세계가 공간이라는 차원을 다루어 왔던 역사적 경과와 학문적 계보를 고찰한 다음, 우리나라 공간지식 생태계의 현주소를 비판적으로 성찰한다. 이어서 이 책이 공간 그 자체가 아니라 생활공간 내지 체험공간을 주로 다룬다는 점을 분명히 밝히기 위해 공간과 장소를 개념적으로 비교하고 대조한다.

공간을 통해 세상을 읽는 창구는 이 책에서 크게 세 가지이다. 그 첫째는 '집'인데 제2장에서 주로 다룬다. 여기서는 먼저 집의 역사적인 탄생과 주거공간의 진화를 개괄한다. 다음으로 근대사회에서 주택문제가 대두하게 된 경위를 설명하고 이에 대한 대응으로 부상한 아파트 주거문명을 집중적으로 검토한다. 이어 아파트를 중심으로 하는 근대적 주거문화의 명암이 다루어질 것이며, 오늘날 우리 시대가 직면하고 있는 것처럼 보이는 정주형 주거 자체의 종말 위기를 진단하는 것으로 이 장이 마무리된다.

제3장에서는 '터'를 통해 세상을 말한다. 이 책에서 터는 두 개의 범주로 구분되는데, 하나는 마을 혹은 동네이고 다른 하나는 도시이다. 마을에 관련하여 먼저 마을의 원형에 대한 탐색과 마을의 변형에 대한 추적이 진행된다. 이어서 근대 도시환경 속에서 전통적 커뮤니티가 어떻게 지속되는지, 아니면 어떻게 새로운 커뮤니티가 형성되는지를 알아본다. 도시 부분에서는 우선 도시의 역사적 탄생과 도시계획의 등장 및 진화 과정을 살펴본다. 그리고 도시문명이

대세로 자리 잡은 오늘날의 현실에서 도시 본연의 역할을 성찰하면서 도시는 결국 무엇으로 존재하는지를 논의하는 것으로 장을 마감한다.

'길'을 통해 세상을 읽는 것은 제4장의 몫이다. 제2장 집과 제3장 터가 정주공간을 대상으로 삼았다면, 길이라는 주제는 이동 공간과 이동 수단을 주로 다룬다. 인간과 인류에게 길의 의미가 무엇인지를 묻는 것에서 시작하여 근대적 이행과정에서 교통혁명이 차지하는 위상과 영향을 검토한다. 다양한 교통공간이나 이동 수단 가운데 이 책에서는 크게 두 가지를 언급할 예정이다. 하나는 철도의 영역에 해당하는 기차와 지하철이며, 다른 하나는 자동차와 도로의 영역이다. 그리고 최근 새로운 시대정신으로 각광받고 있는 걷기 내지 보행로에 대한 인문사회학적 성찰이 그 뒤를 따른다.

끝으로 제5장은 결론 부분이다. 여기서는 이 책의 문제의식을 환기시킨 다음 본문 내용을 간단하게 요약할 것이다. 이어서 '경제부국 대 공간빈국'이라는 우리나라의 현실을 개선할 수 있는 몇 가지 사회 및 정책적 방안들이 제안될 것이다. 이들은 주로 홉스주의적 공간 행태와 오웰주의적 공간 통치 사이에서 인문사회학적 균형과 조화를 찾는 방향으로 논의될 것이다.

제 **2** 장

—

집

1. 집의 탄생

집은 인간의 가장 대표적인 생활공간이다. 집은 먹고, 자고, 쉬고, 노는 것과 같은 사소한 일상의 중심이며, 우리들 삶의 대부분은 바로 이러한 일상의 사소함으로 채워져 있다. 너무나 많은 일들이 일어나고 벌어지는 현장이 바로 집이다. "집은 놀라울 만큼 복잡다단한 일종의 보고"로서, "집구석에 앉아서 세계사를 쓸" 정도다(브라이슨, 2011: 13-14). 가령 욕실에서는 위생학의 역사, 부엌에서는 요리의 역사, 침실에서는 성행위의 역사, 잠의 역사, 죽음의 역사를 쓸 수 있다. 집과 인간처럼 결코 떼어놓을 수 없는 관계도 드물다. 최소한 최근까지는 확실히 그랬다.

하지만 "집이 있어 사람"인 것은 먼 옛날부터의 일이 아니다. 예컨대 신앙과 상관없이 성경의 구약성서 창세기를 한번 보자. 그곳에는 하느님이 아담과 하와를 위해 에덴에 동산을 만들었다는 말은 있지만 그들이 집에서 살았다는 말은 없다. 그래서 그랬을까, 최초의 집은 다름 아닌 신체의 일부, 곧 햇빛과 비를 가리는 손과 팔이었다는 이야기도 이래서 나온다. 어쩌면 인간은 에덴동산에서 쫓겨난 이후 비로소 집이 필요해졌는지도 모른다. 무엇보다 신약성서의 주인공인 예수가 집 짓는 일에 종사하고 있었다. 아버지 요셉의 직업이 목수(carpenter)였기 때문이다.[01]

인류가 최초로 집을 갖게 된 것은 신석기 문명이 발전하면서 농경시대가 개막되던 약 6천~7천 년 전의 일이었다(쉐나우어, 2004: 110). 물론 그 이전에도 집 비슷한 형태가 있기는 했다. 하지만 300만 년 정도의 인류 역사에서 농업이 시작되기 전까지 절대적으로 오랜 기간 동안 사람들은 불안정한 이동생활을 운명처럼 받아들였다. 정주가 아닌 유랑(流浪)이 생존의 조건이었던 것이다. 수렵과 채취 시대는 기본적으로 지속적인 이동을 전제로 했다. 먹을 수 있는 동식물을 키우고 기르는 것이 아니라 매번 찾아다녀야 했던 인류는 동굴 등에 집이 아닌 셸터(shelter), 곧 임시적 은신처를 마련했을 뿐이다. 이런 점에서 쉐나우어는 동굴이 주거의 기원이라는 통설을 거부한다. 대신 그는 '움막'을 자생적인 원시 주거로 생각한다.

신석기 시대가 개막된 지 2000년쯤 지나 도래한 농업사회는 인간에게 집의 필요성과 가능성을 동시에 제공했다. 무엇보다 농경과 목축을 장기적으로 지속하려면 사람들이 정착지에 모여 살아야 했고, 이를 위해서는 집다운 집, 곧 영구 주거시설이 절실했다. 또한 신석기 시대의 간석기는 구석기 시대의 뗀석기에 비해 나무를 베거나 가공하여 집을 짓는 데 훨씬 유리했다. 딱딱한 돌이 아닌 부드러

---

01 동산을 만든 정원사 혹은 조경가 하느님, 그리고 집을 짓던 건축가 예수 부자(父子)는 공간과 관련된 직업의 역사성과 신성함을 일깨우는 바가 있다.

운 돌이 목재를 다루는 데 보다 유리했던 것이다. 인류사회에 제대로 된 집 한 채가 탄생하는 과정에는 이처럼 구석기 시대에서 신석기 시대로 넘어가는 문명의 거대한 전환이 있었다. "집은 인간이 만든 물건 가운데 가장 위대한 것"이라는 주장은 이런 점에서 과장이 아니다(후지모리 데루노부, 2012: 8-43).

집은 유해한 자연환경이나 위험한 동물로부터 몸을 가리거나 피하는 목적으로만 탄생한 것이 아니다. 안정적이고 지속적인 집의 존재는 인간이 자신의 정체성을 발견하고 확인하는 데도 매우 긴요했다. 말하자면 집의 물리적 출현 못지않게 중요한 것은 집의 인문사회학적 탄생이다. 신석기 시대에 나름 공들여 만든 집은 당시 사람들의 평균수명에 해당하는 30-40년 정도 유지되었는데, 이는 집을 통해 '나'라고 하는 인간의 시간적인 연속성이 무의식 중에 확인되었음을 의미한다고 볼 수 있다(후지모리 데루노부, 2012: 41-43). 집의 등장은 내가 누구인지를 생각하는 계기를 제공한 것이다. 우리말에서 무엇을 '만든다'고 표현하는 것이 일반적인 가운데 유독 어떤 것에 대해서는 '짓는다'고 말한다. 밥이나 옷, 글, 시(詩)처럼 정서와 애착의 대상이 되는 것들의 경우가 그러한데 집에 대해서도 마찬가지다.

언제부턴가 여러 가지 개인정보 가운데 이름 및 나이와 더불어 주소가 가장 필수적으로 된 것은 결코 우연이 아니다. 여기서 주소는 직장 주소가 아니라 거주지 주소를 말한다. 주거 부정(不定)이나 불명(不明)은 반사회적으로 인식되는 경우가 많다. 노숙이나 외박역시 부정적인 함의를 포함한다. 집과 인간 사이의 떼려야 뗄 수 없는 관계 탓에 집 자체가 인격화되기도 한다. 명당을 찾고 풍수를 따지는 동양의 전통적 주거문화는 집을 하나의 생명체로 보기 때문이다. 서양에서도 집의 구조를 사람의 형상에 비유하여 곧잘 의인화한다(헤스코트, 2015). 예컨대 지붕은 머리, 창문은 눈, 문은 입, 벽은귀에 각각 해당하며, 정문 외관을 뜻하는 파사드(facade)는 얼굴(face)과 어원이 같다. 문손잡이를 잡는 것은 악수에 비유되어 집을 방문한다는 것은 그곳에 사는 사람과 인사를 나누는 행위라는 의미를갖기도 한다.

2. 주거공간의 진화

신석기 시대 농경생활의 시작과 더불어 등장한 집은 그 이후 자신의 모습을 부단히, 그리고 다양하게 진화해 왔다. 상식적인 내용이지만 주택형태에 영향을 주는 요인들은 크게 공간·물리적 요인, 경제·정치적 요인, 사회·문화적 요인 등으로 나눠 볼 수 있다(강인호·한필원, 2000: 40-56). 공간·물리적 요인은 기후나 지리, 지형 등과같은 조건에다가 건축재료나 건축기술 등을 포함한다. 경제적 요인은 경제수준의 정도와 경제체제의 차이와 관련이 있다. 부와 소득의 차이가 주택형태를 달리할 수도 있지만 농업사회와 산업사회, 시장경제와 계획경제의 구분 역시 주택형태를 다르게 만들 수 있다. 종교나 가치관, 가족구조, 신분제도, 사회적 관계망 등 사회·문화적 요인에 의해 주택의 모습이 달라지는 경우도 많다. 물론 현실에서는 이런저런 요인들이 복합적으로 작용하여 주택형태에 영향을 미친다. 특정한 시대 및 장소의 주택형태를 어느 한 가지 요인을 통해 결정론적으로 설명하기는 어렵다.

세상에는 실로 수많은 유형의 집이 있다. 그리고 주택의 모습은 고정불변이 아니라 항상 변화의 도상에 있다. 여기서 다양한 유형의 주택을 모두 열거하는 것은 가능하지도 않을 뿐 아니라 반드시 필요한 일도 아니다. 중요한 것은 다양각색(多樣各色)이던 인류의 주택유형이 언제부턴가 상대적으로 유사해지면서 범세계적으로 평준화되기 시작했다는 점이다. 이를테면 주거공간의 근대화인데, 시기적으로 보면 산업화 이후의 현상이었다. 그리고 '근대화의 세계화'와 더불어 인류 주거문명은 보편적으로 수렴되는 경향이 있다.

근대 산업사회 이전까지의 전통적 주거공간은 동서양이 사뭇 대조적이었다(쉐나우어, 2004; 이진경, 2000 참고). 도시 중상류층의 주거형태를 기준으로 보았을 때 특히 그랬다. 유교문화권에 속하는 중국이나 우리나라에서는 내향형 중정(中庭) 주택을 이상적으로 보았다. 중정, 곧 마당은 '하늘의 우물'로서 건물과 사람에게 빛과 공기, 그리고 빗물을 제공하는 역할이 기대되었다. 집은 담장을 통해 가로와 이웃으로부터 격리되었고, 담장 안쪽은 원칙적으로 내부자 전용 공간으로서 가족 단위의 사생활을 보장하고 가족주의를 보전했다. 그 대표적인 건물이 중국의 사합원(四合院)이다. 이는 "기본적으로 네 채의 건물이 남북으로 길게 축을 이루며 담으로 둘러싸인 사각형 구역에 배치되는 형식"에서 나온 이름이다(쉐나우어, 2004: 230). 조선시대 우리나라 사대부들의 집도 이와 같은 형태를 지향했다.

이에 반해 중세 서양의 주택공간은 내부와 외부를 엄격히 분리하지 않았다. 그것은 기본적으로 외향형이었으며, 가족과 이웃을 차별하지 않는 개방적 공간이었다. 그런 만큼 프라이버시에 대한 관념은 강하지 않았고, 가족 내부의 친밀성 개념 또한 거의 없다시피 했다.[02] 중세 서양에서는 혈연가족만이 아니라 가내 노동자와 하인들도 가족의 범주에 포함되었다. 그들은 두 번째 가족이나 마찬가지인 관계를 형성하고 있었다(Mumford, 1961: 282). 중세 유럽의 도시 주택을 보면 방의 숫자는 많았지만 부엌 정도를 빼고는 기능적으로 역할이 서로 분화되지 않았다. 방과 통로의 구분 역시 불분명했는데, 커튼이 서양에서 발달하기 시작한 것도 그런 이유에서였다(이진경, 2000: 67). 외부인이 항시 들락거렸기 때문에 내실에서 가장 중요한 가구는 중요한 물건을 보관할 수 있는 궤(櫃)였다. 성관계도 집밖에서 이루어지는 경우가 많았으며, 자녀 양육이 반드시 부모 책

---

02 16세기까지 서양 회화에는 실내 장면과 가족 장면이 매우 드물다. 대부분의 사람들이 집안에 머물기보다는 주로 바깥에 나와 살았기 때문이다(아리에스, 2003: 639).

임이라는 생각도 강하지 않아 유모 양육이 일반적이었다.

　인류의 주거 역사에서 획기적인 변화가 시작된 곳은 유럽이었다. 이는 싫든 좋든 16세기 이후 근대문명의 발상지가 동양이 아닌 서구였기 때문이다. 자본주의가 발명되어 산업혁명이 착수된 곳도, 자치 도시를 기반으로 부르주아계급이 태동한 곳도, 절대주의와 시민혁명을 거쳐 근대 국민국가가 출현한 곳도, 제국주의를 앞세워 세계화에 본격적인 시동을 건 곳도 모두 서유럽이었다. 주거양식의 근대화는 이와 같은 거대한 사회변혁 과정의 일부이자 반영이었다. 말하자면 근대화와 더불어 그 이전과는 뚜렷이 구분되는 새로운 주거양식과 주거문화가 등장했다. 르네상스 시대에 나타난 방들의 역할 분화는 그것의 전조였고, 절대주의 바로크 시대에 선보인 과시적 공간의 배치는 그것의 징후였다.[03]

　프랑스의 경우 신흥 부르주아 시민계급은 과거 귀족의 주택이었던 오텔(Hôtel) 대신 아파트에 살기 시작했다(이진경, 2000: 170-173). 아파트는 방의 배치를 수직적 분할에서 수평적 분할로 전환시켰을 뿐 아니라, 거리나 이웃과 같은 외부세계로부터 절연된 배타적 내부공간을 구축하였다. 아파트가 아닌 테라스하우스가 대세였던 영국의 경우는 방의 수직적 배치가 지속되었지만 전반적으로 외부인의 출

03　17세기에 유럽의 상류사회에서 '대저택'(grand mansion)이 유행한 것은 주택이 친교나 업무를 위한 다양한 공적 기능을 수행했기 때문이다. 유럽사회에서 카페나 펍(pub)이 등장한 것은 17세기 이후의 일이었다(아리에스, 2003: 617-622).

입이 제한되는 가운데 내부공간 사이에 기능적 분화가 가속화되었다(이진경, 2000: 190-202). 수직적 주거에 대한 영국인들의 선호는 노동자나 서민의 경우에도 마찬가지여서, 이는 수평으로 주거단위가 구획화되는 아파트가 20세기 초까지도 영국에서 인기가 없던 이유가 되었다(이진경, 2000: 192). 중요한 점은 18-19세기에 이르러 유럽 상류층의 주거공간은 점차 가족으로 단위화(單位化)하는 경향이 늘어났다는 사실이다.[04]

서양사에서 주택이 '가족의 보금자리'라는 위상을 차지하게 된 것은 매우 의미심장하다. 우선 이는 어린이나 어린이에 관한 것들에 대한 관념이나 태도의 획기적 변화를 수반했다(아리에스, 2003). 17세기 때까지만 해도 어린이란 2년 정도의 유모 양육이 끝나면 노동력을 제공할 수 있는 경제적 능력자로 인식되었다. 일곱 살 정도가 되면 어린이도 '어른 사회'에 합류해야만 했고, 도박이나 음담패설 등 어른들의 일탈행위에도 자연스레 동참했다(아리에스, 2003: 645). 아이의 기준으로서 나이보다는 타인에 대한 경제적 의존이 더 중요했다. 나이 자체도 불분명한 경우가 많았지만, 아무리 나이가 많아도 누군가에게 경제적으로 의지한다면 아이 취급을 받았다.[05]

---

04 이는 '1가구 1주택' 원칙을 의미하는데 그것은 당시의 시대정신이었던 '1민족 1국가' 원칙과 상응하는 측면이 있다.

05 이와 같은 관행은 나이 많은 식당 종업원을 '보이'(boy)라고 부르는 것이나 장군이 장병을 '자식'(children)처럼 대하는 것에 일부 남아 있다. 물론 중세 시대 유년 시절의 사회적 공인은 근대 이후에 비해 상대적인 문제였을 것이다. 아리에스의 중세 아동관에 대한 비판으로 김복래(1999: 273-275) 참조.

그런데 18세기에 들어와 어린이는 귀엽고도 순수한 정서적 존재로 재발견되기 시작했다. 어린이는 더 이상 '작은 어른'이 아니라 '무구한 천사'에 비유되었다. 프랑스 계몽주의 사상가 장 자크 루소(Jean J. Rousseau)가 『에밀』에서 어린이 눈높이에 맞춘 자연주의 교육을 강조한 것은 바로 이 무렵, 1762년의 일이었다. 어린이 개념이 따로 존재하지 않았던 오랜 인류 역사에서 아동의 탄생이 이루어지는 순간이었고, 서양 문명사에서 가족의식이나 가족주의가 출현하는 시점이기도 했다.[06] 어린이를 포함하는 가족이 사랑의 무대이자 행복의 안식처라는 새로운 인식은 머지않아 젖과 꿀이 흐르는 '즐거운 나의 집'(home sweet home) 개념 속에 농축되었다.[07]

18세기 이후 가족주의 문화는 사회성이 위축하는 것에 비례하여 계속 확대되었다(아리에스, 2003: 629, 641). 가족이 사회를 점차 사생활의 권역 너머로 밀어내기 시작한 것이다. 이에 따라 집의 공간적 구조 역시 외부세계에 대한 방어라는 새로운 용도를 반영했다. 예컨

06 유교문화권에서도 어린이는 '한 가문의 새로운 구성'에 불과하였다. 우리나라 역사에서 어린이 개념이 공식화한 것은 1920년대 초 서구문명의 영향하에 방정환(方定煥)이 어린이날 제정에 앞장서고 어린이 잡지를 만들면서부터였다. 조선시대 학동(學童)들의 대표적인 학습서였던 『동몽선습(童蒙先習)』에는 성리학의 아동관이 적나라하게 표현되어 있다. 어린이는 기본적으로 효를 행해야 하는 사회적 존재였다. "부모가 사랑하시면 기뻐하여 잊지 못하고, 미워하시면 두려워할 뿐 원망하지 않는 아이, 부모가 노하여 때려도 피가 흘러도 감히 원망하지 않는 아이"가 조선시대 어린이의 귀감이자 모델이었다.

07 미국의 극작가이자 배우인 페인(J. Howard Payne)의 가사에 맞추어 영국의 작곡가 헨리 비숍(Henry Bishop)은 '홈 스위트 홈'이라는 제목의 노래를 작곡했다. 오페라 《클라리, 밀라노의 아가씨, Clari, The Maid of Milan》의 주제 음악으로서 1823년 무대에 올랐던 이 노래는 아무리 "즐거운 곳에서 날 오라하여도" 결코 집만 한 곳은 없다는 내용을 담았다. 아이러니컬하게도 작사가(作詞家) 페인은 평생 집도, 가족도 없었다고 한다.

대 모유 수유(授乳)를 위한 별도의 공간, 부부 전용의 배타적 공간, 외부인 방문자를 통제하는 완충 공간이 속속 생겨났다. 또한 어린이의 위생과 도덕, 규율 등을 중시하면서 자녀들에게 독방을 주거나, 아니면 최소한 1인용 침대가 배당되기 시작했다. '일기쓰기' 훈육도 이 시기에 등장했는데, 그것의 숨은 목적은 자녀의 생활감독 특히 자위행위 감시에 있었다고 한다.

3. 주택문제의 대두

부르주아의 등장과 아동의 탄생에 이어 근대적 주거공간의 대두 및 세계적 확산을 이끈 결정타는 산업화와 그것에 따른 도시화였다. 근대 이전에 사람들은 자기가 살 집을 대부분 스스로 마련했다. 오늘날처럼 집을 판매하거나 임대하는 주택시장의 개념은 대체로 낯설었다. 또한 전통사회에서 주택은 주거생활만이 아니라 경제적 기능까지 포함하고 있었다. 농가는 거주용인 동시에 농사에 직접 필요한 공간이었고, 상인은 대개 자신이 운영하는 점포 위층에 살았으며, 장인은 자기가 사는 집에 작업장을 구비하는 것이 일반적이었다. 하지만 근대화와 더불어 주택은 더 이상 개인의 노력으로 마련하기 힘들어졌다. 또한 주택은 경제 활동으로부터 분리되어 주거 전용공간으로 한정되었다(스즈키 히로유키, 2003: 193).

산업혁명 이후 주택의 의미와 위상은 완전히 달라졌다. 농민들은 임노동자가 되어 도시로 대거 몰려들었고, 도시 안에서 직장과 주거는 공간적으로 분리되었다. 주택 소요(所要)가 폭발적으로 증가하는 시대에 주택을 자급자족한다는 것은 사실상 불가능한 일이었다. 주택이 심각한 사회문제로 등장한 것은 인류 역사상 이때가 처음이었고, 주거문제 해결을 위한 별도의 정책적 접근이 필요해진 것도 이 무렵이 최초였다. 이와 같은 사정은 오늘날까지도 이어져 모든 국가가 주택 관련 정책구상에 부심하고 대부분 선거에서 주택 관련 공약이 빠지지 않고 있다.[08]

마르크스의 동료 엥겔스(Frederick Engels)는 1872년 『주택문제』 (Housing Question)에서 당시 영국 노동자들의 참혹한 주거환경을 고발했다. 그가 볼 때 주택문제에서만큼 자본주의 체제의 내부 모순이 그대로 드러난 것도 없었다. 한 방을 여러 가족이 2교대 내지 3교대로 사용하는 일도 흔했고, 사람들이 돼지와 함께 기거(寄居)하는 경우도 있었다. 졸지에 도시로 밀려들어 올 때 가축을 함께 데리고 왔기 때문이다. 게다가 1830년대에 콜레라가 유럽 전역을 강타하면서 대도시 공간의 위생 문제에는 이미 빨간 경고등이 켜져 있는 상

---

08 의식주 문제를 해결하는 데 있어서 전근대사회가 상대적으로 식량정책에 몰두했다면, 근대사회는 주택정책을 보다 더 중시했다고 볼 수 있다. 이는 주택문제 해결이 개인의 힘이나 시장의 원리에 의존하기가 어려워진 현실의 방증이다. '주택공급'이라는 용어가 일반화되어 있는 것도 흥미로운 대목이다. 민간부문이 생산하여 시장에서 판매하는 주택에 대해서도 '매매'라고 하지 않고 '공급'이라는 표현을 사용하는 것은 그만큼 주택문제의 공공성을 반영한다고 볼 수 있다.

태였다.

마르크스와 엥겔스는 오직 사회주의 혁명만이 노동자들의 주택
문제를 구조적으로 해결할 수 있다고 믿었다. 그들은 주택문제를
거시적 체제의 시각이 아닌 당면한 주택의 관점에서 접근하는 것은
근시안적인 미봉책일 뿐이라고 생각했다. 이들이 "만국의 프롤레
타리아여, 단결하라!"고 외치며 유럽 전역에 걸친 프롤레타리아 혁
명을 꿈꾼 것은 이 때문이다. 그러나 1848년 노동자혁명의 궁극적
인 좌절은 자본주의 체제의 붕괴가 현실적으로 기대하기 어렵다는
사실을 예감하게 만들었다. 체제의 구조적 변혁을 통한 주택문제
해결이 무망해지면서 주택문제에 대한 새로운 접근법이 필요한 시
점이 점차 다가오고 있었다.

남은 방법은 크게 두 가지였다(이진경, 2000: 253-313). 하나는 '코뮌
주의'(communalism)라는 이름의 프롤레타리아 전략으로서, 목표는 노
동자계급의 주거 자치공동체 건설이었다. 원래 이는 생시몽(Saint-
Simon), 푸리에(Fourier), 오웬(Owen) 등 마르크스 이전의 초기 사회주
의자들이 구상한 것이었다. 이들은 생산수단의 공유와 공동의 소비
생활을 통해 자본주의의 문제점을 극복하고 이상사회를 건설하고
자 했는데, 마르크스는 자신의 '과학적 사회주의'(scientific socialism)와
대비하여 이들을 '공상적 사회주의'(utopian socialism)라고 비판한 바
있다. 코뮌주의는 전면적 계급투쟁 대신 사회의 도덕적 개혁을 꿈
꾸었고, 선도적 지식인과 계몽된 자산가의 역할을 강조하였다.

코뮌주의 주거전략은 당대에 현실화되지 못했다는 점에서 문자 그대로 '공상'으로 끝난 측면이 없지 않다. 이런 식의 접근이 문제의 근본적인 해결이 될 수 없다고 생각한 마르크스가 딴에는 옳았다고 볼 수도 있다. 하지만 공상적 사회주의자들의 꿈은 20세기 초 영국의 하워드에 의해 '전원도시'(garden city)라는 이름으로 일부 뜻을 이루었다.[09] 하워드는 도시의 활력과 농촌의 자연이 결합된 신도시를 레치워스(Letchworth)와 웰윈(Welwyn) 두 곳에 건설하고 자신이 직접 거주하기도 했다. 이 과정에서 그는 "도시-농촌 간의 자석(磁石) 혹은 결혼" 개념을 제안했다(하워드, 2006: 23-27). 하워드의 전원도시 개념은 그 이후 전 세계 도시계획에 많은 영향을 남겼다. 그럼에도 산업화 초기 노동자계급의 급박한 주거난을 포괄적으로 해소하기에는 여전히 역부족이었다.

코뮌주의 프롤레타리아 전략과 대비되는 것이 부르주아 전략으로서의 '박애주의'(philanthropism)이다. 노동자계급의 주택문제는 국가권력이나 지배계급의 입장에서도 결코 방치하거나 외면할 수 없는 것이었다. 우선 주거문제의 해결은 자본주의 재생산에 필요한 인구 및 노동력의 안정적 공급을 위하여 필수적이었다. 만약 주거

---

09 미국으로 건너가 '자영농지법'(Homestead Act)에 따른 개척농부로 생활한 바 있던 하워드는 유럽의 공상적 사회주의자들이 아니라 미국의 진보적 지식인들로부터 더 많은 영향을 받았다. 『진보와 빈곤』(Progress and Poverty)을 쓴 경제학자 헨리 조지(Henry George)와 SF소설 『뒤돌아보며』(Looking Backward)를 쓴 언론인 에드워드 벨러미(Edward Bellamy)가 대표적이다(Fishman, 1982: 47-51 참고). 하워드는 "우리의 지주들이 해적이나 강도보다 결코 낫다고 할 수 없다"고 말한 조지의 주장에 크게 공감했다(하워드, 2006: 153).

상황이 악화되어 인구 규모가 감소하거나 건강한 인구를 유지하지 못할 경우 프롤레타리아와 부르주아는 공멸을 맞이하는 운명공동체이기 때문이다. 또한 주택문제에 대한 능동적이고도 전향적 접근은 프롤레타리아 계급혁명을 '위로부터' 사전에 좌절시키는 방책으로서, 그람시(Gramci, 1999)가 말하는 이른바 '수동혁명'(passive revolution) 전략이기도 했다. 그것이 바로 1848년 노동자혁명이 부르주아계급에게 남긴 생생한 역사적 교훈이었다.

주택문제의 해결은 도시의 위생 상태를 개선하여 삶의 질 향상은 물론 특히 치명적인 전염병 확산 방지에 도움을 줄 터였다. 또한 노동자계급이 일정한 주택을 갖게 되면 자녀들이 길거리에서 잠재적 범죄자로서 부랑화(浮浪化)하는 것을 막는 데도 효과적이었다. 게다가 박애주의 부르주아 전략은 노동자들의 삶을 규율화 내지 도덕화하는 부수적 효과까지 노릴 수 있었다. 왜냐하면 주택문제의 전폭적이고도 시혜적인 해결이 아니라 노동자들의 자기 부담을 전제로 일정한 경제적 지원을 보태는 방식이었던 만큼, 노동자들은 근면과 성실, 저축, 절약과 같은 '좋은 생활습관'을 자발적으로 내면화시키지 않으면 안 되었기 때문이다.

박애주의 전략에 의한 노동자계급의 주택문제 해결은 그 핵심이 가족주의와 자본주의의 이데올로기적 결합에 있었다. 주택은 최대한 개별화된 공간 형태로 독립되었고 다른 사람들과 공유하는 사회적 공간은 가급적 최소화되었다. 주거공간은 전반적으로 사사화(私事化, privatization)되었고 일상생활 또한 덩달아 가정화(家庭化, domestication)되었다. 소위 '가정적인(family-oriented) 사람'이 사회적 모범이 된 것도 이때부터였다. 이처럼 부부와 자녀 중심의 '단란가정' 담론이 득세함에 따라 외부 환경이나 사회적 이슈에 대한 관심은 저하될 수밖에 없었다. 그 결과 노동자들은 계급투쟁이나 체제변혁으로부터 점차 멀어졌다.

노동자계급 문화연구의 대가인 호가트(2016: 43-54)에 의하면 20세기 초 영국의 노동자계급 사이에는 "화목한 가정과 가족 그리고 '가정을 유지한다'라는 개념에 반하는 모든 행위"를 '죄악'으로 인식하는 경향이 많아졌다. 노동자계급에게 가정이라는 곳만큼은 "당신의 것이고 진실된 것"이 되었다. 영국의 노동자들은 바깥세상과 담을 쌓은 채 가족과 더불어 "양탄자 속의 벌레가 느끼는 따스함"을 향유하기 시작한 것이다. 이로써 코뮌방식의 노동자계급 집단거주가 잠재적으로 안고 있는 정치적 위험성은 크게 감소하였다.

산업화 과정에서 긴박하게 제기된 주택문제의 해결은 대부분 코뮌주의 프롤레타리아 전략의 결과가 아니라 박애주의 부르주아 전략의 산물이었다. 부르주아 주택전략은 표면적으로는 노동자계급의 복지를 위한 박애주의를 표방했지만 궁극적으로는 부르주아계급 자신들의 이익을 신장하는 것이었다(이진경, 2000: 269-279). 일정한 수준의 주택소유 기회를 국가권력이나 지배계급이 선제적으로 제공하는 편이 자본주의 체제의 안정과 유지 및 재생산에 도움을 주기 때문이다. 한 걸음 더 나아가 이와 같은 위로부터의 주택문제 해결은 언제부턴가 노동자계급이 스스로 원하는 바가 되었다.[10] 말하자면 그것은 자본가와 노동자의 '윈-윈(Win-Win) 전략'이었다. 적어도 부르주아계급이 보기에는 그랬다.

부르주아 전략에 따른 노동자들의 주거안정 및 주거수준 향상은 계급혁명의 열기 혹은 사회주의 변혁의 기세를 크게 누그러뜨렸다. 이 점을 누구보다 일찍 간파한 인물은 스위스 출생의 프랑스 건축자이자 화가, 작가, 조각가, 가구 디자이너, 도시계획가인 샤를-에두아르 잔레그리(Charles-Edouard Jeanneret-Gris) 혹은 르 코르뷔지에(Le Corbusier)였다.[11] 산업화 시대의 절박한 주택문제가 사회 안정을 위협하고 있다고 생각한 르 코르뷔지에는 사회적 조화의 관건은 '건축의 문제'에 달렸다고 주장했다. 그리고 그는 건축을 통해 노동자들은 "세상이 달라졌다는 것, 그것도 좋게 달라졌다는 사실"을 알게 될 것으로 확신했다. 1923년 『건축을 향하여』라는 제목으로 나온

10 재산이 있으면 체제에 대한 충성도는 높아지는 법이다. "유항산, 유항심(有恒産, 有恒心)" 곧 변치 않는 재산이 있으면 변치 않는 마음이 있다고 말한 맹자(孟子)는 과연 옳았다. 더욱이 사람의 주거욕구에는 한이 없다. 주택을 소유하게 되면 그것으로 만족하는 경우는 거의 없다. 그 다음 목표로서 보다 넓은 집, 보다 좋은 동네가 설정되기 때문이다. 사람들이 이런 식으로 평생 주택문제에 올인하는 동안 자본주의 체제는 극복의 대상이 아니라 재산증식의 기회로 인식된다. 울산 현대자동차의 사례에서 보듯이 '중간계급'의 노동자와 그 가족은 하급 노동자들과는 다른 지위와 정체성을 드러내면서 '가정중심성'(domescity)에 더 많이 안주하고 헌신하는 모습을 보인다(조주은, 2004 참고).

11 샤를-에두아르 잔레그리가 르 코르뷔지에라는 필명(筆名)을 갖게 된 것은 30대 중반의 일이었다. 르 코르뷔지에는 자신의 외할아버지 이름인 '르 코르베지에'(Le Corbesier)를 변형한 것으로서 누구나 자기 자신을 재발명할 수 있다는 르 코르뷔지에의 평소 신념이 반영된 결과였다. 성과 이름의 구분이 없는 작명(作名)은 1920년대 파리의 예술가들 사이에 불었던 유행이었다고 한다.

자신에 책에서 그는 이렇게 썼다. "건축 아니면 혁명인데, 혁명은
피할 수 있다"(르 코르뷔지에, 1997: 253).**12**

4. 아파트 주거문명

르 코르뷔지에는 20세기 초 주택문제로 인한 사회불안과 도시문
제를 근대적 건축재료와 기술이 가진 무한한 잠재력을 통해 해결하
고자 했다. 그는 새로운 양식의 주택건축을 통해 새로운 삶의 방식
을 창조하고자 노력한 인물이었다. 『건축을 향하여』가 "근대건축을
새로운 사회질서의 결정자로 지지하는 선언서"라고 평가받는 이유
가 여기에 있다(리제베로, 2008: 249). 르 코르뷔지에는 개인과 공동체
의 균형, 삶의 개별성과 집합성의 조화를 통해 산업화 시대에 부응
하는 새로운 주거모델을 보여 주고자 했다. 그는 계획을 통해 집합

---

12   르 코르뷔지에의 이념적 성향은 다소 논란거리다. 일각에서는 그를 좌파로 분류한다. "이데올로기
     적으로 사회주의자에 가까웠고 노골적으로 자본에 봉사하는 행위는 하지 않았다"는 이유에서다
     (임석재, 2012: 411-412, 416-417). 하지만 르 코르뷔지에는 1930년대 프랑스 정치의 우파에 참여
     한 적이 있다. 1934년에는 무솔리니의 초대로 로마에서 건축을 강의하기도 했다. 스탈린의 소비에
     트연방에 매료된 경험 역시 르 코르뷔지에의 것이다. 그는 비시 정권의 도시계획연구위원회 멤버
     로 활동한 적도 있다. 그 이후 그는 정치 일선에서 손을 뗐다. 『빛나는 도시』에서 그는 관료가 지
     배하는 '비정치적 사회'를 구상했고 "계획은 독재자"라고 말하기도 했다(스콧, 2010: 180 재인용).
     이처럼 위로부터의 강력한 계획을 선호했던 르 코르뷔지에였기에 그는 좌우 이데올로기를 불문
     한 채 능력 있고 권위주의적인 국가를 주로 상대했다(스콧, 2010: 187). 그는 루이 14세 시대 프랑
     스의 콜베르(Jean-Baptiste Colbert) 재상을 오랫동안 흠모했다(Fishman, 1982: 219). 푸코(2014:
     73)는 르 코르뷔지에를 '은밀한 스탈린주의자'로 묘사하는 일각의 시선을 일축하면서 '선량한 의
     도'를 갖고 '해방적인 효과'를 생산하려고 했던 인물로 평가했다.

체의 기능이 체계화되면 개별적 자유도 모두를 위해 자연스레 생길 것으로 예상했다(스콧, 2010: 184).

르 코르뷔지에의 주거관은 합리성과 효율성을 강조하는 근대 과학기술 문명을 배경으로 하고 있었다. 이 시기의 형이상학은 공간의 생산방식에도 그대로 반영되어, 공간의 내재적 가치나 질적 차이를 무시한 채 모든 공간을 기하학적 시각과 수량적 방식으로 인식하는 태도가 일반화되고 있었다.[13] 공간의 '의미' 대신 공간의 '효과'를 중시하는 태도는 마침내 "공간은 기계"라는 논리에 당도했다 (Hillier, 1996: 317). 이는 "건축을 이리저리 조작함으로써 특정한 사회적 결과가 제작될 것으로 기대하는 이른바 '기계 패러다임'(paradigm of the machine)의 산물"이었다. 힐리에는 '공장-기계', '학교-기계', '감옥-기계', '주택-기계'라는 개념을 부정적으로 인식하면서 그 대안으로서의 '유기체 환경 패러다임'(organism environment paradigm)을 제안하였다(Hillier, 1996: 376-391).

이에 반해 르 코르뷔지에는 집을 '주거용 기계'(a machine for living in)로 간주하는 데 망설임이 없었다(르 코르뷔지에, 1997). 기능주의적 관점에 입각하여 집이란 "그 속에 들어가 사는 기계"이면 충분하다고

---

13 근대 이전의 경우 사람들은 성(sacred)의 공간과 속(profane)의 공간을 구분했다. 그 대표적인 장면은 성경의 출애굽기 3장 5절에 나오는 하느님의 경고, "모세야, 모세야 네가 선 땅은 거룩한 땅이니 네 발에 신은 신을 벗어라"가 잘 보여 준다. 성의 공간과 속의 공간이 본래 다르다는 의미다. 하지만 근대 이후 종교적 가치의 쇠퇴 및 종교적 행위의 탈신성화에 따라 모든 공간은 균질화되고 중성화되기에 이르렀다(엘리아데, 1998: 55-58). 르페브르(2011: 339-423)가 말하는 절대공간 (absolute space)에서 추상공간(abstract space)으로의 이행도 이와 유사한 맥락이다.

생각한 것이다. 산업사회에서 대량으로 생산되는 무수한 기계들 가운데 하나로서, 그는 마치 자동차를 보듯이 집을 생각하였다. 르 코르뷔지에는 건축에서 중요한 것은 사상이나 이념도 아니고 장식이나 조형도 아니라고 보았다. 철근콘크리트 라멘 구조를 통해 돔이노(Domino) 시스템을 발전시킨 그는, 가장 저렴한 비용으로 가장 넓은 '빈 상자'를 생산하는 데 성공한, 문자 그대로 "기계론적 건축의 완성자"였다(임석재, 2012: 405-413).[14]

르 코르뷔지에는 단순하고 맹목적인 기계 숭배론자가 아니었다. 그 역시 기술문명에 대해 다소간 불만을 가졌다. 그럼에도 그는 산업화를 숙명으로 받아들였다. 산업화를 통째 거부하는 것은 "기계 파괴라는 막다른 골목으로 인도할 뿐"이라고 생각한 그는 "기계와 자연 사이 그리고 근대적 인간과 전통적 토대 사이의 화해"를 추구한 건축가였다(Curtis, 1986: 223). 르 코르뷔지에의 기능주의 건축에 나름 '기계의 미학'이 존재한다는 평가는 이래서 나온다(Wilkinson, 2010: 126-127). 그의 기계 이미지에는 "언제나 넉넉한 지중해적 자연정신과 고전주의 비례미학이 나타났다 숨었다" 한다는 것이다(스즈키 히

---

14 '돔이노'는 도무스(Domus, 라틴어로 집의 뜻)와 혁신(Innovation)의 합성어이다. 대리석이나 벽돌을 쌓아 올려 만드는 전통적 조적식(組積式) 건축과는 달리 돔이노 시스템은 얇은 바닥판, 그것을 지탱하는 기둥, 그리고 오르내릴 수 있는 계단으로 구성된 간편하고도 실용적인 건축 방식이다. 돔이노 시스템을 통해 특별한 기술 없이도 누구나 쉽게, 그리고 빨리 집을 지을 수 있게 되었다. 돔이노 이론에 따라 르 코르뷔지에는 대지가 정해지기 이전에 기능(program)만을 고려하여 주택을 설계하는 일이 가능하다고 생각했는데, 1923년에 스위스 코쥬(Corseaux)에 자신의 부모를 위해 지었던 집, '라 쁘띠 메종'(La Petite Maison)조차 예외가 아니었다(Park, 2013: 18).

로유키, 2003: 130).

'기술발전과 미래사회'를 주제로 내걸고 1893년에 열린 미국 시카고 만국박람회에서 기능주의 건축이론의 대부(代父) 루이 설리번(Louis Sullivan)은 "형태는 기능을 따른다"(Form follows function)는 주장을 했다.[15] 르 코르뷔지에가 보기에 현대 산업사회가 요구하는 주거 기능에 가장 적합한 것은 아파트 형태의 집합주택이었다. 아파트에 관련된 르 코르뷔지에의 주거철학은 크게 세 가지였다(리제베로, 2008: 338-345). 가능한 한 높이 건축하여 최대한 많은 경관 조망을 향유할 것, 주거만이 아니라 상업과 커뮤니티 활동 등 가급적 많은 생활 측면들을 하나의 대형 건물에 통합할 것, 조립식 공업화 건축을 통해 주택공급의 효율성을 극대화할 것.

르 코르뷔지에는 아파트를 지으면서도 그것이 인간에게 작지만 편안한 공간이 되기를 바랐다. 그는 과거 신들을 위한 건축이 거대하고 화려하긴 하지만 반드시 사람이 살기에 좋은 공간이 아닐 수

15 기능적 필요에 따라 건축의 형태가 결정된다는 생각은 물론 이때가 처음은 아니었다. 설리반의 주장에는 중세 시대나 르네상스 시대 건축 사조에 대한 반동적 성격이 묻어난 측면이 있다. 사실 건축에서 기능을 중시해야 한다는 생각은 불문의 상식으로서 고대부터 있었다. 헤겔은 『미학론』에서 건축의 기원은 특정한 사회적 수요에 부응하는 구조물의 제공이라 했고, 비트겐슈타인은 "의미는 사용에 있다"고 말했다(Melvin, 2006: 108-109). 엄밀하게 말해 설리번의 건축이론은 이른바 '용불용설'(用不用說)로 유명한 18세기 말 19세기 초 프랑스 생물학자 장 바티스트 라마르크(Jean Baptiste Lamarck)에서 나왔다. 그는 생물세계에서 오랜 기간에 걸친 반복적인 행동이 결국 특정한 형태를 만들어 내고 이어서 기능이 따라온다고 주장했다. 대표적으로 일생동안 높은 가지에 있는 잎을 먹기 위해 목을 늘이는 일을 되풀이한 기린은 결과적으로 긴 목을 갖게 되었다는 설명이다. 그는 이를 '완벽함을 향한 자연적인 경향성'(natural tendency toward perfection)이라 주장했다.

있다고 생각하면서 보다 인간중심적인 소위 모듈러(Modulor) 건축이론을 정립했다. 그는 팔을 높이 든 사람의 몸을 기준으로 하여 인간이 최소한의 공간에서 움직임에 불편함을 느끼지 않을 최적의 비율을 구했다. 미국 프린스턴대학을 찾은 르 코르뷔지에가 당대 최고의 물리학자 아인슈타인(Albert Einstein)에게 모듈러 수치 이론을 설명하자 이런 말을 들었다고 한다. "어떤 사람은 당신의 모듈러가 비과학적이라고 비난할지 모르지만, 나는 이것이 세상을 바꿀 만한 연구라고 생각합니다. 당신의 성과는 위대한 과학자에 버금갈 정도입니다"(서울 예술의 전당, 〈르 코르뷔지에 전(展)〉 2016 전시자료 중에서).

르 코르뷔지에는 주거건축 설계에 대한 당대의 모든 개념들을 제2차 세계대전 이후 "세계에서 가장 중요한 건물의 하나"로 평가받는 '위니테 다비타시옹'(Unite d'Habitation)에서 집대성했다(리제베로, 2008: 338). 1945-1952년 프랑스 마르세유에 건설되어 현대식 고층 아파트의 초창기 아이콘으로 평가받는 위니테 다비타시옹은 단층 및 복층 아파트를 포함한 17층의 거대한 철근콘크리트 판상 주거건물로서 한 지붕 밑에 337가구 1,600명을 수용했다. 르 코르뷔지에의 아파트 개념은 20세기 주거공간의 보편적 모델이 되어 전지구로 확산되었다. '하이 모더니스트 걸리버'(High Modernist Gulliver)로서 르 코르뷔지에의 비전은 처음부터 세계적이었다(스콧, 2010: 187-189). 근대주택을 널리 알리고 전파하는 일에 관한 한 그는 『걸리버 여행기』의 주인공 같았다. 위니테 다비타시옹은 2016년 7월 유네스코

위니테 다비타시옹 전경

세계문화유산으로 등재되었다.

아파트는 근대 산업사회의 대표적 주택유형으로서 한 시대를 풍미했다. 적어도 1954년 미국 미주리 주 세인트루이스에 건설된 '프루이트 아이고'(Pruitt-Igoe) 공공 주택단지가 빈곤층 유입, 범죄 소굴화, 인종 차별 등에 의한 급속한 슬럼화 끝에 완전히 폭파·해체되던 1972년까지는 말이다.[16] 포스트모던 건축이론의 치어리더(cheer

---

16 모더니즘 건축과 모더니즘 도시계획의 정점으로 평가되는 프루이트 아이고는 1949년 세인트루
    이스 시장으로 취임한 조지프 다스트(Joseph Darst)의 야심작이었다. 20세기 초만 해도 세인트

leader)로 알려진 젱크스(Jencks, 1977: 9)는 근대건축의 사망 순간을 정확히 맞출 수 있다는 것을 다행이라고 여긴다면서, 프루이트 아이고에 다이너마이트가 터지던 1972년 7월 15일 오후 3시 32분을 그때로 지목했다. 아마도 르 코르뷔지에 방식의 모더니즘 주거문화는 1945년 '위니테 다비타시옹'에서부터 1972년 '프루이트 아이고'까지가 가장 화려한 전성시대였을 것이다.

 1972년 7월 15일 오후 3시 32분 이후 인류의 주거역사에서 아파트는 과연 완전히 종말을 고했을까? 이에 대한 대답은 "결코 그렇지 않다"는 것이다. 아파트는 우리 시대의 주거문명으로서 불패신화를 계속 이어 가고 있기 때문이다. 과거 그 어느 시대에 비해 인

루이스는 비유럽 도시 가운데 올림픽을 최초로 유치할 정도로 잘 나가던 도시였다. 그러나 대공황 이후 탈산업화에 따라 백인이 점차 빠져나가는 대신 흑인이 대거 유입되었다. 게다가 출생률, 실업률, 범죄율이 사상 최고를 기록하는 가운데 인종 간, 계층 간 갈등도 폭발직전에 처했다. 이를 위한 대책으로 다스트 시장이 구상한 것이 다운타운의 슬럼을 밀어 버린 자리에 프루이트 아이고 공공주택단지를 건설하는 일이었다. 그것은 11층짜리 33개 동, 6만 9천 평 규모로서 2,870세대 1만 5천 명을 입주 대상으로 삼았다. 프루이트 아이고는 1951-1955년 사이에 건설되었는데, 당시로서는 '최고의 고층 아파트', '빈자를 위한 이상적 마을'로 높이 평가되었다. 공동체적 특성을 강화하기 위해 엘리베이터를 1, 4, 7, 10층에만 세울 정도였다. 프루이트 아이고의 설계자는 재미 일본인 건축가 야마자키 미노루였다. 건물 완공 직후 그는 각종 건축상을 휩쓸며 세인트루이스를 빈곤과 타락, 범죄로부터 구원한 '건축의 배트맨' 같은 존재로 추켜세워졌다. 그때 얻은 명성을 기반으로 야마자키는 일약 스타 건축가가 되었는데, 뉴욕의 월드 트레이드 센터(WTC)도 그가 설계했다. 아이러니컬하게도 야마자키의 기념비적인 두 작품, 프루이트 아이고와 월드 트레이드 센터는 모두 폭파 장면이 1972년과 2001년에 각각 생중계되는 비운을 겪었다. 한편, 프루이트 아이고라는 이름은 다스트 시장이 손수 지은 것이다. 프루이트(Wendell O. Pruitt)는 다스트 시장의 고교 동창이자 전설적인 미군 최초의 흑인 파일럿 그룹 '터스키기 에어맨'(Tuskegee Airmen)에서 B-29기를 몰았던 참전영웅이었다. 아이고(William L. Igoe)는 프루이트 아이고 프로젝트의 재정 지원을 통과시키는 데 큰 공을 세운 당시 미주리 주 연방정부 하원의원이었다. 한편 폭파 이후 프루이트 아이고 부지는 현재 공터로 남아 있다[정지돈, 2015: 22-26; 차드 프리드리히(Chad Friedrich) 감독, 〈다큐멘터리: 프루이트 아이고 전설〉 2011; 박진빈, 2016: 15-183 등 참조].

프루이트 아이고 폭파 장면

류의 주거는 집합화되었고 고층화되었고 대량화되었다. 호사가(好事家)가 아니면 집을 자급자족하는 일은 이제 거의 없다. 오늘날 주택은 시장에서 거래 대상으로 상업화되든지, 공공이 주도하는 복지정책 대상으로 사회화되든지 둘 중의 하나가 대부분이다. 또한 현대사회의 주택은 주거전용이 원칙이며, 주거는 가족단위가 기본이다. 이와 같은 주거의 문명사적 트렌드와 가장 선택적 친화력이 높은 주거형태는 단연 아파트이다.

아파트가 우리 시대의 대표적 주거문명이라는 사실은 각종 수치가 웅변한다. 미국의 경우 2013년 기준 단독주택이 전체주택의 62.8%로 절대적 우위를 차지한다. 하지만 50개 이상의 가구가 집합적으로 거주하는 주택의 비율도 3.9%이고, 20개 이상까지 합쳐 계산하면 7.4%에 이른다(〈2013 American Housing Survey〉). 유럽의 경우 2014년 기준 유럽연합 28개 나라들에서 아파트식 주택을 의미하는 '플랫'(flat)의 비율은 41.7%이다(〈2014 Eurostat〉). 일본에서 아파트에 해당하는 '공동주택'의 비율은 2013년 기준 42.4%이다(총무성 통계국 〈2013 Housing and Land Survey〉). 정확한 통계자료는 없지만 중국에서도 최근 아파트가 급속히 늘어나고 있고, 북한 역시 평양을 중심으로 아파트 건설에 총력을 기울이고 있다. (구)소련은 일찍이 스탈린 시절부터 '아파트 공산주의'를 지향했던 나라다(파이지스, 2013: 300).

아파트 주거문명은 특히 우리나라에서 만개했다. 아파트가 주택의 한 종류로서 정부의 공식통계에 처음 반영된 것은 1975년의 일이었다. 당시 전국의 총 주택 470여만 호 가운데 아파트는 9만 호 미만으로 전체의 1.89%에 불과했다. 그러다가 2015년 기준 전국의 총 주택 1,637만 호 가운데 59.9%에 해당하는 981만 호가 아파트로 집계되었다. 그 대신 20년 전에 전체 주택의 절반을 차지하던 단독주택은 24.3%에 그쳤다(통계청 〈2015 인구주택총조사〉). 대한민국은 불과 한 세대 만에 지역과 계층, 학력, 이념 등을 불문하고 아파트에 '미친'(addicted) 나라가 된 것이다(전상인, 2009). 최근 아파트에 대한 선호가 정서상으로는 감소하는 듯 보이지만 실제 주거 만족도는 다른 주택유형을 제치고 부동의 1위 자리를 지키고 있다(국토교통부 〈2014 주거실태조사〉). 아파트는 한국에서 역전불가능한 대세가 되었다고 해도 과언이 아니다.

5. 집의 인문학적 위기

산업화와 도시화에 대처하는 과정에서 태동한 근대적 주거공간은 그 이전과 비교하여 안전과 위생, 편리성과 효율성, 사생활 보호 등의 측면에서 진일보하였다. 현실적으로 그것이 누리고 있는 인기가 이를 방증한다. 하지만 얻은 것이 많다면 잃은 것도 있는 법, 일각에서는 이와 같은 20세기 주거문명에 대해서 처음부터 규범적, 도덕적 비판을 제기해 왔다. 이는 집의 본질적 기능과 실존적 의미에 대한 견해가 전혀 다른 쪽의 몫이다. 아파트로 대표되는 20세기 식 집합주택은 집은 집이되 결코 집다운 집은 아니라는 입장이다.

　근대 이후 인간의 거주문제를 인문학적 위기로 성찰한 선구자는 독일의 실존주의 철학자 마르틴 하이데거(Martin Heidegger, 1992)였다. 제1차 세계대전 후의 대혼돈 속에서 하이데거는 플라톤과 아리스토텔레스 이후 서양철학이 더 이상 제기하지 않던 존재의 의미를 철학의 궁극적 과제로 재설정했다.[17] 하이데거는 후설의 현상학에 기초하여 존재가 나타나는 현상으로서의 공간을 집중적으로 성찰했다. 하이데거에 의하면 "현존재는 공간이라는 용기 안에서 내존(內存)"한다(하이데거, 1992: 148). 곧 "현존재는 공간 속에 사물적으로 존재하는 것이 아니라 … 그때마다 스스로 고유한 소재를 결정하며 … 이런 점에서 현존재는 차라리 정신적"이라는 것이다(하이데거, 1992: 476-477).

　하이데거가 볼 때 삶의 원초적 세계는 욕망과 지성에 물든 소유의 세계가 아니라 일체의 것들이 말없이 조화되는 존재의 무구한 세계다. 하이데거에 의하면 인간은 지상에 존재하는 모든 것을 지

17　하이데거(1992: 45-53)는 데카르트나 칸트가 존재의 본질적인 문제를 등한시한다고 생각했다. "나는 생각한다, 고로 존재한다"(ego cogito, ergo sum)는 식으로 데카르트가 존재와 생각을 연결했다면 하이데거는 존재를 공간과 관련시키고자 했다.

배하고 이용하는 주인이 아니라, 이러한 존재의 세계 안에 거주하는 존재의 이웃이 되어야 한다. 하지만 20세기 초 유럽은 이와 같은 존재의 세계가 크게 위협받고 있는 상황이었다. 한편으로는 도시화로 대표되는 이주(移住)의 시대가 전에 없던 공간 상실, 거주 상실, 고향 상실을 초래하고 있었다. 다른 한편으로는 기술 형이상학 시대가 삶의 방식을 존재의 문법이 아닌 과학의 논리로 바꾸고 있었다. 하이데거의 입장에서 과학기술 세계는 이성적 사고와 인격적 소통이 가능한 진정한 삶의 공간이 될 수 없었다(강학순, 2011: 40-41).

하이데거는 "실존은 공간적"이라고 주장하면서, '건축'(building)과 '거주'(dwelling), 그리고 '사유'(thinking)라는 이름의 세 가지가 동시에 일어나는 지적 활동이자 존재방식이라 생각했다(Sharr, 2010). 주체적이면서도 진정한 삶을 의미하는 실존은 스스로 집을 짓고, 그 속에 직접 거주하면서 사색과 철학에 몰두할 때만 가능하다고 믿었던 것이다. 그것이야말로 '호모 사피엔스'(Homo Sapience)라는 인간의 본질에 가장 가깝다는 이유에서였다. 그러기에 아파트와 같은 근대적 주택양식은 하이데거의 이상적 주거관을 실천할 수 있는 공간으로서 자질부족이자 자격미달이 아닐 수 없었다.[18]

---

18 말년의 하이데거는 한적한 산속 비탈진 언덕에 작은 오두막집을 짓고, 그 앞에 놓인 긴 의자에 앉아 끝없이 펼쳐진 산과 말없이 흘러가는 구름을 바라보며 지냈다고 한다. 물론 이는 어린 시절부터의 본인 취향이기도 하지만 나치정권하에서 하이델부르크 대학 총장을 지낸 경력과도 무관하지 않을 것이다.

문학비평가이자 철학자인 가스통 바슐라르(Gaston Bachelard)의 집에 대한 사유는 전후 1950년대 프랑스가 배경이었다. 당시 문학비평 분야의 주류가 정신분석학이나 마르크스주의와 같은 결정론이었음에 반해, 그는 문학의 본질은 어디까지나 상상력이라는 입장을 줄기차게 견지했다. 특히 그 무렵 프랑스에 물밀 듯 확산되는 포디즘(Fordism) 생산체제에 대해 매우 비판적이었다. 포디즘이 의미하는 미국식 소비주의가 사소하고 작은 일상의 가치를 중시하는 프랑스의 문화적 전통을 잠식한다는 이유에서였다. 바슐라르는 삶의 기쁨과 의미는 물질적 풍요가 아니라 어디까지나 자신의 내면에 존재한다고 믿었다(박치환, 2008).

이런 생각 때문에 바슐라르는 "파리에는 집이 없다"는 말로 르 코르뷔지에식 주거 기계관에 직격탄을 날릴 수 있었다.[19] 그가 볼 때 아파트는 "포개어져 놓인 상자들"에 불과한 것이었다. 모름지기 집이란 3층의 수직성을 갖춰야 한다는 것이 그의 평소 지론이었다. 집다운 집은 땅에 뿌리를 내린 지하방과 하늘과 우주를 향해 올라가는 다락방을 포함해야 한다는 것이다. 아스팔트로 포장된 지면에서 지붕까지 방들이 포개어 쌓아짐에 따라 "한 층 속에 박혀 있는"

---

19 단독주택만 집이라면 "파리에는 집이 없다"는 말은 은유가 아니라 실제 현실이다. "우리가 서울보다 훨씬 아름답고 풍요롭다고 생각하는 파리만 하더라도 단 한 채의 단독주택도 찾아보기 어렵다. 대통령부터 거지까지 모두 공동주택에 산다. 전 세계 어느 나라나 대도시에선 현실적으로 아파트 이외의 해답을 찾기가 어렵다." 뜻밖에도(?) 이는 아파트를 버리고 저렴하게 단독주택 집짓기에 성공하여 이른바 '땅콩집' 신드롬을 만들어 낸 이현욱·구본준(2011: 62)의 책에 실린 구절이다.

수평성의 집에는 내밀한 가치를 찾을 수 없다는 이유에서 그는 아파트를 혐오했다(바슐라르, 2003: 108).[20]

바슐라르에 의하면 "집이란 세계 안의 우리들의 구석"이다(바슐라르, 2003: 77). 그리고 "구석은 우리들에게 존재의 최초의 가치의 하나인 부동성(不動性)을 확보해 주는 은신처"이다(바슐라르, 2003: 255). 그 구석은 "반(半)은 벽이고 반은 문(門)인, 일종의 반상자"이다. 바슐라르가 "집의 모성"을 말하는 것은 이른바 '요나 콤플렉스'(Jonah Complex),[21] 곧 우리가 어머니 태반 속에 있을 때의 안온함과 평화로움을 원초적으로 그리워하기 때문이다(바슐라르, 2003: 82). 따라서 집의 진정한 가치는 살아지는 현재가 아니라 기억과 상상 혹은 몽상에 있다. 왜냐하면 우리들 모두가 "언제나 약간은 시인들"이기 때문이다(바슐라르, 2003: 79).

그런 만큼 집의 내밀성은 평범한 것들, 소박한 것들, 낡은 것들, 오래된 것들의 응집에 있다. 왕궁처럼 새롭고 거대하고 화려한 곳

---

20 '한옥에 빠진 일본인 건축가'로 유명한 도미이 마사노리(井正憲)의 생각도 이와 통한다. 그가 볼 때 아파트의 약점은 평면성에 있는데, 그 까닭은 평면성이 공간적 상상력을 제약한다는 것이다. 도미이는 지붕공간을 적극적으로 활용해 다양한 상상력을 펼치는 일본식 목조주택에 비해 한옥 역시 이와 같은 점에서는 한계가 있다고 말한다(주간조선, 2016.4.11).

21 구약성서에 나오는 요나(Jonah)의 이야기에서 유래된 말이다. 요나서에 의하면 예언자 요나는 니느웨(아시리아의 대도시)로 가서 그 도시가 죄악으로 가득 차 하나님의 심판을 받을 것임을 예언하라는 하나님의 명령을 받는다. 그러나 요나는 하나님의 명령을 거역하고 니느웨와 반대 방향으로 가는 배를 탔다가 폭풍을 만나 3일 동안 고래 뱃속에 갇히게 된다. 고래 뱃속에서 그가 구원을 위한 기도를 올리자 고래는 그를 땅으로 뱉어 내었고, 다시 니느웨로 가라는 명령이 들려온다. 요나는 니느웨로 가서 예언을 했고 이에 니느웨 왕과 모든 사람들이 회개하게 되었다. 이와 같이 요나는 고래 뱃속에 들어갔다 나와 회개하는 인물로, 이 요나의 이야기로부터 모태귀소본능(母胎歸所本能) 증상, 곧 요나 콤플렉스가 유래되었다.

에는 오히려 "내밀함이 들어앉을 구석이 없다"(바슐라르, 2003: 111). 바슐라르가 내밀한 삶을 발견하는 곳은 "장롱과 그 서랍들, 책상과 그 서랍들, 상자와 그 이중 바닥 등"인데, 그 까닭은 이들이야말로 "심리적 삶의 참된 기관(器官)"이기 때문이다(바슐라르, 2003: 111). 그러므로 이들 보통의 실내 가구들을 평소에 "씻고, 먼지 털고, 쓰는 것"은 매우 중요한 일과에 해당한다. 오늘날 페미니스트의 귀에는 크게 거슬릴지 몰라도 바슐라르는 "살림살이의 현상학"을 거론하면서 "집을 살아 있게 하고, 잠들어 있는 가구들을 깨어나게 하는" 가정주부의 역할을 예찬하였다(바슐라르, 2003: 160-163).

독일의 교육사상가이자 철학자인 오토 볼노(Otto Friedrich Bollnow, 2011)의 인간학적 거주론은 많은 부분에서 바슐라르가 개진했던 현상학적 거주관의 연장선에 놓여 있다. 원래 물리학자였던 그는 실존철학과 생(生)철학의 영향을 받으며 교육학자로 입신했다. 볼노는 불안이나 절망 대신 신뢰나 희망의 철학을 강조함으로써 실존주의의 비판적 극복을 모색했다. 인간과 공간의 관계에 대한 인문학적 분석, 특히 그중에서도 집에 대한 그의 깊은 사유는 바로 그 도정에 놓여 있다고 말할 수 있다.

"중심을 필요로 하는 존재"로서 인간을 생각하는 그에게 집이란 무엇보다 "인간이 사는 세계의 구체적인 중심"이다(볼노, 2011: 161-162). 문제는 고향을 잃어버린 현대사회에서 그와 같은 "중심의 창조"가 인간 스스로 해결해야 하는 과제로 대두했다는 점이다. 그래서 교육학자답게 그는 "인간은 먼저 거주하는 법부터 배워야 한다"는 하이데거의 언명을 재확인한다(볼노, 2011: 163-165). 볼노는 집을 피상적으로 소유하는 것만으로는 거주하는 법을 결코 배울 수 없다고 말하면서 가장 중요한 것은 "집과 내적인 관계를 구축"하는 일이라 보았다.

볼노에 의하면 집은 무엇보다 '안식처'이자 '안도감의 공간'이다. 바슐라르가 집의 진정성을 수직성에서 찾았다면, 볼노는 그것을 내부와 외부를 경계 짓는 담과 지붕, 울타리에서 구했다(볼노, 2011: 168-169). 집의 인간학적 기능을 강조하는 그는 "집을 빼앗거나 집의 평화를 빼앗으면 그(인간)의 내면이 붕괴된다"고 주장했다(볼노, 2011: 177). 거주는 "내키는 대로 저지르는 행위가 아니라 인간의 본질을 규정하는 행위"이기 때문이다. 집은 주거기계가 아닐 뿐 아니라 다른 건물에 비해서도 특수한 지위를 누린다. 그 이유는 바로 집의 '신성함'에 있다(볼노, 2011: 181). 볼노는 주택과 신전(神殿)의 본질이 서로 같다고 본다.

이런 맥락에서 볼노는 인간적이면서도 신성한 좋은 집의 조건을 다음과 같이 제시한다(볼노, 2011: 195-200). 바깥세상과의 적당한 격리, 넓지도 좁지도 않은 공간, 많지도 적지도 않은 가구들, 일정한 온기와 편안한 색감, 무질서와 과도한 질서 사이의 균형, 취향을 반영하여 애정으로 구입한 가구, 살림살이와 거주자의 공존과 융합, 거주자에게 동화된 살림살이, 단계적 증축을 통한 집의 역사성, 그리고 함께 사는 부부 혹은 가족의 존재가 바로 그것이다. 이런 조건 들에 다소간 미달할 경우 집은 집이되, 집다운 집은 아니라는 게 볼 노의 주장이다.

하이데거와 바슐라르, 그리고 볼노로 이어지는 현상학적 주거관 은 인본주의 지리학의 장소론과 연계된다. 투안(1995: 15)이 집을 "오 래된 가옥이고 오래된 이웃이며, 고향이고 조국"이라고 말한 것이 대표적이다. 이들의 공통점은 경제적 효율성과 과학적 합리성을 중 시하는 근대적 주거공간으로부터 집의 존재론적 위기의식을 느낀 다는 점이다. 결국 이는 집의 본성과 본질에 대한 '주거-철학' 담론 과 '주거-기계' 담론 사이의 긴장과 대립을 의미한다. 한 걸음 더 나 아가 이는 집의 태생적 이중성을 환기시킨다. 하나의 '생명체'로서 인간은 집을 물리적 구조로 형상화하지만, 하나의 '인격체'로서 인 간은 집을 문화적 차원으로 승화시키고자 하기 때문이다.

6. 주거의 종말?

오히려 문제는 오늘날 집 자체가 점차 사라지고 있다는 점이다. 집의 인문학적 혹은 철학적 위기를 말하기 전에 집의 전통적 기능 이나 기존의 존재양식이 전반적으로 뿌리째 흔들리고 있는 것이다. 아닌 게 아니라 집이라면 당연하게 수행하리라 여겨지던 많은 역할들이 속속 퇴조하고 있다(헤스코트, 2015: 17-19). 한때 우리 삶에서 중요한 일은 거의 다 집 안에서 발생했다. 출생과 성장, 결혼과 노화, 그리고 사망에 이르는 인생의 통과의례는 집 안에서 일어나는 경우가 대부분이었다. 하지만 이제는 이런 일들의 거의 전부가 집 밖에서 이루어진다. 병원이나 학교, 식당, 호텔, 공원, 카페, 자동차, 요양원, 장례식장 등이 집을 대신하기 시작한 지 이미 오래다. 언제부턴가 집은 잠을 자거나 휴식을 취하는 정도의 단순한 기숙사처럼 변모하고 있다(헤스코트, 2015: 18).

집이 사라지는 마당에 그 안의 방들이 온전하게 남아 있을 리 없다. 한때 방은 삶의 가장 기본적이고 독자적인 단위로서, 인생의 모든 길이 방으로 이어졌다. 출산, 수면, 휴식, 욕망, 사랑, 기도, 사색, 독서, 글쓰기, 자아추구, 병치레, 은둔 등의 일차적 공간은 방이었다. 하지만 오늘날 방은 "인류학적 중요성을 상실했다"(페로, 2013: 635, 735). 달리 말해 현대는 "방의 인류학적 토대가 붕괴되는 시점"이다. 사람들은 방에서 태어나지도, 죽지도 않는다. 자기 방에서 늙는 대신 나이 들면 양로원에 간다. 또한 임종의 대부분은 병원에서 이루어진다. 독서대나 기도대로 상징되는 방의 지성적, 정신적 근거도 이제는 옛날이야기일 뿐이다.

이런 점에서 방은 목하 가출(家出) 중이다. 이는 우리나라에서 특히 눈에 띄는 현상이다. 2004년 베니스 비엔날레 국제건축전에서 한국관은 '방(bAng)의 도시'를 주제로 내걸었다. 노래방, 찜질방, 전화방, 비디오방, PC방, 소주방 등 원래 집 안에 있던, 혹은 있어야 할 방들이 대거 바깥으로 나갔다는 문제의식의 발로였다. 방이 가출하면 집은 더 이상 집으로 남기 어려운 법이어서, 한국사회가 경험하고 있는 '방의 도시'는 집의 소멸을 알리는 문명사적 전조(前兆)일지 모른다. 집이 사라지는 시대, 방이 떠나가는 시대를 무심히 맞이하기가 아쉬운지, 집과 방의 인문학적 추억을 되살리는 온라인 용어의 등장이 나름 애틋하다. 예컨대 '홈'페이지가 그렇고 카톡'방'이 그렇다.

그렇다면 지금까지 우리가 알고 있던 전통적 모습의 집이 마침내 종말을 고하는가 싶은 예감의 원천은 무엇일까? 첫째는 모빌리티의 급속한 증가다. 사업이든, 노동이든, 결혼이든, 관광이든, 과거 그 어느 시대에 비해 오늘날 인류는 보다 많이, 보다 자주, 그리고 보다 멀리 움직인다. 이처럼 이동과 흐름, 만남과 네트워크가 이른바 '사회적인 것'의 핵심으로 대두하고 있는 상황은 더 이상 영구적 정주 공간을 요구하지 않는다(어리, 2012). 오히려 그것이 불편한 요소가 될 수도 있다. 오랜 유목생활 끝에 농업혁명과 더불어 주거문명을 발전시킨 인류는 신유목사회의 도래와 더불어 주거문명 시대 이전으로 회귀하고 있는지 모른다.

게다가 우리 시대의 신유목민들은 각종 첨단 IT 장비를 통해 '지속적 연결성'(constant connectivity)을 확보하고 있다(Moltz, 2010: 88-104). 수렵·채취사회의 전형적인 유목민들은 이동 중일 경우 위치는 물론 생사조차 알 수 없는 상태로 실종된다. 이에 비해 각종 휴대용 정보화 기기는 신유목민들에게 상시적인 접속과 교류를 가능하게 한다.[22] 홈(home)과 어웨이(away)의 경계가 빠르게 무너지는 시대에는 영구주택이 아닌 임시거처, 곧 셸터가 보다 더 제격인지도 모른다. 컨테이너 주택이나 모바일 하우스의 증가가 예사롭지 않은 것은 이 때문이다. 최근 거의 모든 것을 가방 속에 넣고 다니는 이른바 '백팩(backpack)족'의 급증은 신유목사회의 전령(傳令)처럼 보인다. 오늘날에는 주택이 없는 무주택자가 문제이지만, 미래사회에는 주택이 필요 없는 비(非)주택자가 대세를 차지할지 모른다.

둘째는 가족관계의 혁명적 변화다. 근대 이후 '1가족 1주택'이 원칙이 등장했다면, 이제는 주택 하나를 채워 줄 가족 자체가 온전히 존재하지 않는다. "부부와 그 자녀로 구성된 가족"을 의미하는 '정상가족'은 비율상 더 이상 다수가 아니다. 우리나라의 경우 2015년 기준 1인 가구는 전체 가구(191만 1000가구)의 27.2%인 520만 3000가구로 밝혀졌다. 이는 2인 가구(26.1%), 3인 가구(21.5%), 4인 가구(18.8%)를 능가하는 비율이다(통계청 〈2015년 인구주택총조사〉). 이와 같은 나홀로 가구의 비율은 1990년 대비 다섯 배 수준으로 늘어난 것이며 향

---

22 르페브르(2011: 162)는 1970년대에 이미 고정과 유동의 관점에서 집의 양면성을 간파하였다. 곧 집을 외관이나 건물, 구조 등의 측면에서는 "부동(不動)의 상징"으로 포착할 수도 있지만, 안으로 들어가 보면 집은 "구석구석을 종횡으로 가로지르는 물, 가스, 전기, 전화, 라디오와 텔레비전 전파 등 각종 에너지의 흐름 속에 잠겨 있다"는 것이다. 다시 말해 집이란 "움직이지 않고 고정되어 있음이 결국 움직이는 것들의 묶음과 이것들을 실어 나르고 배설하는 통로들의 집합으로 귀착된다"는 주장이다. 요컨대 집이란 정착과 흐름으로 구성된 "이중의 기계장치"다.

후 계속해서 증가할 전망이다. 이른바 '독거 개인'(solo-living individual) 중에는 본인의 가치관에 충실한 자발적인 경우도 있지만, 빈곤이나 사회적 배제 등 비자발적 요인에 따른 사례도 많다. 혼자 살고 싶은 사람, 혹은 혼자 살 수밖에 없는 사람에게 가족단위의 전통적인 주거형태는 더 이상 용도가 없다.[23]

가족구조 못지않게 많이 달라지고 있는 것은 가족규범이다. 사랑이나 행복 등 가족개념에 내재된 이상적 신화와 문화적 위선이 깨지면서 가족은 절대적인 것도, 최선의 것도 아니라는 인식이 점차 확산되는 추세다(함인희, 2016). 모든 것이 개인의 선택이고 개인의 책임이 되는 이른바 '개인화 테제' 앞에 가족단위를 전제했던 기존의 근대적 주거문화는 흔들리지 않을 수 없다. 20세기 중반 이후 사회적 '발명품'으로 등장한 개인(주의)화는 생활세계에서 가족이 아닌 개인을 재생산의 단위로 만들고 있다(벡, 1997: 210-224). 현대는 개인이 가족을 경유하지 않은 채 자신의 계획과 능력만으로 시장과 국가, 혹은 세계체제와 직면해야 하는 각자도생의 사회다.

집의 종말을 재촉하는 세 번째 요인은 '사물 인터넷(IoT, Internet of

---

23 가족구조의 급속한 변화와 함께 진행되는 사회적 현상은 반려동물의 급속한 증가이다. 반려동물의 가치 상승은 1983년 오스트리아 과학아카데미가 개최한 관련 학술대회에서 종래의 애완동물(pet)이라는 말 대신 반려동물(companion animal)이라는 용어를 쓰기로 공식화한 것에서 이미 충분히 예견된 일이다. 언젠가 가족의 구성이 인간만의 몫이 아닐 날이 올지 모른다. 최근 우리나라에서는 개와의 주거공존을 기치로 내건 '반려견주택연구소'라는 것도 등장했으며, 일본에서는 반려동물과 함께 살 수 있는 아파트나 애견인끼리 모여 사는 공동주택이 늘어나고 있다고 한다(세계일보, 2016.6.11). 언젠가 '인수(人獸) 공동가족' 개념이 등장할 수도 있을 것이다. 동물과 같이 사는 데 있어서 '반려'와 '애완'은 개념적으로 완전히 다르다.

Things) 사회'의 도래다. 3차 산업혁명기의 사물 인터넷은 제2차 산업혁명을 이끈 전기에 버금가는 파괴력으로 새로운 시대를 열고 있다(리프킨, 2014). 사물 인터넷은 인터넷을 기반으로 사물들을 연결하여 사람과 사물, 사물과 사물 간의 정보를 상호 소통하는 지능형 기술 및 서비스를 말한다. 20세기 마지막 해 빌 게이츠(Bill Gates, 1999)는 홈 오토메이션(Home Automation) 기술을 탑재한 미국 시애틀 자택을 예로 들면서, "모든 가정에 서버가 구축되어 있는 미래에는 컴퓨터와 다른 가전 기기들이 서로 자동으로 이야기하고, 집안 어디서든 인터넷에 접속할 수 있다"고 예언한 바 있다. 그가 말한 '디지털 홈'은 오늘날 '스마트 홈'으로 현실화되어 인류의 주거문화를 혁명적으로 바꾸고 있다.

스마트폰에서부터 텔레비전, 에어컨, 냉장고 등 가전제품, 수도, 전기, 냉난방 등 에너지 소비 장치, 도어록, 감시카메라 등 보안기기 등을 통신망으로 연결해 모니터링하고 제어하는 것이 바로 스마트 홈 기술이다. 전등이나 에어컨이 자동으로 작동하고, 가족의 성화나 자명종 대신 침대가 기상을 독려하며, 냉장고가 우유를 알아서 주문하고 발코니 화분에 물이 저절로 뿌려지는 집이 이제는 환상이 아니라 실제상황이 되어 가고 있다.[24] 사람보다 사물이 먼저

---

24 지금과 같은 사물 인터넷 중심의 제3차 산업혁명 이전에는 가구나 가전이 명실상부하게 '가족처럼' 여겨지기도 했다. 삼성전자가 자랑하는 오래된 광고 카피는 '또 하나의 가족'이다. 가수 최성수가 불렀던 'TV를 보면서'라는 제목의 대중가요는 혼자 외롭게 사는 사람이 TV를 친구 삼아 밥을 먹는다는 내용이다. 하지만 오늘날은 개인화 추세에 따라 가전(家電)제품 자체가 개전(個電)제품

생활에 필요한 서비스와 콘텐츠를 제공하게 되는데, 여기에 가세하는 것이 제4차 산업혁명 시대의 로봇혁명이다. 한 지붕 아래 로봇은 머지않아 가족 못지않은 동거인으로 자리 잡을 전망이다.

스마트 홈 담론은 헉슬리(Aldous Huxley, 1994)가 그린 '멋진 신세계'(Brave New World)를 떠올리게 만든다. 그곳은 일관작업을 통해 T형 자동차가 대량생산되기 시작한 해를 기원 1년으로 정할 정도로 과학문명이 지배하는 사회다. 헉슬리의 신세계에서는 가족이라는 단위 자체가 없다. 누구도 '부모'라는 단어의 의미를 정확하게 알지 못한다. '어머니'라는 말은 아예 발음하지도 않는다. 누구든지 서로 꺼리지 않고 잠자리를 한다. 사랑은 즐거운 놀이일 뿐, 깊은 감정적 교감은 서로 나누지 않는다. 모든 욕망은 즉각 충족되며 채워질 수 없는 욕망은 처음부터 거세되어 인간에게는 걱정도 없고 격정도 없다. 미래의 '스마트 홈'과 과거의 '스위트 홈' 사이에는 점차 하늘과 땅만큼의 괴리가 생겨나고 있다.

집이 사라지는 이유로 하나를 더 추가한다면 그것은 주택의 고가화(高價化)다(페로, 2013: 635). 전반적으로 주택가격이 너무나 비싸졌다. 국제결제은행(Bank of International Settlement, BIS)에 의하면 전 세계

으로 바뀌고 있다. 또한 사람이 집주인으로서 가전을 조작하는 것이 아니라 가전 스스로가 집안의 상전(上典) 행세를 하는 시대로 변하고 있다. 최근 삼성전자의 광고는 냉장고를 '삼성 패밀리 허브'라 부르고 있다. 냉장고가 집안의 먹거리를 알아서 관리하는 가운데, 냉장고가 가족 간의 대화 통로가 되고 공용 엔터테인먼트 수단이 되고 있다는 점에서 "가족이 사랑하는 냉장고, 가족을 사랑하는 냉장고"라는 카피가 눈길을 끌고 있다.

22개 주요국의 주택가격은 최근 10년간 평균 48.4% 가량 상승했다(조선일보, 2016.7.12). 같은 기간 동안 홍콩의 주택가격은 226.6% 치솟았고, 한국도 39.2% 가량 올랐다. 특히 우리나라의 경우 집값은 현재 20-30대 세대가 자신의 부모세대가 주택을 구입하던 시기인 약 30년 전과 비교하면 무려 364.8% 폭등했다. 이제는 내 집 마련이 점점 더 '그림의 떡'이 되어 가는 것이다.

그 방증이 우리 시대의 신종 트렌드 가운데 하나인 '집 대신 방' 풍조다. 어차피 내 힘으로 집을 장만할 수 없을 바에야, 그리고 주택과 더불어 결혼과 출산조차 포기하는 마당에, '꿩 대신 닭'으로 각광 받는 것이 바로 방이다. 요즘 텔레비전 방송이나 서점가에는 방 꾸미기를 의미하는 이른바 '집방'이 인기몰이를 하고 있다. 전세이든 월세이든, 혼자 살든 같이 살든, 집이 아닌 방을 자신의 취향에 맞게 고치고 꾸미겠다는 의지에 어필하는 전략이다. '집방'의 핵심 컨셉은 당연히 '셀프 인테리어'다(중앙일보, 2016.1.25; 조선일보, 2016.4.4).[25] 그리고 과거 '집들이'에 해당할 법한 '방들이' 관행도 요새는 온라인을 통해 이루어진다고 한다. 집의 종말이 방의 변신이라는 뜻밖의 결과를 연출하는 신종 주거 풍속도이다.

---

[25] 자기 방의 필요성에 대한 주장은 20세기 초 영국의 페미니스트 작가 버지니아 울프(Virgina Woolf)의 『자기만의 방』(A Room of One's Own)을 통해 주로 여성들의 경우를 대상으로 처음 제기된 바 있다. 그런데 최근에 우리나라에서는 젊은 남성들의 '취미방' 만들기가 유행이라고 한다(조선일보, 2016.5.18). 부인이나 자녀들의 간섭 없이 책에 집중하거나 게임에 몰입하거나 기타나 드럼을 연주할 수 있는 '남자의 동굴'(mancave) 개념이다. 남성이 동굴을 좋아하는 천성에 대해서는 그레이(1993: 54-66) 참조.

저성장 경제기조와 사회적 양극화에 따라 집을 포기하는 일은 개별적이거나 일시적인 현상에 그치는 것이 아니라 구조적으로 고착화되고 세계적으로 보편화되고 있다. 2005년 기준 지구 상에는 1억 명의 홈리스(homeless)가 살아가고 있다(UN, 2005). 유엔 해비타트에 의하면 2013년 기준 지구 상에서 슬럼 수준으로 사는 인구는 8억 6천 3백만 명으로 1990년의 6억 5천만 명, 2000년의 7억 6천만 명과 비교하여 꾸준히 늘어나고 있다(UN-Habitat, 2013). 집이 없거나 없는 것과 별로 다르지 않는 신세에 처한 이들은 난민으로 전락하여 오늘날 전 세계를 유랑하고 있다.

무주택 난민에 대한 사회적 대응은 크게 두 가지이다. 첫째는 주거빈곤이나 재난, 난민문제 등에 대처하려는 이른바 '착한 집' 프로젝트나 '재난건축' 관련 캠페인이다.[26] 이는 보다 실질적인 문제해결 방식을 지향하는 자발적이고도 자생적인 사회운동의 일환이다. 이에 비해 둘째는 다소 국제정치적이다. 우리 시대 유랑자의 이동성은 다분히 "예측불가능하며 따라서 위협적"이다(크레스웰, 2012:

---

26 2016년 건축계의 노벨상을 불리는 프리츠커상(Pritzker Prize)의 수상자는 칠레 출신 건축가 알레한드로 아라베나(Alejandro Aravena)였다. 그는 프리츠커상의 역대 최연소 수상자일 뿐 아니라 칠레가 현대건축으로 유명한 나라인 것도 아니다. 아라베나는 '사회참여'를 화두로 내걸고 저소득층을 위한 '반쪽짜리 좋은 집'(half of a good house) 프로젝트를 하고 있다. 이는 애초부터 집의 반쪽만 지어 주고, 나머지 반쪽 공간은 거주민이 훗날 지을 수 있게 비워 두는 방식이다. 2016년도 베니스 비엔날레 건축전에서는 유럽 건축가들을 중심으로 '난민문제'를 해결하려는 작품이 많았다(중앙일보, 2016.1.19). 우리나라에서도 세월호 침몰 사고 이후 이 문제에 대한 건축계의 관심이 높아지고 있다. 정림건축문화재단이 벌이고 있는 '재난건축'(Disaster Architecture) 관련 프로젝트가 대표적이다.

174). 그런 만큼 이를 관리하기 위한 모종의 세련된 국제정치 기법이 필요할 터인데, 2016년 브라질 리우에서 열린 하계 올림픽에서 역사상 최초로 이른바 난민대표팀(Refugee Olympic Team)이 결성되어 출전한 것을 이런 맥락에서 해석할 수도 있지 않을까 한다.[27]

---

27 유럽에서 근대사회가 창출될 무렵, 정상적인 삶의 공간으로부터 퇴출된 수많은 부랑자들이 탄생하였다. 걸인, 앵벌이, 창부 등 이들 '뿌리 뽑힌 자'들은 거리를 방황하며 사회질서를 위협하는 존재로 부상했다. 수용소나 구빈법 등과 같은 제도와 장치를 통해 이들을 기존 사회제도 안에 포섭하기 위한 노력이 17세기에 광범위하게 진행되었는데, 이른바 '대감금(the Great Confinement)의 시대'에 벌어진 일이다(한귀영, 1997 참조). 리우올림픽에서의 난민대표팀 구성을 순수한 올림픽 정신의 발로로만 보기 어려운 이유가 여기에 있다.

제 3 장

—

터

1. 터의 뜻

"인간은 섬이 아니다"(No man is an island). 이는 어니스트 헤밍웨이 (Ernest Hemingway)의 소설 제목으로 차용(借用)되어 더욱더 유명해진 시 〈누구를 위하여 종은 울리나〉에서 17세기 초 영국의 성직자이 자 시인인 존 던(John Donne)이 한 말이다. "모든 사람은 대륙의 일부 분이고 전체의 부분"이라는 문장으로 이어지는 이 시는 존재의 본 질이 '관계'라는 사실을 말하고자 한다. 그 누구의 죽음도 나에게는 손실이기에, 누군가의 죽음을 알리는 조종(弔鐘)은 다름 아닌 바로 당신을 위해 울린다는 뜻이다. 우리나라의 정현종 시인은 〈섬〉이 라는 제목으로 딱 두 줄짜리 시를 썼다. "사람들 사이에 섬이 있다. 그 섬에 가고 싶다"가 바로 그것이다. 사람들 사이에 외로워 보이는 섬이 있어서 그 섬에 가고 싶다는 이야기다. 이들 두 시인의 공통점 은 사람은 남과 더불어 살고 또 살아야 하는 사회적 동물이라는 사 실을 일깨우는 데 있다.

남들과 더불어 사는 존재가 되기 위해서 일정한 공간의 공유는 필수적이다.[01] 식구들이 모여 사는 집부터가 그렇다. 하지만 대개 의 경우 집은 가족 구성원의 사적 영역이다. 공적 영역에서 집단생활을 하는 공간단위는 집을 넘어 이웃, 동네나 마을, 도시, 지역, 국가, 세계 등으로 그 외연이 확장되고 확대된다. 이 가운데 이 책에서는 '터'라는 순우리말에 기반을 두고 마을 혹은 동네와 도시를 주로 다루고자 한다. 국어사전은 터를 '집이나 건물을 지었거나 지을 자리'로 정의하고 있는데(국립국어원 〈표준국어대사전〉), 이는 '삶의 무대'라는 말과 거의 같은 의미다. 일터, 쉼터, 놀이터, 배움터, 싸움터, 낚시터 등의 표현에서처럼 말이다. 반면 '공터'는 아무런 일도 일어나지 않는 빈 공간이다.

터의 개념은 장소와 가깝다. 한자어 장소(場所)는 '마당 장'과 '바소'가 합쳐진 어휘로서 공간과 대비되는 장소의 함의와 특성을 잘 드러내고 있다. 투안(1995)의 설명처럼 공간이 장소가 되는 것은 인간의 '경험'을 통해서이다. 마을 혹은 동네와 도시는 바로 이러한 경험이 보다 쉽게, 보다 자주 일어나는 일상의 무대다. 다시 말해 그곳은 "마음속에 추상적 공간을 만드는" 일, 또는 "느낌, 이미지, 사유를 만질 수 있는 형태로 구체화"하는 과정이 상대적으로 풍부한 체험공간이다(투안, 1995: 36). 요컨대 터라는 개념은 국가나 세계보다 마을이나 동네, 도시에 상대적으로 더 잘 어울린다.

게다가 공간을 장소로 변형시키는, 이른바 '장소 만들기'의 의도적인 실천은 주로 마을이나 도시를 대상으로 삼고 있다. '마을 만들

---

01   가상의 사이버 공간은 예외의 경우다. 하지만 컴퓨터에서 실제 세계와 비슷하게 가상적으로 구축한 환경을 '공간'으로 표현한다는 것 자체가 공간의 사회관계적 속성을 함의한다고 볼 수 있다.

기'라든가 '도시계획'이라는 용어의 보편적 대중화가 이를 방증한다. 원론적인 의미에서 '장소 만들기' 그 자체는 모든 공간적 차원에 적용될 수 있다(크레스웰, 2012: 18-19). 각자 방을 꾸미고 집을 가꾸는 일은 두말할 나위가 없거니와, 민족국가에 의한 조국 내지 모국 개념의 정립이나 자본주의 세계체계의 형성과 지구촌(global village) 의식의 고취 또한 장소 만들기의 일환이라 볼 수 있다. 하지만 공간에 가치와 정서를 부여하는 장소화의 수준이나 정도에 있어서 국가나 세계는 마을이나 동네, 혹은 도시 단위에 비해 크게 미흡하다. 적어도 지금 현재까지는 그렇다. 유구한 역사의 측면에서도 근대국가나 세계체계는 마을, 동네 혹은 도시에 비교할 바가 아니다.

2. 마을의 원형과 변형

사전은 동네를 "자기가 사는 집의 근처"로, 마을을 "주로 시골에서 여러 집이 모여 사는 곳"으로 각각 정의한다(국립국어원 〈표준국어대사전〉). 상대적으로 동네가 공간적 범주에 의미를 둔다면 마을은 함께 사는 행위에 방점을 찍고 있는 듯한데, 사실은 충분히 호환 가능한 동의어다. 동네는 한자 동(洞)에 "같은 처지의 사람" 혹은 "그 사람이 속한 무리"를 뜻하는 우리말 접미사 '네'를 붙였고, 마을은 원래 고유한 우리말이다. 우리나라에서 '동네 만들기' 대신 '마을 만들

기'라는 단어가 선호되는 것은 '마치즈쿠리'(まちづくり)라는 일본어의 영향 탓도 없지 않겠지만, 동네보다는 마을이 갖고 있는 시골 이미지에 노스탤지어가 더 많이 묻어나기 때문이 아닐까 싶다. 동네버스라 하지 않고 마을버스라고 부르는 것도 이런 맥락일 것이다.

전통적으로 사람들은 마을에 살았다. 철학자 임마뉴엘 칸트(Immanuel Kant)는 독일의 쾨니히스베르크(Koenigsberg)[02]라는 마을을 평생 50마일 이상 벗어난 적이 없다고 한다. 그는 그곳에서 태어나 그곳에서 죽었는데, 1804년 임종 직전 그는 이렇게 말했다고 한다. "이제 되었다." 이처럼 칸트는 작은 동네 안에서 모든 위대한 업적을 성취한 것이다. 과거에는 전쟁이나 성지 순례, 원거리 교역 등 특수한 사정이 아니면 대부분의 사람들은 자신이 태어난 마을에 살다가 그 마을에서 죽고 묻혔다. 마을은 집과 더불어 사회적 동물인 인간의 가장 오랜, 그리고 가장 친한 장소로 존재해 왔던 것이다. 마을은 현재만이 아니라 미래 세대를 함께 재생산하는 단위이기도 했다. 아프리카에는 "한 아이를 키우려면 온 마을이 필요하다"는 속담이 있다.

옛날 사람들은 평생 같은 마을 안에서 마을 사람의 일원으로 살았다. 마을은 개인과 가족의 경계를 넘어 최초로 구성된 사회였다. 이때 마을은 그 자체가 "하나의 체계이자 세계이며 우주"였다(김기

02　지금은 러시아 발트해 연안에 있는 칼리닌그라드(Kaliningrad).

홍, 2014: 78). 마을은 일종의 유기체였다. 구성원들이 개체로 분열되지 않는 하나의 통일체라는 의미에서다. 작가 이문열은 자신의 어릴 적 고향의 부락공동체를 "지름을 달리하는 동심원들의 겹"으로 도형화한 적이 있다(이문열, 2000: 30-31). 크게는 하나의 원이지만 그 안에는 기능과 성격을 달리하는 구성원들이 만드는 작은 원들이 여러 겹 들어 있었는데, 그 어디에 위치하든 모두가 공동체의 일부이고 성원이었다고 그는 지금도 뚜렷이 기억한다.[03]

마을을 뜻하는 한자 동(洞)은 물(氵)을 함께[同] 사용한다는 의미다. 우물이든, 못이든, 냇물이든, 강물이든, 동네의 출발은 물을 매개로 한 생활공동체 혹은 운명공동체였던 것이다. 이와 같은 공동의 경제에 기반하여 마을은 하나의 풍경 공동체를 구성하였다. 인골드(Ingold, 1993)는 네덜란드의 풍경화가 피터르 브뤼헐(Pieter Bruegel)의 1565년도 작품 〈추수하는 사람들〉(The Harvesters)에 대한 분석을 통해 '풍경 경관'(landscape)은 곧 '작업 경관'(taskscape)이라고 주장한다. 길, 나무, 교회 등을 배경으로 평범한 농부들의 일상을 담고 있는 브뤼헐의 풍경화는 "그곳에 살았던 앞 세대의 생업 및 노

---

03 『아가(雅歌)』라는 제목의 이 소설에는 '당편이'라는 심신 장애 여자아이가 등장한다. 그녀는 어쩌다 그 마을에 들어와 살게 되었는데, 사람들은 그녀를 자연스럽게 마을 주민으로 받아들였다. 작가는 그것이 자선(慈善)이나 보시(布施)의 심리가 아닌, 거부하기 어려운 일종의 의무 같은 것이었다고 회고한다. 작가는 그때 그 시절을 요즘 세태와 대비한다. 생산능력이 없으면서 사회의 미관과 편의를 해치는 이들에게 구호대상자, 정신병자, 심신미약자, 장애인, 지체부자유자 같은 전문화되고 기능적인 호칭을 부여한 뒤 정신병원이나 재활원, 보호소 같은 시설 등 우리가 볼 수 없는 곳에 감추어 버리는 오늘날의 냉정한 세상 말이다.

피터르 브뤼헐의 〈추수하는 사람들〉

동에 관한 불후의 기록과 증거"라는 것이다.

　아닌 게 아니라 공간의 현상학에서는 풍경과 거주가 각각 고립된 두 영역이 아니라, 꼴(figure)과 배경(ground)이라는 관계를 맺고 있다고 본다(이종관, 2011: 178). "거주지는 풍경을 구체화하는 사건으로 출현"하며, 마을은 "우연한 정착의 결과가 아니라 그것이 터하고 있는 풍경에 대한 이해와 그로부터 열리는 실존적 상황을 드러내는 것"이 된다(이종관, 2011: 189). 공유하는 풍경이 없으면 함께 사는 마을이 아니다. 이런 점에서 "지도는 비역사적이고 풍경화는 역사적"이라

는 투안(1995: 200)의 지적은 촌철살인(寸鐵殺人)의 명구(名句)가 아닐
수 없다.

하지만 마을의 중요성은 근대 이후 도시화, 산업화, 세계화 과정
에서 점차 뒷전으로 밀려나게 되었다. 삶의 스케일이 도시나 지역,
국가, 세계로 계속 확산된 결과였다. 특히 수원(水源)을 공유한다는
동네의 어원적 의미는 거의 사라졌다. 근대화와 더불어 물 공급 체
계가 광역화, 공업화, 전문화, 독점화되었기 때문이다(홍성태, 2006).
마을 풍경 또한 더 이상 농경사회가 보여 준 경제공동체로서의 의
미를 잃어버렸다. 생존경제(subsistence economy)에서 시장경제(market
economy)로 이행하면서 마을은 경제단위로서의 핵심적 기능을 뺏기
게 되었다. 근대 도시인의 마음속에 마을은 시나브로 향수나 추억
을 간직한 '고향'으로 각인되게 되었다.[04]

하지만 마을이 완전히 죽거나 사라진 것은 아니다. 마을은 근대
적 사회변동이 야기한 새로운 공간 환경 속에도 나름의 지속성을
보여 주고 있다. 어쩌면 이는 인간에게 마을 단위를 지향하는 원초
적 본능이나 인습이 존재하기 때문인지도 모르겠다. 자생적 내지
자발적으로 진행되는 마을의 근대적 변용 내지 진화는 크게 두 가

---

04 산업화와 도시화에 따라 대대적인 이향(離鄕) 내지 탈향(脫鄕)이 이루어지면서 지역은 고향의 개
   념으로 전환되었다. 말하자면 도시공간에서 향우회 등에 의해 고향이 새롭게 창출되고 구성되는
   것이다. 이런 점에서 오늘날 고향은 '상상의 공동체'(imagined community)라는 의미를 띠게 된다.
   말하자면 고향은 "상상=창조"로서 존재하게 되는 것이다. 중요한 점은 '상상의 공동체'가 됨으로
   써 고향이 점차 "내셔널리즘의 핵"이 되어 "국민국가와 고향 간의 보완성"이 이루어진다는 사실
   이다(나리타 류이치, 2007: 6-7, 131-133).

지 패턴을 보여 준다. 하나는 도시 속 마을이 새롭게 탄생하는 것이고, 다른 하나는 기존의 마을 형태가 도시발전과 공진화(共進化)하는 것이다. 전자의 경우는 '어반 빌리지'(urban village) 개념에, 후자의 경우는 '카르티에'(Quartier, Quarter) 개념에 각각 필적한다.

도시 마을 혹은 어반 빌리지는 1950년대 미국 보스톤 웨스트 엔드(West End) 지역의 이탈리아 이민자 집단을 연구한 사회학자 간스(Gans, 1962)에 의해 창안된 개념이다. 어반 빌리지는 흑인이나 이민자와 같은 당시 미국사회의 비주류 집단들이 자신들의 비(非)도시적 제도와 문화를 새로운 도시환경에 적응시키는 일종의 '에스닉(ethnic) 공간'을 의미했다. 말하자면 이들 스스로가 자신들의 마을을 도시 속에 새로 형성한 것이다. 비록 대부분 가난한 사람들이 거주하는 낡은 저가 임대 주거지역임에도 불구하고 간스는 그곳을 '슬럼'(slum)이 아니라 하나의 건강한 '빌리지'(village)로 인식할 필요가 있다고 주장한다(Gans, 1962: 3-4).

간스가 볼 때 웨스트 엔드의 '리틀 이탈리아'(little Italy) 주민들은 미국의 중산층 가치를 무조건 추종하지 않은 채, 그들 나름의 독립적인 노동자계급 하위문화를 견지하고 있었다. 그런 만큼 1950년대 말 미국 연방정부와 도시계획가들이 그 지역을 대상으로 대대적인 도시재개발을 시행한 것은 정책적 오류였다고 평가한다. 물론 웨스트 엔드 지역에 문제점이 전혀 없는 것은 아니었다. 하지만 그것은 결코 동네의 잘못 혹은 부정적인 이웃관계 때문이 아니었다. 지역공동체라는 측면에서 '리틀 이탈리아'는 특별히 문제될 것이 없었다. 간스가 어반 빌리지를 각종 도시문제가 창궐하는 '어반 정글'(urban jungle)과 대비되는 개념으로 사용한 것은 이 때문이다.

1960-70년대 서울의 '달동네' 혹은 '산동네'도 간스가 말하는 어반 빌리지 개념과 유사하다고 볼 수 있다.[05] 그곳에 사는 사람들은 대부분 농촌출신으로서 서울에서 '헤쳐 모여' 한 경우가 많았다. 참여관찰을 통해 한국의 달동네를 최초로 본격 연구한 미국의 인류학자 브란트(2012)는 서울의 산동네가 남미에서와 같은 전형적인 슬럼이 아니라 "놀라울 만큼 정상적(normal)"인 동네라고 주장했다. "외관만 다소 진기할 뿐" 극빈자들과 최근 상경자들이 모여 사는 그곳은 경제적 평등을 바탕으로 "축제 분위기를 담고" 있더라는 것이다.

한편 카르티에는 유럽의 도시들에서 원래부터 존재하는 지역이나 구역 혹은 동네를 의미하는 것으로, 현재까지 프랑스 파리에 가장 유력하게 남아 있다. 이는 전통적인 생활공동체로서 세무나 치안 같은 공식적인 행정체계와는 별도로 존재하는 영역이다. 카르티에는 "파리의 기본 도시 단위"로서 뚜렷한 "경계의 심리지리학"(psychogeography of the boundary)을 형성한다(Hazan, 2010: 3-16). 이들 카

---

05 '산동네'라는 말은 오래전부터 사용되었다. 이에 비해 '달동네'는 근대 이후 급속한 도시화 과정 속에 등장한 말인데, 1979년에 발표된 박완서의 중편소설 『엄마의 말뚝』에서 비롯되었다는 게 정설이다(《문학사상》 1979년 11월호). 이 소설에는 "내가 엄마를 따라간 곳은 경성부 사대문 밖 달동네였다"는 구절이 나온다.

1968년경 서울 천연동 판자촌 전경(자료 출처: 서울역사박물관)

르티에는 파리의 비연속적 성장과 불규칙한 발전 리듬의 산물이다. 20개의 구(Arrondissement, District)로 나누어져 있는 파리에는 80여 개의 생활공동체, 곧 카르티에가 존재하는데, 하나의 구에 몇 개의 카

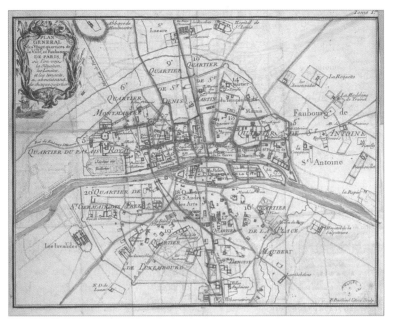

〈파리 일대 20개 카르티에 종합계획안, 1742년〉(자료 출처: 프랑스국립도서관)

르티에가 있는 경우도 있고, 하나의 카르티에가 몇 개 구에 걸쳐 있는 경우도 있다(정수복, 2009: 151).

　카르티에에는 빵집, 치즈가게, 과일가게, 식료품가게, 정육점, 식당, 문방구, 신문가판대, 도서관, 시장, 카페, 우체국, 은행, 병원, 공원, 운동장, 성당이나 교회, 파출소 등을 함께 이용하면서 사람들이 공동의 기억과 체험을 쌓아가는 기초생활 공간이다. 파리지앵들은 파리에 거주해서가 아니라 "오랜 세월에 걸쳐 자연스럽게 형성된 일상의 생활권인 카르티에를 통해 스스로를 파리 사람으로 느낀다"
고 말할 정도다(정수복, 2009: 152). "파리는 마을이다"라고 주장하는
것도 같은 맥락이다(조홍식, 2016: 64). 파리지앵은 대도시 시민이면서
도 마을사람처럼 살아가기 때문이다. 카르티에는 주킨(Zukin, 2010: 4,
247)이 뉴욕 연구로부터 도출해 낸 '어반 테루아'(urban terroir)의 개념
과도 연결된다. 테루아는 일반적으로 특정 음식과 포도주를 생산하
는 토지와 문화 및 기후의 특수한 조합이라는 뜻인데, 주킨은 인구
학적, 사회적, 문화적 과정에 의해 만들어지는 도시마을의 차별적
특성을 공간적인 차원의 테루아로 표현한다.

현재 우리나라에서는 달동네 형태의 신흥 어반 빌리지가 속속 사
라지고 있을 뿐 아니라 카르티에에 해당하는 전통적인 생활공동체
도 거의 남아 있지 않다. 전국 각지의 달동네는 도시재개발 과정에
서 대거 소멸했고, 1960년대 후반 도심 철거민들이 노원구 중계본
동에 만든 '백사마을'은 서울의 마지막 달동네라는 추억을 남기며
조만간 역사의 뒤안길로 사라질 운명이다. 한때 서울에도 나름의
이름값을 하는 '마을' 혹은 '촌'(村)이 있었다. 서촌, 북촌, 남촌, 신촌
하듯이 말이다. 하지만 이들을 파리의 카르티에에 비교하기는 어렵
다. 특히 서촌, 북촌 등은 "지역개발과 관광객 유치를 위해 전략적
으로 선택된 일종의 '만들어진 전통'"에 가깝다(염복규, 2016: 42). '오래
된 서울'의 간판 격인 서촌은 목하 "카페 촌으로 맹렬히 변신 중"인
가운데 관광객을 위한 "'명소'로 개발 중"이다(최종현·김창희, 2013: 348-

349). 젠트리피케이션 열풍 속에 그나마 남아있던 서울의 전통적인 마을이 점점 더 빨리 자취를 감추고 있는 것이다.

3. 도시와 공동체

그렇다면 도시라는 공간환경 속에 마을공동체가 형성되거나 지속될 수 있는 조건은 무엇이며 그것이 작동할 수 있는 원리는 무엇인가? 첫째는 각종 생활공동체 인프라다. 이는 지역 주민의 삶과 밀착된 상업시설과 문화시설, 교육시설, 공공시설 등을 의미한다.[06] 이때 중요한 것은 제공하는 서비스 내용보다는 그것의 친밀성과 역사성이다. 진정한 근린생활시설은 해당 지역의 '토박이'로서 자주 바뀌지도 쉽게 옮기지도 않는다. 또한 프랜차이즈 방식의 획일적 서비스도 당연히 지양된다. 대신 근린생활 인프라는 지역 주민들의 기억이 응집되고 이야기가 누적되는 사회문화적 차원의 앵커이자

---

[06] 우리나라 현행 건축법은 근린생활시설을 제1종과 제2종으로 구분하고 있다. 가령 소매점이나 휴게음식점, 이·미용원, 목욕장, 병원, 도서관, 우체국, 소방서 등은 1종에, 일반음식점, 서점, 극장, 은행, 세탁소 등은 제2종에 속한다. 이들은 유럽의 카르티에와 일정 부분 겹치기도 하지만 종류와 성격이 꽤 다르기도 하다. 가령 우리나라에서는 안마시술소, 고시원, 단란주점도 제2종 근린생활시설로 간주된다. 만약 오늘날 우리나라에서 카르티에 같은 느낌을 주는 독특한 생활권이 존재한다면 아마 입시학원을 중심으로 형성되어 있을 것이다. 예컨대 서울 강남 '대치동'은 행정구역이 아닌 사회적 상징지역의 의미가 강한데 그 바탕은 한국 최고의 사교육시장이라는 점이다. 그곳에서 두드러지는 일상의 두 가지 독특함은(새벽부터 밤늦게까지 학생들과 그 보호자들이 찾는) 엄청나게 많은 숫자의 커피점과 밤 10시대의 난데없는 교통체증이다(김명환, 2016).

허브가 되어야 한다. 따라서 관건은 근대화 과정에서 이와 같은 도시공동체의 전통적 공동체 인프라를 얼마나 지키고 어떻게 관리하느냐 하는 점이다.[07]

선진국에 비해 우리나라는 서울의 경우 이른바 생활밀접형 업종들의 평균 수명이 대단히 짧은 것으로 나타난다. 외식업 10개, 서비스업 22개, 도·소매업 11개 등 총 43개 생활밀접형 자영업 사업체의 생존율을 보면 3차 연도에는 50%대에 불과하다(서울시 〈2013년도 서울자영업자 업종 지도〉). 언제나 그 자리에 옛 가게가 남아 있는 경우가 많은 서구 도시들과는 크게 대조적이다. 게다가 획일화된 프랜차이즈 업종은 동네상권을 하루가 다르게 잠식하고 있다. 편의점은 물론 김밥, 피자, 제과·제빵, 두발미용 업종조차 점차 프랜차이즈화되어 가는 나라가 대한민국이다. 2014년 기준 프랜차이즈 총 점포수는 212,758개에 이른다(2014년 〈프랜차이즈 산업실태조사〉). 명멸하는 주기가 너무나 짧은 나머지 프랜차이즈 업종이 국내 증권시장에서 상장(上場)에 성공한 경우는 매우 극소수로 알려져 있다.

도시 속 동네마을을 가늠하는 또 다른 공간환경은 골목이다. 어

07 오늘날 일본에 '도시 속 시골마을' 분위기가 더러 남아 있는 것은 이와 같은 지역밀착형 생활시설의 건재 때문이라고 볼 수 있다. 히라카와 가쓰미(2016: 48, 148)에 의하면 일본 특유의 근린생활시설은 다방과 공중목욕탕이다. 그는 전후 일본에서 '도시 속 대학'의 기능을 수행했던 다방과 '공공의 생활공간'이던 공중목욕탕이 사라지는 것을 아쉽게 여긴다. 가쓰미가 자신의 모친이 만년에 불편한 몸으로 매일 동네가게로 가서 불필요한 물건을 구매하던 목적을 회고하는 대목도 흥미롭다. 그 노인은 소비자로서 가게를 찾은 것이 아니라, 그곳에 "보고 싶고 말하고 싶은 사람이 있어서"라는 것이다(히라카와 가쓰미, 2016: 65). 현재 그는 이른바 '쇼와 시대 분위기'가 남아 있는 도쿄 시나가와구 이케가미센 근처에 산다.

떤 의미에서 도시의 역사는 골목의 역사다.[08] 비좁고 더러운 중세 유럽의 뒷골목은 비주류 인생의 무대였다(양태자, 2011). 치유 목욕사, 사형 집행인, 유랑인 등 시민의 일원이 되지 못했거나 지위가 낮은 사람들의 숨은 공간이었다. 조선시대 한양에서도 사정은 흡사했다. "더럽고, 좁고, 시끄럽고, 냄새나는" 뒷골목은 거지, 바보, 장사치, 거간꾼, 매차, 좀도둑, 광대, 노름꾼, 무당, 종, 수의, 점쟁이, 미장이, 병자, 아낙들이 혼거하는 "도시문화의 모세혈관"이었다(이승수, 2010).

골목의 일차적인 기능은 물론 통행이다. 그러나 그곳의 목적으로서 통행이 유일한 것은 아니다. 이는 '골목'과 '골목길' 둘 다 올바른 우리말인 것을 봐도 알 수 있다. 골목은 길이어도 좋고 길이 아니어도 괜찮다는 뜻이다. 골목은 집과 세계를 잇는 매개공간이다. 가족에서 세상으로 나아가는 점진적, 순차적 공간이라는 이유에서다(윤재홍, 2002).[09] 골목은 또한 누가 처음부터 일부러 만든 공간이 아니라 자연스럽게 형성된 "귀납적 축적의 산물"이다(임석재, 2006: 8-10). 이

08 도시와 골목의 역사적 친화력은 성곽도시와 관련이 있다. 근대 이전의 도시들은 동서고금을 막론하고 성벽으로 둘러싸여 있었다. 전란과 약탈에 대비하기 위해서다. 그와 같은 성 안에서 가옥들은 추위나 강풍 등을 피하기 위해 대개 빽빽하게 지어졌고, 방어상의 목적으로 거리는 미로(迷路)처럼 조성되었다. 골목은 다분히 의도적으로 만들어진 자연스러운 결과다.

09 골목이 집과 세계를 매개했다면 오늘날의 주거형태에서는 중간지대 없이 양자의 경계가 보다 직접적이다. 과거 인간의 주거공간에는 웅장하거나 소박하거나, 구체적이든 상징적이든, 늘 '문턱' 같은 존재가 있어 왔다. 외부와 내부, 낯선 세계와 집안 영역, 성과 속, 공과 사 사이의 '전환지대'인 셈이다. 대표적으로 마당이나 울타리가 여기에 해당하지만 문 앞 골목길도 비슷한 역할을 했다. 이에 반해 오늘날 디지털 도어록, 인터폰, 현관문의 렌즈구멍, CCTV 등은 가족과 외부세계를 격리하고 대립시키는 상징적 물체다(나피에르, 2007: 44-46).

는 골목이 지역 주민의 기호와 수요에 부응할 수 있는 개연성이 그만큼 높다는 것을 의미한다. 소설 『원미동 사람들』의 중심 무대는 골목 평상인데, 작가 양귀자(1987: 100)는 "원미동의 여름밤은 아홉시부터 시작되는 게 보통이다"라고 썼다. 그것은 "골목길에 대나무 평상이 놓여지고 바둑판이 벌어지는" 시간이었다. 이렇듯 골목마다 각각 고유한 시간대 혹은 생활리듬이 있었다.

골목은 놀이터이고 휴식처이며 문화공간이다. 그것은 학교이기도 하고 물건을 사고파는 시장이기도 하며, 놀이의 공연장이기도 하고 수다와 소문의 무대이기도 하다. 또한 골목은 '동네 지킴이'라는 숨은 기능도 갖고 있다. "집들은 눈을 가지고 있다"는 투안(1995: 104)의 지적은 이런 맥락에서 날카롭다. 요컨대 골목은 "작지만 풍요로운 사회"였으며, "골목에서 뛰어노는 것은 장차 살아갈 사회를 미리 연습하는 것과 마찬가지"였다(이지누, 2006). 시인 강은교는 한 칼럼에서 "꽃가지가 담 너머로 늘어진 골목에서 모든 길은 출발한다"라고 썼다(동아일보, 2008.12.6). 건축가 승효상(2009)은 골목을 땅에 새겨진 문양이라는 뜻의 '지문(地紋)' 혹은 '땅의 이야기'라는 뜻의 '지문(地文)'으로 표현했다. 한마디로 골목은 "작지만 큰 세상"이다(고영, 2005).[10]

---

10 고영의 시 〈달팽이집이 있는 골목〉의 전문을 감상해 보라. "내 귓속에는 막다른 골목이 있고,/사람 사는 세상에서 밀려난 작은 소리들이/따각따각 걸어 들어와/어둡고 찬 바닥에 몸을 누이는 슬픈 골목이 있고//얼어터진 배추를 녹이기 위해/제 한 몸 기꺼이 태우는/새벽 농수산물시장의 장작불 소리가 있고,/리어카 바퀴를 붙들고 늘어지는/첫눈의 신음소리가 있고,/좌판대 널빤지 위에

산업화와 도시화를 필두로 하는 근대화와 더불어 골목은 전반적으로 퇴조의 길을 걸었다. 그러나 사라지는 골목의 속도와 규모에는 나라마다 정도의 차이가 있었다. 유럽에는 아직도 중세시대의 좁은 길이 많이 남아 있다. 19세기 중반 오스망의 파리 대개조 사업도 몽마르트 언덕의 골목길에는 손을 대지 못했다. 이에 비해 일제가 신작로를 처음 만드는 과정에서 서울의 오래된 골목은 정치적 희생양이 되는 측면이 많았다(노형석, 2004: 97-98). 특히 1960년대 이후 압축적 고도성장 과정에서 골목길에 대한 불도저식 파괴는 구습의 탈피 또는 발전의 상징처럼 여겨지기까지 했다. 우리나라 도시에서는 골목이 갑자기, 그리고 일제히 쇠퇴한 것이다.

30년 넘게 서울의 공덕동, 행촌동, 중림동 등지에서 골목 풍경을 촬영했던 사진작가 김기찬만큼 사라지는 골목을 안타까워한 사람이 또 있을까? 어느 날 중림동에 들어서면서 그가 "내 사진 테마는 골목 안 사람들의 애환, 표제는 골목 안 풍경, 이것이 곧 내 평생의 테마이다"라고 다짐한 것은 1960년대 말이었다. 하지만 김기찬의 골목시대는 오래가지 않았다. 2003년 8월 그는 "골목 안 아이들은 어른이 되었고, 어른들은 노인이 되었다. 재개발 사업으로 그곳에 살던 골목 안 사람들은 모두 어디론가 흩어져 버렸다. 골목은 내

서/푸른 수의를 껴입은 고등어가 토해 놓은/비릿한 파도소리가 있고./갈라진 손가락 끝에/잔멸치 떼를 키우는 어머니의/짜디짠 한숨소리가 있고.//내 귓속 막다른 골목에는/소리들을 보호해 주는 작고 아름다운/달팽이집이 있고./아주 가끔/따뜻한 기도소리가 들어와 묵기도 하는/작지만 큰 세상이 있고."

평생의 테마라고 생각했는데 내 평생보다 골목이 먼저 끝났으니 이제 '골목 안 풍경'도 끝을 내지 않을 수 없다"고 토로했다(김기찬, 2003: 197-198).

아파트가 많아진 우리 시대에 골목의 기능적 등가물은 엘리베이터일 것이다. 엘리베이터를 '수직의 골목길'이라 부르는 것도 이 때문이다(이찬규, 2009). 그러나 엘리베이터는 사람이나 물건의 이동이라는 점에서만 골목과 유사할 뿐, 그 밖의 사회 및 문화적 역할에 있어서는 골목길에 족탈불급(足脫不及)이다. 엘리베이터는 단순 통과의 수단일 뿐이다. 우리나라 사람들은 엘리베이터 속에서 최소한의 인사도 거의 나누지 않는다. 특히 고층·고급 아파트의 엘리베이터는 그곳에 거주하는 '고공 주민'(air people)을 그곳에 살고 있지 않은 '길가 주민'(street people)으로부터 격리시킨다. 지표상의 같은 공간에 살아가면서도 엘리베이터에 의존하는 사람들과 그것과 무관한 사람들 사이에는 공동체적 연대감을 도무지 찾아보기 어렵다.[11]

그렇다고 해서 이제 와서 엘리베이터 대신 골목을 새로 만들 수도 없는 노릇이다.[12] 이미 골목이 사라진 곳이 너무나 많을 뿐 아니

---

11 가령 뉴욕 도심 맨해튼의 엘리베이터 중산층 문화는 그곳 입주민들에게 "브루클린과 브롱크스를 베이루트나 테헤란만큼 멀게" 느끼게 만든다(쇼트, 2001: 248-249 참고). 우리 식으로 말하자면 도곡동 타워팰리스 주민들에게 이웃은 같은 지역 발아래 저층 아파트에 사는 사람이 아니라 저 멀리 잠실이나 용산 등지에 사는 다른 고층 주상복합아파트 주민들이라는 의미다.

12 언젠가 엘리베이터가 건물에서가 아니라 도시나 국가적 차원의 교통수단이 될지도 모른다. 배명훈 (2009)의 미래 가상소설 『타워』의 무대는 674층 높이에 인구 50만 명을 수용하는 '지상최대의 건축물' 타워 도시국가 '빈스토크'다. 그곳에서는 30층 이내를 오르내리는 단거리 엘리베이터, 50층에서 100층 사이를 오가는 중거리 엘리베이터, 그리고 장거리 엘리베이터 3가지가 있으며 대부분 민간 사

1988년 어느 날 서울 중림동 골목길 풍경
(자료 출처: 김기찬, 2003, 『골목안 풍경 30년: 1968-2001』, 눈빛)

라, 수많은 신도시에는 골목 자체가 아예 없다. 골목을 모르는 신세대를 놀랍게 쳐다볼 이유는 없다. 그런 만큼 골목이 없으면 공동체도 없다는 식의 복고주의적 신화는 현실성이 없다. 오히려 경계해야 할 것은 골목 노스탤지어 현상과 함께 등장하는 골목 풍경의 미학화나 상업화이다(김홍중, 2008). 맹목적인 골목 예찬론은 여성이나 노인, 아동 등 사회적 약자들의 안전이나 소방, 구급 등의 차원에서도 자제될 필요가 있다. 이들에게 골목은 오랫동안 두려움과 무서움의 공간이었기 때문이다.

업자들이 유료로 운영한다.

해결책은 결코 현상적 차원에서 골목과 엘리베이터 하나를 선택하는 것에 있지 않다. 보다 중요한 점은 도시 속 동네가 갖고 있는 힘의 원천은 기억과 역사에 있고 그것은 쉽게 변하지 않는 근린의 사회 및 공간적 네트워크에 기반하고 있다는 원론과 원칙을 명심하는 일이다. 관건은 외지인은 모르고 신입자(新入者)에게는 낯설어 그곳 주민들끼리만 공유할 수 있는 나름의 전통과 풍경이다. 핵심은 시장원리나 행정구조와 다른 차원에서 작동하는 동네나 골목 고유의 암묵적 질서와 내면적 규칙이다. 산업화와 도시화, 정보화와 세계화 등의 근대적 사회변동이 마을의 가치나 동네의 위상을 자동적으로 축소하거나 획일적으로 없애는 것이 아니다. 선진국일수록 도시 마을은 살아 있고 또한 살려내고 있지 않은가? 골목이냐 엘리베이터냐, 그것이 결정적인 문제는 아니다. 결국 요체는 동네의 지속가능성과 관련된 창의적인 발상과 시민의 의식 수준이다.[13]

---

13 2015년 독일 뮌헨에 있는 〈Weeber-Partner 연구소〉에는 "뮌헨에서 나이 들다"(Aelter werden in Muenchen)라는 주제의 연구과제를 수행하였다. 여기서 "슐츠 아빠와 오스트 길"(Papa Schulz und Osterstrasse)라는 다큐멘터리가 소개되었는데, 그 주요 내용은 다음과 같다. 다큐멘터리 속의 치매 노인은 별도의 요양원이나 병원에 보내지지 않고 가족과 함께 살아갈 수 있었다. 그 비결은 치매 환자에게 평소에 친밀했던 동네 공간환경을 계속 유지하는 것에 있었다. 할아버지가 무의식적으로 자신에게 익숙한 동네를 걸으며 사회적 접촉을 지속하는 가운데 오랜 세월동안 그와 알고 지냈던 주변 상점 및 레스토랑 주인과 점원들이 그 치매 환자를 '간접적으로' 돌봐 주는 방식이었다. 말하자면 동네주민 모두가 의사가 되는 것이다. 그리고 이는 언젠가 자기 자신이 치매 환자가 될 경우를 집단적인 차원에서 미리 대비하는 방책이 될 수도 있다. 바로 이런 것이 진정한 동네의 힘이 아닐까? 이는 고령화 시대를 맞이하여, 특히 치매환자의 급증에 대비하여 우리에게 던지는 시사점이 결코 적지 않다. 이 다큐를 소개해 준 서울대 환경대학원 이석정 교수께 감사드린다.

4. 아파트와 마을 만들기

집과 가족을 너머 최초의 사회공동체이던 마을 혹은 동네는 근대화 과정에서 입지가 크게 약화되어 왔다. 하지만 한편으로 인간에게는 이웃이나 지역을 필요로 하는 원초적 심리와 욕구가 없지 않기에, 그리고 다른 한편으로 지배권력의 입장에서는 일정한 공간단위로 인구를 관리하고 통치하는 데 따른 전략적 이점이 적지 않기에, 마을이나 동네라는 지역적 범주를 인위적으로 보존하고 활성화시키려는 노력이 그동안 곳곳에서 전개되어 왔다. 이름하여 '마을 만들기' 사업 내지 정책이다. 두말할 나위 없이 이는 계획을 통해 마을을 만드는 일이 가능하다고 기대하는 데서 출발한다.

오늘날 마을 만들기가 담론으로서나 사업 내지 정책으로서나 일대 유행이다. 특히 우리나라에서가 그렇다.[14] 하지만 기존의 공간적 유산이나 사회문화적 전통이 거의 없는 백지상태에서 생활공동

---

14 우리나라에서의 마을 만들기는 일종의 시대정신처럼 자리 잡는 양상을 보여 주고 있다. 우리의 마을 만들기는 원래 일본의 '마치즈쿠리'를 변용한 것이다. 1990년대 시민운동 차원에서 주민참여 활동의 일환으로 도입되었다가 지방자치제의 실시와 더불어 행정체계에 적극적으로 공유되었다. 마을 만들기가 누리는 '인기'는 2016년 2월 기준 전국 240개 광역·기초 지자체 가운데 관련 조례를 제정한 곳이 43.3%에 해당하는 104개라는 사실이 방증한다. 다른 한편으로 이는 우리나라의 마을 만들기가 "행정이 주도하는 가운데 행정의 언어와 논리에 포섭"되는 경향을 보이고 있다는 뜻이기도 하다. 말하자면 행정과 자본이 주도하는 기존의 도시계획을 점점 더 닮아가고 있는 것이다(홍성태·이명진, 2016). 흥미롭고도 아이러니컬한 것은 도시계획 관련 학회조차도 마을 만들기라는 개념을 무분별하게 혼용하고 있다는 점이다. 이 역시 시대 분위기가 달라짐에 따라 도시계획 연구 대신 마을 만들기 연구가 권력과 자본에 접근하는 새로운 유력 창구로 부상했기 때문이다.

체를 처음부터 새롭게 건설한다는 것이 마을 '살리기'가 아닌 마을 '만들기'의 사전적 의미일 것이며, 이럴 경우 도시 마을 만들기는 그 원조가 20세기 초반으로 거슬러 올라가야 한다. 전통적인 마을이 없는 미지의 도시공간에서 새로운 마을을 만들 필요성에 대한 고민은 근대화 이후 집합적 주거양식의 보편화와 자동차 시대의 도래 및 확산을 배경으로 시작되었다고 볼 수 있다.

근대 도시문명 시대의 새로운 공동체 구상은 자본주의 사회와 사회주의 체제가 크게 다르지 않았다. 1929년 미국의 도시계획가이자 사회학자, 교육학자인 페리(Clarence A. Perry)는 '근린주구'(近隣住區, Neighborhood Unit) 개념으로 이 문제에 접근했다. 근린주구는 전체 도시의 일부이면서 동시에 독자적 존재인 '세포형 도시'를 지향했다. 페리는 초등학교, 소공원과 놀이터, 근린상점, 주거환경 등 네 가지 측면에서 근린주구를 구상했다. 적절한 초등학생 숫자를 800명에서 1,500명 사이로 잡아 근린주구의 인구규모는 4,800명에서 9,000명 정도로 예상했고, 근린주구의 외곽은 넓은 폭의 간선도로로 둘러싸 통과교통의 우회를 촉진하도록 했다. 계획된 소공원과 여가공간에 일정한 체계를 부여했고, 학교를 비롯한 각종 공공시설은 근린주구의 중앙부나 공공광장 근처에 집중 배치되도록 했다. 그 밖에 인구규모에 적합한 상업지구 한 곳 또는 그 이상을 근린주구의 주변에, 그것도 가능하면 교통의 결절점이나 인접하는 다른 근린주구의 상업지구에 근접하도록 제안하였다(페리, 2013: 19-20, 38-50).

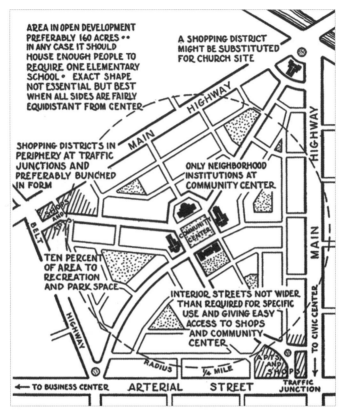

페리의 근린주구 구상

　자본주의 사회에 미국의 페리가 있었다면 사회주의 체제에는 소
련의 밀류친(Miliutin, 1975)이 있었다. 소련에서 도시공간 배치원칙
은 공동주택과 직주(職住)일치였다. 이는 하워드의 '전원도시' 운동
을 적극 반영하면서도 공상적 사회주의자들의 코뮌주의 집단생활

을 승계하는 측면도 없지 않았다. 1935년 이른바 '모스코바 재건을 위한 계획'에서 밀류친은 '소구역 제도' 혹은 '마이크로 디스트릭트' (Micro-District) 제도를 제안했다. 마이크로 디스트릭트는 하나의 수퍼블럭 안에 학교나 공용시설 또는 공공생활과 밀접히 연관된 상업시설을 주거시설과 함께 배치하는 방식이었다. 자본주의 체제의 근린주구 개념과 차이가 있다면 마이크로 디스트릭트에 작업장과 같은 노동 공간이 포함되는 것이었다.

페리 방식의 도시공동체 건설은 우리나라에 깊은 영향을 남겼다.[15] 근대화 과정에서 한편으로는 골목이 사라지는 대신 자동차 통행이 늘어나고 다른 한편으로는 대단위 아파트가 주거유형의 대세로 자리 잡게 된 현실에서 근린주구 모델이 각광을 받게 된 것은 당연한 일이었다. 특히 우리나라의 경우는 아파트이면서 아파트 '단지'다. 1960년대 도심 내부에 집중 건설하였던 서민용 시민아파트 정책이 실패로 돌아간 후, 고도성장기 주택의 고속·양산 체제는 아파트의 단지화(團地化)와 짝을 이루었고 단지 아파트는 도시 중상층 계급을 흡수하는 데 크게 기여했다.[16]

---

15 반면 북한은 도시계획 과정에서 밀류친의 마이크로 디스트릭트 제도를 주택소구역계획이라는 이름으로 적극 수용했다(장세훈, 2005; 임동우, 2011: 72-82). 평양에서는 소구역에 주거공간과 상업시설, 특히 작업장을 함께 배치했는데, 이는 공간적 격차와 계층 간 구분을 최소화하려는 조치였다고 한다. 게다가 평양의 경우는 한국전쟁 당시 공중폭격으로 거의 초토화되었기 때문에 마이크로 디스트릭트의 전격적인 구현이 상대적으로 용이했다.

16 주거면적 가운데 아파트 단지가 차지하는 비율은 전국적으로 2007년에는 14.9%, 2010년에는 15.4%, 2013년에 15.9%를 기록하면서 계속 증가 추세를 나타내고 있다. 수도권과 대도시일수록 주거면적 대비 아파트 단지 면적의 비율이 보다 높다(국토교통부 〈주거면적 대비 아파트 단지 면

근린주구 개념에 입각한 단지형 대단위 아파트가 우리나라에서 보편화된 이유에 대해서는 설명이 분분하다. 프랑스의 지리학자 줄레조(2007: 181-191)는 아파트의 단지화야말로 현대 한국사회의 주거 공간이 역사적 전통이나 사회적 가치와는 무관하게 국가주도 산업화 및 급속한 도시성장에 의해 형성되어 왔다는 사실을 웅변해 주는 것이라고 비판한다. 그럼에도 그 이면에서 드러난 아파트 단지에 대한 소비자들의 높은 선호를 결코 도외시할 수 없다. 우리나라 도시 공간환경의 전반적인 후진성이나 부족한 기반시설을 고려할 때 단독주택보다는 녹지나 놀이터, 주차장 등을 갖춘 단지형 아파트가 보다 매력적일 수밖에 없는 측면이 있기 때문이다(박인석, 2013).

아파트 단지화의 원인을 따지는 일보다 더욱 중요한 일은 그것이 생활공동체라고 하는 근린주구의 본래 이상을 우리나라에서 얼마나 제대로 실현하고 있는가 하는 점이다. 사실 우리나라의 아파트 주거생활은 공동체나 사회자본의 측면에서 많은 문제점을 드러내고 있는 것으로 여겨지는 경우가 많다. 같은 아파트에 살면서도 이웃과의 인간관계가 소원하고 유대의식이 부족할 뿐 아니라, 특히 단지형 아파트가 물리적으로 '빗장 공동체'(gated community)를 연출

적 현황〉 각 연도 자료 및 전상인, 2016 참조). 단지형 아파트의 증가는 도시개발 및 신도시 건설과 깊이 연관된 것으로 보인다. 사실 우리나라에는 동이나 구, 혹은 시 전체가 모두 아파트로 구성되어 있는 경우가 적지 않다. 일반적으로 우리나라에서 아파트라고 하면 곧 고층 아파트 단지를 연상하는데, 이는 일본에서 아파트가 저층의 몇 개 동(棟) 단위로 인식되는 것과 대조적이다. '플랫'(flat)으로 부르는 것처럼 유럽에서도 아파트는 우리나라에 비해 상대적으로 저층이다.

함으로써 사회공동체가 전반적으로 분절 내지 해체되고 있다는 생각에서다.

그러나 현재처럼 공동체 의식과 관련하여 제기되는 아파트 원죄론(原罪論)에는 동의하기 어려운 대목이 많다. 우선 아파트 공동체의 부재가 반드시 아파트라는 주택형태 탓인가라는 질문부터 던져 보자. 물론 "공간은 사람을 만든다"는 말마따나 아파트 특유의 건축양식이 입주민들의 친밀과 교류를 제한하는 측면이 적지 않다. 하지만 "사람이 공간을 만든다"는 말처럼 아파트에 사는 사람들도 나름대로 공동체를 형성할 수 있다. 아파트마다 사정이 얼마든지 다를 뿐 아니라 온라인 커뮤니티 구축 같은 대안적 방법도 존재한다. 아파트 자체를 이웃과 단절된 폐쇄적 가족주의의 온상으로 속단하는 것은 일종의 선입관이다.[17]

우리나라 아파트에서 공동체 문화가 척박한 요인 가운데 보다 결정적인 것은 공간의 구조나 형태의 문제가 아니라 교류와 친교를 위한 시간과 여유의 문제일지 모른다. 다들 너무나 바쁜 나머지 이

---

17 북한에서는 아파트가 공동체적 근린관계와 공존하는 것으로 알려져 있다. 그곳에서는 아파트 현관을 일상적으로 열어 두고 있다는 이유에서다(박현선, 2003). 물론 북한주민들이 자발적으로 문을 열어 놓고 있는지는 확인할 수 없다. 참고로 스탈린 시대 소련에서 가장 흔했던 주거유형은 공동아파트(콤무날카, kommunalka)였다. 말하자면 공동아파트는 "공산주의 사회의 축소판"이었다. 스탈린은 주거공간의 공유가 공산주의적 사고와 행동을 만들어 낼 것으로 기대했다. 곧 아파트를 통해 가족주의 대신 사람들이 공산주의적 형제애(兄弟愛)로 조직화될 수 있을 것으로 예상한 것이다. "아파트 공산주의"는 또한 철저한 감시와 통제의 공간이었다. 아파트 주민들은 "이웃들의 개인적 습관, 방문객과 친구, 구입한 물건, 먹은 음식, 전화로 말한 내용(전화는 주로 복도에 있었다), 심지어 벽이 매우 얇았기 때문에(그리고 많은 방에서 벽이 천장까지 닿지 않았다) 방에서 말한 내용까지 거의 모든 것을 속속들이 알고 있었다"(파이지스, 2013: 294-317).

웃관계를 바라는 만큼 맺거나 지속하기 어려운 것이다. 소위 '저녁이 있는 삶' 그리고 '주말이 있는 삶'이 제대로 보장된다면 아파트라고 해서 사회자본이 형성되지 않을 필연적인 이유는 없다. 게다가 지금처럼 이사 빈도가 높다면 이 또한 공동체 건설에 다분히 부정적인 효과를 발휘한다. 자녀교육을 위해서건, 재산증식을 위해서건, 세계적으로 아파트 시대의 우리처럼 이사를 자주 다니는 나라도 드물다.[18] 그 결과 도대체 주거공동체가 뿌리를 깊이 내릴 틈이 없는 것이다.

보다 근본적으로 아파트 거주형태에서 공동체가 반드시 필요한 것인지, 그리고 그것을 누가, 언제, 왜 바라는지에 대해서도 한 번쯤은 진지하게 논의할 필요가 있다. 한 걸음 더 나아가 우리 모두가 진심으로 공동체를 지향하는지에 대해서도 솔직히 자문(自問)해 보아야 한다.[19] 무엇보다 아파트는 공동체 생활이 불가피한 주거형태

---

18 우리나라 사람들의 평균 거주 기간은 아파트가 많은 도시지역일수록 보다 짧게 나타난다. 서울이 5년 내외, 수도권은 6년 안팎인 반면 지방은 10년 전후이고 그 가운데 군 단위 지역은 15년이 넘는다(전상인, 2009: 93). 전국적으로 볼 때 2008년을 기준으로 매년 전체 인구의 10%가 전입신고를 새로 한다(전상인, 2016: 313).

19 흔히 우리나라 사람들은 개인주의적이라기보다 공동체 지향적이라고 스스로 생각하는 경향이 있다. 하지만 과연 그럴까? 우선 역사적으로 볼 때 그렇지 않다는 주장이 있다(이영훈, 2014: 369, 407, 420). 이에 따르면 "19세기까지의 전통사회가 공동체로 조직된 고신뢰의 사회였다는 주장은 논증된 적이 없는 주관적인 환상일 뿐"이다. 또한 근대 이후에도 한국사회는 "고립된 개인들이 최소한의 이웃효과로 체결하는 대면관계와 그것의 누적으로 존재"해 왔으며, "동리 자체가 하나의 지리적 실체로서 연대하는" 경우는 거의 없었다. 다음으로 오늘날의 상황을 살펴보자. 우리나라에서는 층간소음이나 주차문제를 둘러싼 주민 간의 갈등이 자주 일어나고, 그것이 심각한 사건으로 비화하는 경우도 자주 뉴스에 등장한다. 그리고 많은 사람들은 이를 아파트 공동주택의 문제라고 진단한다. 하지만 아파트의 주거환경 자체를 따지면 예컨대 프랑스 파리가 우리보다 훨씬 더 열악한 측면이 많다. 대부분 6-7층 규모 건물에서 같은 복도와 엘리베이터를 사용하느라 서로의 얼

가 아니다. 오늘날은 직주가 분리되어 있는 데다가 모든 경제생활이 가구별로 독립적이라, 농경시대와는 달리 가까이 산다고 해서 누구나 '이웃사촌'이 될 이유가 없다. 이웃을 필요로 하는 경우에도 나이나 세대와 성별, 자녀 연령 등에 따라 목적과 정도는 서로 다르다. 지나친 공동체 담론은 오히려 반인권적이고 반민주적이다. 더군다나 이웃이 각 개인에게 주는 영향도 일정하지 않다. 어린 시절을 똑같이 이른바 '나쁜 이웃' 속에서 보냈음에도 성공하는 사람이 있고 실패하는 사람이 있다. 최근 미국에서 나온 한 연구결과에 의하면 나쁜 이웃의 부정적 효과는 성취동기가 약한 저임금 가족의 경우가 훨씬 높았다(New York Times, 2016.3.25).

무릇 인간이 본능적으로 혹은 본성적으로 공동체를 지향한다는 생각도 절반의 진리일 뿐이다. 프랑스의 실존주의 철학자 사르트르(John-Paul Sartre)는 "지옥, 그것은 타인들"(Hell is Other People)이라고 말하지 않았는가?[20] 사람은 이웃과의 소통을 원하는 만큼 이웃과의 경계도 바란다. 개인적 차원이든 가족의 단위이든 사람들은 일정한 사생활을 필요로 하는 존재다. 인간이 섬으로 살 수는 없지만 가끔

굴이 거의 부딪힐 정도다. 건물과 시설이 오래되어 방음도 거의 안 된다. 그러면서도 "알고도 모르는 척하는 것이 파리의 문화"다(조홍식, 2016: 64-65 참고). 불편한 이웃이지만 막상 만나면 아무것도 모르는 척 예의를 차려 인사를 나누는 것이다. 결국 공동체에 대해서 공간을 탓하기 전에 문화와 인식의 문제도 매우 중요하다. 한국인의 공동체주의에는 위선적 측면이 있다.

20 사르트르의 희곡 〈밀폐된 방〉에 나오는 말이다. 사르트르에 의하면 타인은 나를 물체로 만드는 사람, 나를 수치스럽게 만드는 사람, 나의 생명을 위협하는 사람, 나의 세계를 빼앗아 가는 사람이다. 그는 인간에게 "원죄란, 이미 타인이 존재하는 세계 속에 내가 태어났다는 사실"이라고 했다(박정자, 2008: 47-48 참고).

은 섬이 되고 싶을 때가 있는 법이다. 그래서 미국의 시인 프로스트 (Robert Frost)는 "좋은 담이 좋은 이웃을 만든다"(Good fences make good neighbors)고 말했을 것이다.[21] 좋은 동네란 "필수적인 사생활과 주변과의 교류 및 접촉 사이의 '놀라운 균형'이 있는 곳"이라고 지적한 제이콥스도 혜안이 돋보인다(제이콥스, 2010: 93-94). 아파트의 강점이자 매력으로서 이웃에 대한 '개폐식 삶'의 선택 가능성을 주장하는 것은 이런 맥락에서다(전상인, 2009: 95-96).

덧붙여 과연 '이웃이 누구인가'라는 보다 종교적 차원의 질문에도 귀 기울일 가치가 있다. 철학자 강영안(2015)은 성경에 근거하여 이웃의 개념이 반드시 공간적 거리에 의해 가늠되는 것은 아니라는 점을 일깨워 주고 있다.[22] 지척에 사는 '이웃사촌'과 원수처럼 지낼 수도 있고, 한 번도 만난 적이 없는 이와 가족처럼 지낼 수도 있는 것이 인간이다. 모름지기 이웃은 공간의 문제가 아니라 마음의 문제로서 중요한 것은 힘들고 외롭고 어려운 사람이 진정한 이웃이

---

21 〈담을 고치며〉(Mending Wall)라는 제목으로 프로스트가 쓴 시의 일부이다. 프로스트는 이웃 간에 왜 담이 필요한지에 대해 구체적으로 언급하지 않았다. 아무리 가까운 사이래도 사적 영역은 필요하다는 '함께 그리고 따로'의 가치를 말하고 싶었을 텐데 좋은 이웃사이라면 그런 이유에 대한 형식적 설명조차도 하지 않는 편이 더 낫다는 시인의 지혜와 배려가 아닐까 싶다.

22 성경의 〈누가복음〉 10장에는 다음과 같은 이야기가 나온다. 예수가 네 이웃을 네 자신같이 사랑하면 영생을 얻을 것이라고 한 율법교사에게 말했더니 그는 "그러면 내 이웃이 누구입니까?"라고 반문했다. 그때 예수는 강도를 만나 다 죽게 된 사람을 피하지 않고 돌보아 준 어떤 사마리아 사람을 예로 들면서 힘들고 어려운 사람에게 "자비를 베푼 자"가 곧 이웃이라 가르쳤다. 예수에게는 가까이 사는 자가 곧 이웃은 아니었다. 성경에서는 율법교사가 "자기를 옳게 보이려고" 예수에게 이웃이 누구냐고 물었다고 하는데, 이는 이웃 공동체 문제를 논리적으로 따지기 좋아하는 오늘날 지식인 사회에 대해 시사하는 바가 크다.

되어야 한다는 가르침에 유념할 필요가 있다. 오늘날과 같은 세계화·정보화 시대에는 아무리 멀리 있는 존재도 필요와 관심에 따라 얼마든지 이웃이 될 수 있다. 아파트 옆집이나 앞집이 이웃의 전부는 결코 아니다. 글로벌 시대를 맞이하여 인류문명의 대세 역시 '필수적 공동체'(community of requirement)에서 '선택적 공동체'(community of choice)로 달라지고 있다(골드스미스, 2000, *번역 일부 필자 수정*).

단지 아파트가 빗장 공동체를 닮아 가는 현상에 대해서도 반대와 비판이 능사는 아니다. 물론 주거공간의 불평등은 사회통합에 적신호다. 하지만 계층에 따른 주거지 분화는 범세계적 현상이다. 현실적으로 빗장 공동체가 없는 나라와 도시는 거의 없다. '인민의 낙원' 북한에도 특권층의 전용 주거지는 따로 존재한다. 유독 우리나라에만 단지 아파트가 사회적 문제라는 인식은 적잖이 자학적이다. 물론 폐쇄성과 배타성이 유난히 두드러진 요새(要塞) 공동체는 분명히 개선될 여지가 있다. 하지만 우리 주변에는 극심한 주차전쟁 탓에 '무늬만' 빗장 공동체처럼 관리되는 평범한 아파트 단지도 꽤 많이 있다. 빗장 공동체가 생겨나게 된 이유와 맥락이 나라와 시대별로 이처럼 다양한 것이다.

이런 점에서 이른바 '소셜 믹스'(social mix)를 반드시 보다 진보적인 주택정책이라고 단정할 근거는 없다. 일반주택과 사회주택의 혼합 혹은 임대아파트와 분양아파트의 혼성은 현실성이 결여된 이데올로기적 강제일 수 있다. 개인적인 차원에서 사람들이 사생활과 공동체의 조화를 바라는 것처럼, 집단적인 차원에서도 사람들은 '우리끼리'와 '모두 함께' 사이의 일정한 균형을 원한다. 사실 긍정적인 인간관계에 가장 부정적인 영향을 미치는 것은 원하지 않는 교류를 억지로 강요하는 일이다. 이웃과의 교류를 활성화하기 위해 공공장소를 많이 만드는 것을 미덕으로 생각하기 쉽지만 타인이 불편한 나머지 일부러 그곳을 찾지 않는 경우도 많다는 것이 "나쁜 이웃의 경제학"(economics of bad neighbors)이 말하는 불편한 진실이다.[23]

그렇다면 단지형 아파트로 대표되는 오늘날 우리나라의 도시주거 현실에서 과거 마을이나 동네에 필적하는 생활공동체는 과연 존재하는가, 부재하는가? 여기에 대한 일도양단(一刀兩斷) 식의 대답은 필요하지도 않고 가능하지도 않아 보인다. 그것은 사람에 따라, 혹은 처한 입장에 따라 평가가 다를 수밖에 없기 때문이다. 국제적인 비교 역시 자칫 피상적이기 쉽다. 왜냐하면 마을 만들기란 공간과 건물의 문제가 아니라 사람과 사회, 문화의 차원에 크게 좌우되기 때문이다. 최소한 이런 점에서 아파트나 아파트 단지를 한국의 도시 생활공동체를 약화시키는 만악(萬惡)의 기원으로 생각하는 것은 애당초 설득력이 없다.

---

23 경제학자 허시(F. Hirsh)에 의하면 사람들은 싫어하는 이웃과 마주칠 위험을 피하려고 집 안으로 몸을 숨기는 경향이 있다. 원치 않는 교류가 일어날 가능성을 피하고자 공공장소에서 멀리 떨어져 있으려 하고, 이를 위해 프리미엄을 지불하기도 한다. 이는 악순환으로 이어져 아무도 좋아하지 않는 사람들만 공공장소에 남고 다들 멀찍이 떨어져 나가는 상황을 만들 수 있다(핼펀, 2012: 237-238 참고).

'아파트 공화국'이라는 따가운 외부적 시선에 대한 심리적 보상인지 몰라도 스스로 '아파트 때리기'에 너무나 열심인 나라가 바로 우리다. 아파트가 주택유형의 다양성을 해친다는 주장은 그 가운데 하나다. 하지만 아파트가 주택유형의 획일화를 초래하는 결정적인 요인은 아니다. 전 세계 어디를 가더라도 어차피 주택유형은 단독주택, 아파트, 연립주택, 다세대 주택, 다가구 주택 등 몇 가지로 분류될 수밖에 없다. 백퍼센트 단독주택인 나라에서도 주택형태는 공급방식에 따라 얼마든지 획일적일 수 있으며, 백퍼센트 아파트라고 하더라도 다양성은 나름대로 견지할 수 있다. 파리의 경우 시내에 단독주택이 한 채도 없으면서 주택유형은 매우 다양한 편이다. 우리나라에서는 공급자 중심의 주택시장, 고층 아파트 위주의 택지공급체계, 아파트 중심의 주택금융체계에 의해 아파트가 보편적 주택유형이 되었을 뿐, 아파트라는 건축형태 자체가 주거 다양성의 가능성을 원천적으로 제약하는 것은 아니다. 주택정책과 제도의 문제를 건물이나 건축의 문제로 착각하면 해법도 정조준되지 않는다.

'아파트 때리기'에 가세하는 또 다른 단골 레퍼토리는 도시경관을 망친다는 주장이다. 하지만 이 점 또한 현실은 상당히 복잡하다. 이른바 전문가의 눈에는 아파트가 도시의 삭막화(索漠化)를 초래하는 것으로 보이지만, 아직도 많은 시민들의 눈에는 아파트가 부와 발전의 상징으로 여겨진다. 일반 시민이 그렇게 믿고 사는 것에 대해 전문가들이 왈가왈부할 권리는 적어도 당분간은 없다. 게다가

1980년대 이후 태생적 '아파트 키드'는 아파트 경관에 대해 불편을 느끼기는커녕 오히려 정체성과 안도감을 느끼는 경우가 많다. 우리나라와는 달리 북한에서는 아파트를 오히려 도시 경관의 핵심 요소로 생각한다. 아파트 경관은 이처럼 보기 나름이고 생각하기 나름인 것이다.

현재 우리나라에서 성행하고 있는 '아파트 때리기' 담론은 다분히 외눈박이어서 아파트가 장점과 단점, 미덕과 해악을 고루 갖춘 주택형태라는 사실을 종합적으로 고려하고 판단하지 않는다. 우리나라에서 아파트는 급속한 산업화 및 도시화 과정에서 나름 경제적 합리성에 따른 주택정책의 결과였다. 아파트가 서민들의 주거문제를 해결하면서 궁극적으로 자가(自家) 중산층을 육성한 사실은 체제의 안정에 기여한 바가 적지 않다. 르 코르뷔지에 식으로 '건축이냐 혁명이냐?'를 묻는다면 한국의 경우는 1980년대 후반 좌경적 체제 변혁을 막은 일등공신이 바로 아파트였다(전상인, 2009: 134-136). 이른바 '넥타이 부대'의 물질적 배경은 아파트였던 것이다.

우리나라의 아파트 문제를 사회과학적 시각에서 다룬 최초의 학자는 프랑스 지리학자 줄레조였다. 그녀는 1960-70년대 박정희 정권하에서 대한민국이 '아파트 공화국'으로 변모한 점에 대해 매우 비판적이며, 이와 같은 주장은 국내 학계에서도 공감대를 형성하고 있다. 서울 도심에 중상류층을 위한 대단위 아파트가 가득한 사실은 프랑스인에게 충격적이었을 것이다. 하지만 줄레조는 프랑스와 한국의 아파트 문화에 대한 '국가 간 비교'에 치중한 나머지, 우리나라 안에서 아파트 시대와 그 이전의 주거생활에 대한 '역사적 비교'에는 거의 무지하다.

위생이나 방범, 온수 등의 측면에서 대단히 낙후되었던 주거수준뿐 아니라, 특히 그 당시 많은 사람들이 경험했던 셋방살이의 비애는 이제 노인들의 추억이나 옛날 드라마 속에서나 남아 있다. 아침에 하나뿐인 화장실을 주인보다 먼저 사용해서는 안 되고, 세든 집 자식이 주인집 자식보다 공부를 더 잘해서도 안 되며, 고기 굽는 냄새를 주인 몰래 숨겨야 했던 경험은 아무리 손바닥만 한 평수라도 아파트 한 채가 한국사회에서 진정한 '개인의 탄생'에 얼마나 기여했는지를 생생하게 증언한다. 서구인의 시각에서는 한국 사람들이 왜 아파트에 미치고 빠졌는지 쉽게 이해하기 힘든 우리들만의 아픈 주거문화사가 있는 것이다. 이제는 아파트를 보다 주체적인 시각에서 볼 때가 되었다.

5. 도시의 발명

도시는 마을이나 동네에 비해 상대적으로 인위적이고 의도적인 과정을 통해 출현했다. 도시는 결코 '신(神)의 한 수'(the divine move)가 아니었다. 가령 성경의 〈창세기〉를 보면 하느님의 천지창조 사업리스트에 도시는 빠져 있다. 18세기 영국의 시인 쿠퍼(William Cooper)는 "신은 시골을 창조하고 인간은 도시를 만들었다"고 썼는데 이는 인간의 도시 창조를 자부하는 의미가 아니라 도시생활이 하느님의 섭리가 아니라는 뜻에 더 가깝다.[24] 그렇다고 해서 도시가 인류 역사 속에서 우연히 생겨난 공간도 아니다. 도시는 언제부턴가 인간의 의지와 노력을 통해 인위적으로 만들어진 삶의 터전이다. 도시라는 말 뒤에 계획이나 설계, 건설, 재생, 개발, 관리 등이 붙어 복합 명사가 곧잘 만들어지는 것은 이 때문이다.

46억 년에 이르는 지구의 역사나 300만 년에 가까운 인류의 역사에 비교하자면 도시의 역사는 겨우 6천 년 정도로 지극히 짧다. 지구 역사 46억 년을 1년으로 압축한 '지구달력'으로 한번 들여다보자(스미스, 2015: 10-11). 당연히 지구의 탄생은 1월 1일 0시였다. 원핵(原核)생물이 등장한 것은 3월 말이었고, 5월에는 녹조류가 출현했다. 6월 말에 첫 빙하기가, 그리고 11월 초에 두 번째 빙하기가 찾아왔다. 11월 21일에 고생대 바다생물이 나타났고, 12월 22일에 이르러 최초의 포유류가 생겨났다. 그 사이 12월 11일부터 16일까지는 공룡의 전성기였다. 인류에게 의미 있는 일은 모두 지구달력 마지막 날 벌어졌다. 직립 원인이 출현한 것은 12월 31일 오후 4시 16분이었고 인류의 조상은 12월 31일 저녁 8시에 마침내 모습을 드러냈

---

24 도시가 '하나님의 계획'에 의해 만들어졌다고 주장하는 기독교계의 생각은 이와 다르다. 이와 관련해서는 구자훈(미간행 논문 참조).

다. 지구 상에서 인류가 농업을 시작한 것은 12월 31일 밤 11시 30분이었고 그 과정에서 도시가 만들어진 것은 자정을 불과 2초 앞둔 시점이었다.[25]

이처럼 지구 역사의 거의 전부는 인류 없이 진행되었고, 인류 역사의 대부분은 도시 없이 전개되었다. 비록 마을의 역사에 비해 비교할 수 없을 정도로 짧은 것이 도시의 역사이지만, 지금은 도시가 확실한 우세다. 종말 위기에 처한 것은 도시가 아니라 오히려 마을이다. 2007년 5월 23일부로 지구의 도시화 비율은 50%가 넘었다 (Science Daily, 2007.5.25). 2014년 기준 전 세계적으로 인구 천만 명 이상의 거대도시는 28곳, 백만 이상 천만 미만의 대도시는 460개에 이른다(UN, 〈World Urbanization Prospects: The 2014 Revision〉). 도시인구가 비(非)도시인구를 처음으로 능가했다는 점에서 21세기를 "최초로 맞는 도시의 세기"(the first urban century)라고 부르기도 한다. 도시가 단순히 양적인 측면에서만 성장한 것은 아니다. '촌놈'이나 '시골뜨기'라는 단어가 부정적인 의미를 풍기는 것처럼 도시에 산다는 것은 그 자체가 우월한 지위나 명예가 되었다. 도시가 "인류 최후의 고향"이라는 전망도 이래서 나온다(리더, 2006).

도시는 농업혁명과 더불어 등장했고 산업혁명과 함께 대세가 되었다. 농업혁명을 제1차 도시혁명으로, 산업혁명을 제2차 도시혁명

---

25 지구달력의 구체적 사건 날짜에 대해서는 다양한 견해가 있다. 연구자에 따라 주요 시점을 추정하는 방식이 다르기 때문에 생겨나는 당연한 현상이다.

으로 부르는 것은 이 때문이다. 수렵 및 채취사회와 그로부터 각각 진화한 유목사회와 원예사회는 기본적으로 생산력이 낮고 이동성은 높았다. 그러다가 쟁기의 발명과 그로 인한 심경(深耕)의 시작, 우마(牛馬)와 같은 견인용 축력(畜力)의 사용, 물레의 창안과 이를 통한 토기의 대량생산은 일련의 농업혁명을 촉발했고, 그로부터 비롯된 생산력의 획기적 향상은 인류 문명을 정착의 시대로 이끌었다. 깊이갈이는 동일한 토지의 지속적 이용을, 그리고 토기 문화는 농산물의 장기적 및 위생적 보존을 가능하게 만들었기 때문이다.

여기서 중요한 점은 도시의 탄생이 농업혁명 이후 획기적으로 증대된 경제적 잉여 때문이 아니라는 사실이다.[26] 먹고 남은 식량이 많아져 농사와 무관한 도시가 생긴 것이 아니다. 관건은 쟁기나 가축, 그리고 물레 등 농업혁명을 촉발한 새로운 생산수단을 과연 누가 고안하고 누가 소유하고 있었는가 하는 점이다. 농업혁명은 직접 생산자, 곧 농민들이 원하고 선도했던 것이 결코 아니었다. 대신 그것은 새로운 농업 생산수단을 발명하고 독점했던 지배계급에 의해 주도되었고, 이들이 도시를 만들면서 스스로 도시의 주인으로 군림하게 되었다.

농업혁명의 최대 이익은 생산과정에 직접 종사하지 않는 일련의

---

26 고대 도시의 기원에 대해서는 일반적으로 세 가지 학설이 있다(전종한 외, 2005: 348-349). 잉여 농산물의 발생이 도시의 등장을 가능하게 했다는 농업우위론, 비농업 지배계급의 출현이 농촌으로부터 도시를 분화시켰다는 도시발명설, 그리고 도시 간 무역의 성행이 도시를 낳았다는 상업선발(先發)론 혹은 흑요석(黑曜石) 이론이 바로 그것이다. 이 책은 상대적으로 도시발명설에 가깝다.

비(非)생산자들, 곧 도시에 거주하는 정치가, 행정관료, 성직자, 기술자, 장인, 상인 등의 수중에 들어갔다. 농민은 농업혁명의 주체가 아니었을 뿐 아니라, 농업혁명이 농민에게 반드시 축복을 의미한 것도 아니었다(Fujita, 1995: 40-49 참고). 가령 농업 생산량이 두세 배 증가했다고 해서 농민들이 식량 소비를 두세 배 늘리는 것은 결코 아니다. 생일 같은 날 밥을 평소보다 두세 배 먹을 수는 있지만 식량의 연간 소비량이 두세 배 늘지는 않는 법이다. 그런 만큼 농업혁명 이후 농촌과 농민은 오히려 도시의 지배를 받게 되는 역설적 운명에 처하게 되었다.

도시발달의 두 번째 획기적 계기인 18세기 후반 산업혁명에서도 사정은 비슷했다. 농업혁명의 주인공이 농민이 아니었듯, 산업혁명의 주역 역시 노동자계급이 아니었다. 산업혁명은 기계나 공장과 같은 새로운 생산수단을 확보한 자본가계급이 기획하고 주도한 것이고, 대다수 농민은 생존을 위해 노동자 신분이 되어 공장이 모여 있는 공간으로 이동할 수밖에 없었다. 그 결과가 바로 급속한 도시화이고 대도시의 등장 및 증가이다. 산업혁명 이후 도시는 농촌을 포함한 주변 지역에 기존의 지배력을 더욱더 강화해야만 했고 또한 실제로 그렇게 했다.

요컨대 도시의 핵심적 요소는 인구의 측면에 있지 않다. 인구의 규모나 밀도가 도시와 비(非)농촌을 구분하는 절대적 기준은 아닌 것이다. 보다 결정적인 것은 도시와 농촌 사이의 지배구조 혹은 도시와 주변 사이의 권력관계다. 도시는 식량이나 에너지 등의 측면에서 농촌이나 주변지역에 절대적으로 의존할 수밖에 없다. 이와 같은 생존 조건의 태생적 비자족성(非自足性)에도 불구하고 도시가 유지되고 발전하는 것은 정치, 경제, 군사, 문화, 기술, 종교 등의 차원에서 주변지역에 대한 지배적 우위를 점하기 때문이다.

'도시·농촌의 패러독스'라는 말은 식량, 물, 에너지 등을 공급함으로써 도시인구를 먹여 살리는 농촌이 오히려 도시의 지배를 받는다는 의미다. 농촌은 굶어도 도시는 배고프지 않는 것이 도시의 출현 이후 세상이 돌아가는 이치다. 북한 전역이 기아 상태임에도 불구하고 수도 평양은 늘 건재하다. 서울의 연간 농업 생산량이 서울 시민의 하루치 정도에 불과하지만, 전 국토에 대한 서울의 지배력 때문에 식량 불안은 기우(杞憂)에 그친다. 도시의 성장과 교통의 발전이 불가분의 관계에 있는 것도 바로 이와 같은 도농 간 공간적 분업체계 때문이다. 도시 중심의 국토교통망은 사실상 지방에 대한 '명령체제'라 볼 수 있다.

도시의 탄생과 성장을 지배집단이 선도했다는 역사적 사실이 도시 그 자체의 의미와 가치를 퇴색시키는 것은 아니다. 왜냐하면 인류가 오늘날과 같은 번영을 누리게 된 것에는 도시의 공헌이 절대적이기 때문이다. 지구 상의 다른 생명체들과는 달리 인류는 '누적적으로'(accumulatively) 발전해 왔다. 1만 년 전의 인류와 5천 년 전의 인류, 1천 년 전의 인류, 100년 전의 인류, 그리고 지금의 인류가 살아가는 방식이 서로 다른 것은 인류의 부단한 진화 능력 때문이다. 가령 호랑이나 독수리가 사는 모습은 야생의 경우 언제나 같다. 이에 비해 인간은 지식이나 제도, 기술 등 삶에 필요한 유무형의 노하우를 창조, 기록, 축적, 전파, 혁신할 줄 아는 유일한 생명체다. 바로 이것이 인류가 갖고 있는 '문화의 힘'이다. 문화가 있어서 인류는 지구 상에서 패권을 차지할 수 있게 된 것이다.

이와 같은 문화의 힘이 발휘되는 공간이 바로 도시다. 도시사학자 멈포드(Mumford, 1961: 117, 640)는 도시를 '용기'(容器, container) 혹은 '박물관'에 비유하면서, 도시는 "누적적 사회과정의 핵심 요소"라 주장했다. 그는 "도시는 기억으로 살아간다"(The city lives by remembering)는 19세기 미국의 시인 랄프 에머슨(Ralph Emerson)의 시를 인용하면서, 도시는 문화와 관련된 "창조성의 독점"을 통해 사회변혁을 선도한다고 말했다(Mumford, 1961: 119-121, 605). 멈포드가 볼 때 문화의 그릇으로서 도시에게 중요한 것은 인구가 아니라 소통과 교류, 협력 등을 보장하는 다양성과 포용성이었다. 제이콥스(2010: 13)의 말마따나 "우리 인류는 세상에서 도시를 만든 유일한 생명체이다." 그리고 도시는 시나브로 인류의 "가장 위대한 발명품"이 되었다(글레이저, 2011: 22).

실제 인류 역사에서 도시는 '문화적 도가니'(cultural crucible)의 역할을 톡톡히 수행해 왔다(Hall, 1998). 홀에 의하면 인류 문명은 중요한 고비마다 창조와 진화의 원동력을 도시로부터 공급받았다. 아테네(기원전 5-4세기)가 그랬고, 피렌체(14-15세기)가 그러했으며, 런던 (1570-1620년)이 그랬고 비엔나(1780-1910년)와 파리(1870-1910년) 또한 그랬다. 이처럼 인류 역사상 특정한 도시가 그때그때 새로운 이정 표를 제시한 것도 사실이지만, 도시가 전반적으로 인류 문명을 결 정적으로 격상시킨 것은 중세 유럽의 경우에서였다. 16세기 이후 근대적 이행과정에서 서구문명이 동양을 앞서가게 된 힘의 원천은 그곳에서 발달한 도시에 있었다.

중세 유럽은 도시중심이 아니라 전형적인 농촌사회였다. 유럽에 서 독특하게 발달한 봉건제는 정치적으로는 경쟁적인 분권체제에 입각해 있었고, 경제적으로는 자급자족적 장원제를 기반으로 삼고 있었다. 이렇듯 원래 도시는 봉건제의 사각지대이자 예외지역이었 다. 하지만 봉건제가 차츰 안정화되면서 역설적으로 도시의 역할 이 중요한 상황이 되었다. 사치품이나 기호품, 무기 등을 사고파는 시장은 고립적 농촌경제의 프레임 안에서 형성될 수 없었기 때문 이다. 12세기 무렵부터 중세 유럽에는 고대 로마시대의 식민지 타 운들이 속속 부활하기 시작했고, 상공업을 기반으로 이들은 경제권 력의 중심으로 부상했다. 특이한 점은 이들이 '자치 도시'(corporate town)였다는 사실이다. 도시의 상공인들은 외부의 정치적 간섭을 배제한 가운데 길드라는 동업자 조합을 통해 스스로의 권익을 보호 하고 증대시켰다.[27]

유럽의 도시는 자본주의와 민주주의, 그리고 문화창조의 요람으로 성장했다. 성채 안에서 부르주아계급의 탄생이 이루어진 곳도 거기였고, "도시의 공기는 사람을 자유롭게 한다"(Stadtluft macht frei!) 라는 말이 나온 곳도 거기였으며, 문예부흥 곧 르네상스가 한 시대를 풍미한 곳 또한 거기였다. 자치 도시는 말하자면 중세의 굴레 안에서 봉건제의 빗장을 열어젖히며 근대적 이행에 앞장섰던 핵심 무대였다. 도시의 역동성이 있었기에 유럽은 인류 문명의 근대화를 선도하며 수세기 동안 세계사의 주도권을 차지할 수 있었다. 중국 중심의 동양문명이 서양에 뒤진 이유 가운데 하나는 도시의 저발전(低發展)에 있었다.[28]

아날학파 역사학자 브로델(1995: 695-750)은 새로운 근대 서구문명을 창출했다는 점에서 도시를 '변압기'(electrical transformer)에 비유했다. 그곳에서는 긴장이 증대하고 교환이 가속화되며, 인간의 생명력이 부단히 재충전된다는 이유에서다. 그는 중세 유럽의 도시를 "인류 역사의 결정적인 전환점이자 중요한 분수령"이라 말했다. "도시는 우리가 '역사'라고 부르는 것의 문을 열었다"고 기술할 정도였다. "모든 위대한 시기는 도시의 팽창으로부터 표현"되며 "유럽의 첫 위대한 도시의 세기에 일어난 기적은 도시가 완전한 승리를 거

---

27 봉건제 유럽의 전반적인 농촌화에도 불구하고 도시생활의 문화적 모델이 보존되는 데는 가톨릭 주교들의 역할도 있었다(김복래, 1999: 215-216). 중세시대 도시지역의 영주는 대개 교회의 주교였다.

28 유럽의 도시가 부르주아 중심의 경제도시였다면 중국의 도시는 정치인 혹은 관료 중심의 행정도시였다. 중앙집권적 통치체제하에서 중국의 도시는 자치를 구가하지 못했으며, 상공업의 천시에 따라 경제적 거점으로 발전하지도 못했다(브로델, 1995: 766-767).

두었다는 것"이라고도 했다. "도시들이야말로 이 작은 대륙 유럽을 위대하게 만든 요인"이라는 것이 브로델의 결론이었다.

비록 유럽의 근대적 이행을 촉발한 것은 자치 도시였지만 정치권력의 중심은 점차 16세기 이후 새롭게 등장한 '근대국가'(modern state)의 수중에 들어갔다(Tilly, 1975 참고). 군주와 영주, 교회, 도시 등으로 분산되어 있던 정치질서는 16세기 이후 일부 야심 군주들의 권력 질주 및 세력 강화를 경험하게 된다. 이들에 의한 국가건설 과정에서 중세 봉건제는 무너졌다. 오늘날 우리가 아는 유럽의 국가 대부분은 이때 만들어졌고, 국제적으로도 '그들만의 리그', 곧 '근대국가체제'(modern state system)가 형성되었다. 도시의 부르주아계급은 군주 주도의 국가건설 과정에서 결정적인 파트너가 되었다. 주로 전쟁 등 국가건설에 소용되는 경제적 비용을 부담하는 방식이었는데, 탈봉건 근대적 이행이 시장의 제도화 및 공간적 확대를 바라는 부르주아 자신들의 이익에도 부합했기 때문이다. 그럼에도 근대국가 속의 도시는 이제 더 이상 중세 때처럼 명실상부한 자치 도시가 아니었다.

6. 도시계획의 역사

군주와 부르주아의 합작품으로서 근대국가는 기본적으로 두 얼굴을 가졌다. 우선 내용적인 측면에서 볼 때 국가는 도시가 갖고 있던 자본주의적 제도와 심성의 계승자였다(브로델, 1995: 749-750). 근대국가는 본질적으로 자본주의 국가였던 것이다. 이는 자본주의 체제의 지배계급이 지주가 아닌 자본가라는 말이다. 다른 한편으로 근대국가는 관료주의 국가였다. 이는 국가권력이 가치합리성이 아닌 목적합리성을 추구한다는 의미에서다.[29] 따라서 근대국가의 다른 표현은 공리주의 국가다(스콧, 2010: 33-95). 근대국가는 기본적으로 개입주의적이었으며, 이는 공간에 대해서도 결코 예외가 아니었다. 한때 자치를 구가하던 도시가 이제는 국가주도 공간계획의 일차적 대상이 되었다.

그렇지 않아도 근대국가가 태동하고 자본주의가 성장하면서 유럽의 도시들은 새로운 도전에 직면하고 있었다(푸코, 2011: 31-88). 먼저 인류 역사상 처음으로 '도시문제'가 발생했다.[30] 급속한 인구집중과 자본축적에 따라 도시의 규모와 밀도가 크게 증가하면서 주

---

29 베버는 행위를 '전통적'(traditional) 행위, '감성적'(affectual) 행위, '가치합리적'(value-rational) 행위, '목적합리적'(instrumentally rational) 행위 등 네 가지 유형으로 구분하였다. 전통적인 행위와 감성적인 행위는 거의 무의식적으로 이루어지는데, 전자는 습관이나 익숙함에 기초하여, 후자는 특정한 상황이 촉발하는 욕구나 기분에 부합하여 일어난다. 이에 반해 가치합리적 행위와 목적합리적 행위는 의식적인 사고와 노력에 기반을 두고 있는데, 전자는 성공에 대한 전망과 상관없이 행위자의 윤리적, 미적, 종교적 가치에 따라 일으키는 행위이며, 후자는 행위자 자신이 합리적으로 설정한 목표를 달성하기 위한 수단이나 조건의 측면에서 효율성을 고려하여 벌이는 행위이다. 베버는 서구의 근대화 과정을 목적합리적 행위가 증대되는 과정으로 인식했다(Weber, 1978: 24-25).

30 '도시문제'는 근대 인구학의 창시자로 알려진 존 그라운트(John Graunt)가 페스트가 휩쓸고 지나간 런던을 대상으로 1662년에 처음 제기하였다(그라운트, 2008; 푸코, 2011: 107-121 참조).

거, 토지, 통행, 위생 등 일상생활의 측면에서 불편과 불안이 늘어난 것이다. 기존의 성벽 도시가 특히 그랬다. 기능적인 측면에서도 성곽의 유용성이 사라지고 있었는데 이는 대포의 발명과 바퀴의 보급이 초래한 일이었다. 이제 성곽은 자본과 상품 및 인구의 자유롭고 활발한 '순환'(circulation)을 가로막는 자본주의의 장애물로 변했다. 따라서 18세기 도시정비와 도시계획에서 핵심으로 대두한 문제는 "사람, 상품, 공기 등의 순환을 가능케 하고 확보하는 것"이었다 (푸코, 2011: 55).[31]

근대국가의 건설은 도시와 관련된 시급한 과제를 하나 더 추가했다. 권력의 중앙집권화가 진행되면서 국가대표 도시, 곧 수도가 필요해진 것이다. 농촌 중심의 봉건제하에서 도시는 정치권력의 중심이 아니었을 뿐 아니라 도시들 사이에 뚜렷한 위계관계도 존재하지 않았다. 하지만 근대국가는 "주권의 정치적 효율성을 공간의 분배와 연결"시켜야 했다(푸코, 2011: 37). 이 대목에서 푸코는 17세기 중반 알렉상드로 르 메트르(Alexandre Le Maitre)가 쓴 텍스트 『수도론』을 인용하는데, 그 핵심 내용은 다음과 같다. 국가는 건축물처럼 지어야 하고, 원의 형태를 가진 영토의 중심에 정치적 심장인 수도가 위치해야 하며, 영토와 수도의 관계는 미학적이고 상징적이어야 한다. 또한 수도는 국가 전체를 위한 교육적 기능과 경제적 역할을 수행

---

31 공기 문제는 성곽도시의 경우 사람의 밀집에 따른 독기(毒氣)의 심화가 병의 확산을 초래하여 노동력 재생산을 저해한다는 의미에서 중요했다.

해야 한다. 결과적으로 17세기에는 "다른 도시들을 제쳐놓고 몇몇 도시들에게 정치적 기회가 집중"되었다(브로델, 1995: 768). 오늘날 우리가 아는 유럽 각국의 수도들은 대부분 이 시기에, 이런 취지를 배경으로 역사의 무대에 데뷔하였다.

현대적 의미의 도시계획은 이런 맥락에서 탄생한 것이다. 곧 16세기 이후 서유럽에서 근대국가가 건설되고 자본주의가 성장하는 과정에서 한편으로는 '도시문제'가 나타나기 시작하고 다른 한편으로는 통치성 확보와 자본축적을 위한 사회공학적 공간계획이 시대적 과제로 부상했기 때문이다. 도시계획은 시간과 장소를 불문하고 도시에 대한 계획이라면 언제, 어디서나 적용될 수 있는 이현령비현령(耳懸鈴鼻懸鈴)의 개념이 아니다.[32] 역사적 개념으로서의 도시계획은 16세기 이후 서유럽에서 시작된 것을 원형이자 진본(眞本)으로 쳐야 한다. 또한 도시계획을 불편부당(不偏不黨)한 중립적 용어로 간주하는 것도 몰(沒)역사적 판단이다. 도시계획에는 처음부터 정치적 혹은 이념적 편향이 다분히 내재되어 있었다.[33]

---

32 근대 이전, 그리고 비유럽에서도 '도시계획'의 유사품이 있기는 했다. 가령 춘추전국시대의 주례(周禮) 동관고공기(冬官考工記)는 동양적 도시계획의 원전으로 알려져 있고, 고대 그리스의 아리스토텔레스는 소아시아 밀레토스를 재건한 히포다모스(Hippodamos)를 격자형 도시계획의 발명자로 여겼다. 하지만 이는 '도시건설'이나 '도시설계'에 가까운 것으로, 근대 이후 유럽에서 시작된 도시계획과는 성격과 맥락이 달랐다.

33 우리나라의 '국토의 계획 및 이용에 관한 법률' 제1조에 의하면 도시계획의 목적은 "공공복리를 증진시키고 국민의 삶의 질을 향상"하는 것이다. 하지만 이는 도시계획의 비정치성, 합리성, 전문성, 과학성 등을 전제로 할 때만 성립되는 논리이다. 현실 속의 도시계획은 "공공복리를 증진시키고 국민의 삶의 질을 향상"시킬 수도 있고, 그렇지 않을 수도 있다. 도시계획은 권력을 위한 것일 수도 있고 자본에 봉사할 때도 있으며, 계획 관련 관료나 전문가들의 집단적 이익을 증진하는 것

17세기 전후 시민사회가 등장하기 전까지의 절대왕정 시대는 근대적 도시계획의 전형을 보여 주었다. 그 결과가 이른바 '바로크(Baroque) 도시'다. 오래된 성곽과 불규칙한 도로 대신 도시는 거대하면서도 정교한 수학적 공간체계로 정비되었다. 강한 중심선과 도시축은 권력의 집중을 상징하면서 도시의 기념비적인 성격을 강화하였다. 서양 근대철학의 아버지로 평가되는 데카르트(Descartes, 1968: 35)는 이와 같은 기하학적 도시공간의 중요성을 다음과 같이 역설했다. "한 명의 이성적인 기술자가 의지를 갖고 설계한 도시가 오랜 세월에 걸쳐 여러 사람들에 의해 만들어진 도시에 비해 미적인 측면에서나 질서의 차원에서 더 낫다."

18-19세기 프랑스대혁명과 산업혁명은 국가주도의 도시계획에 가일층 박차를 가하는 계기가 되었다. 인류의 삶은 이들 '쌍둥이 혁명' 이전과 이후로 극명하게 구분된다. 정치적 차원의 민주주의와 경제적 차원의 자본주의는 인류 문명의 획기적 진보를 기약하면서도 전에 없던 사회적 갈등과 위기를 함께 초래하였다. 그것의 근원적 배경은 새로운 계급불평등의 심화였고, 그것의 핵심 무대는 자본과 노동이 충돌하는 도시였다. 이런 상황에서 한편으로는 보수적 계획 사조가 등장했고 다른 한편으로는 사회주의 운동이 확산되었

이 실제 목적인 경우도 없지 않다. 이처럼 누구에 의한, 그리고 무엇을 위한 도시계획인가를 엄밀히 따지게 되면 도시계획이라는 개념에 내재되어 있는 이데올로기적 속성은 아무리 경계해도 지나치지 않다(Harvey, 1985).

다. 전자의 경우 영국의 철학자 벤담(Jeremy Bentham)은 '최대 다수의 최대 행복'을 위한 위로부터의 사회개혁을 주장했고, 후자의 경우 마르크스는 '과학적 사회주의'에 의한 밑으로부터의 계급혁명을 시도했다.

유럽 전역에 만연하던 노동자혁명의 불길은 1848년 혁명에서 절정으로 치달았다. 나폴레옹 전쟁을 마무리하는 과정에서 정립된 비엔나 체제가 유럽의 전반적인 보수화를 진작하는 가운데, 그 직전의 경제공황을 기화로 유럽 전역에 동시다발적으로 발생한 것이 1848년 혁명이었다. 그러나 1848년 혁명은 궁극적으로 실패로 끝났다. 이를 전기(轉機)로 삼아 노동자들은 사회주의 혁명을 포기하고 자본주의 체제를 인정하는 대신 대의민주주의와 참정권을 얻었다. 중요한 점은 1848년 혁명이 지배세력에게도 뼈아픈 교훈을 남겼다는 사실이다. 사회주의 혁명의 사전예방과 자본주의 체제의 지속가능성을 위해 특단의 조치가 필요하다는 사실을 절감하게 된 것이다.

1848년 혁명의 일환으로 프랑스에서는 2월 혁명이 일어났다. 좌절로 끝난 2월 혁명 직후 제2제정의 나폴레옹 3세는 오스망(Georges Eugene Haussmann)을 파리 시장으로 임명하고 대대적인 도시계획을 지시했다. 파리 대개조 사업의 핵심 목적은 한편으로는 자본축적에 기여하면서 다른 한편으로는 또 다른 노동자혁명에 대비하는 것이었다(하비, 2005). 일반적으로 1848년을 공공계획의 원년으로 삼는 것

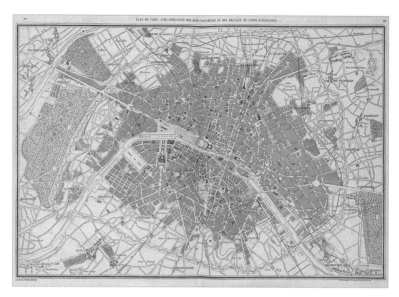

대개조 사업이 진행 중인 1853년경 파리 지도(자료 출처: 브라운대학 도서관)

은 이 때문이다. 여기서 간과하지 말아야 할 것은 공공계획이 사회 갈등의 진앙지(震央地)인 도시를 대상으로 출발하였고, 그런 만큼 처음부터 도시계획이 물리적 공간 개조를 넘어 정치 및 사회적 목적을 지향했다는 사실이다. 이는 도시계획이 공간계획이면서 동시에 사회계획이라는 점을 잘 말해 주고 있다(전상인, 2007).

20세기 이전까지 우리나라에는 이렇다 할 도시계획이 없었다. 물론 계획도시는 있었다. 신라시대의 경주, 조선시대의 한양과 화성(華城)이 대표적이다. 그러나 그것들은 산업화나 도시화 혹은 도시문제의 발생을 전제로 한 근대적 의미의 도시계획이 아니었다. 역사적으로 우리나라는 도시화의 정도가 미미하였을 뿐 아니라 대부분의 도시가 정치, 행정, 군사의 중심지로서 전(前)산업적 소비도시에 머물러 있었다. 그런 만큼 잠재력과 역동성의 측면에서 중세 서구의 부르주아 자치 도시와는 성격이 판이하게 달랐다.

19세기 후반 서세동점(西勢東占)의 위기 속에서 문명화된 서양 도시의 도로 사정과 위생 상태에 대한 관심이 점차 생겨났다. 1895년에 나온 우리나라 최초의 서양문물 계몽서 『서유견문』에서 유길준은 서양의 정부, 경제, 교육, 과학, 기술 등을 차례로 설명하는 가운데 마지막으로 도시를 언급했다. 그는 서구 도시의 다양성과 자치 정신을 부러워하였고, 화려하고 웅장하면서도 대중들의 편리와 삶의 질을 중시하는 사실에 감명을 받았다. 특히 "런던처럼 웅장하거나 뉴욕처럼 부유한 도시도 파리에는 사흘거리쯤 뒤떨어진다"고 말한 것을 보면 유길준은 오스망의 파리 대개조 사업에 단단히 매료당했던 것 같다(유길준, 2004: 551).

한말(韓末)의 개화파 지식인들은 치도사업을 중심으로 도시공간의 개조문제를 공론화했는데, 김옥균의 『치도약론(治道略論)』이 대표적이다. 이는 우리나라에 공리주의적 근대 통치 개념이 도입되기 시작했음을 알리는 근거로 해석되기도 한다(김윤희, 2014). 이를 배경으로 하여 유럽의 절대왕정을 흉내 내어 대한제국을 선포한 고종은 서울을 대상으로 1896년부터 1904년까지 도시 개조 사업을 본격적

으로 시도하기도 했다. 왕궁의 도심 이전, 도로정비 및 방사형 도로
체계의 구축, 시민공원의 설치 등이 이 시기에 이루어졌는데, 이는
대한제국의 각종 근대화 사업 가운데 "가장 완성도가 높았다"는 평
가다(이태진, 2005: 140-173). 그렇지만 대한제국의 도시계획은 일제 식
민지 시대와 더불어 중단되었다.

　우리나라에서 도시화가 본격적으로 진행된 것은 일제시대였다.
이와 더불어 서울을 중심으로 도시계획의 필요성에 대한 논의도 덩
달아 활발해졌다. 우리나라 최초의 도시계획법으로 알려진 '조선시
가지계획령'이 공포된 것은 1934년의 일이었다. 일제시대 경성의
도시계획은 무단통치 이후 이른바 '문화정치'의 일환이었다(Henry,
2014: 42-61). 말하자면 그것은 근대 공간문화의 이식이었다. 두말할
나위 없이 일제 식민지 시기 우리나라의 도시계획은 일본의 한반도
침략 및 수탈이 일차적인 목적이었다. 그럼에도 근대적 도시계획의
보편적 측면이 제국주의 지배를 통해 우리나라에 소개되었다는 사
실을 부인하기는 어렵다.

　해방 이후 남북분단과 6·25 전쟁 등을 거치며 우리나라에서도
도시화 속도가 빨라졌다. 하지만 1960년대 이전은 크게 보아 '산업
화 없는 도시화'였다. 우리나라에서 도시계획이 제대로 시행된 것
은 1960년대 국가주도 산업화 이후였다. 1962년 1월 20일에 국토계
획법이 제정되었는데 당면한 초점은 서울이었다. 1960년대 서울은
'한강의 기적'을 선도한 핵심적 산업공간으로서 전국 각지로부터 인

구가 물밀 듯이 몰려들었다. 그 결과는 주거나 교통, 위생 등에 관련한 '도시문제'의 폭발이었고 이로써 도시계획에 대한 수요가 급등했다.[34] 1966년에 발표된 '서울도시기본계획'은 19세기 중반 파리 대개조 사업에, 그리고 당시 김현옥 서울시장은 오스망 파리시장에 비교할 수 있을지 모른다. 자본축적의 공간적 지원, 국가 통치성의 신장, 도시봉기의 예방, 중산층 도시의 형성 등의 측면에서 말이다 (최성모, 1994; 서울역사박물관, 2013; 염복규, 2014; 박홍근, 2015 등 참고).

압축고도성장 과정에서 우리나라는 세계에서 가장 높은 수준의 도시화를 그것도 가장 빠른 기간에 경험한 나라가 되었다. 우리나라 전국 인구에서 도시지역 내 거주인구가 차지하는 비율은 지속적으로 증가해 왔다. 1960년에 39.1%이던 도시화 비율은 1970년에 50.1%가 되었고, 1980년 68.7%, 1990년 79.6%, 2000년 88.3%, 2010년 90.9%를 거쳐 2015년에는 91.8%를 기록하고 있다(통계청, 〈e-나라지표〉). 이는 2015년 기준 53.9%로 알려진 세계 전체의 도시화 수준을 훨씬 능가하는 수치다(The World Bank, 〈World Urbanization Prospects: The 2014 Revision〉). 오늘날 대한민국은 국민의 절대 대다수가 도시에 사는 나라가 되었고 국토 대부분이 도시인 나라가 되었다. 이제 우리나라에서 도시계획과 무관한 시민, 혹은 도시계획으

---

[34] 우리나라에서 가장 오래된 도시 관련 잡지 〈도시문제〉가 창간된 것은 1966년이었고, 서울대 행정대학원에 도시 및 지역개발학과가 창설된 것은 1968년이었다. 이는 오늘날 서울대 환경대학원의 모태가 되었다.

로부터 자유로운 국민은 거의 없다. 이런 상황에서 도시계획법은 2002년 2월 4일자로 폐지되었다. 대신 '국토의 계획 및 이용에 관한 법률'이 제정되어 이를 흡수했다.

7. 도시의 존재 이유

오늘날 도시가 인류 문명의 대세로 자리 잡고 있지만, 역사적으로 도시는 비판으로부터 줄곧 자유롭지 않았다. 근대 초기 루소가 '에밀'을 위해 생각한 교육 공간은 "인류의 가래침"인 도시가 아니라 자연이었고, 산속과 도시를 오고갔던 니체의 '차라투스트라'는 숲을 사랑한다고 말하며 "도시는 살기에 적합하지 않다"고 단언했다. 초기 사회학자들 가운데도 도시적 삶에 대해 부정적인 생각을 하는 경우가 많았다. 예컨대 짐멜(Georg Simmel, 2005: 35-53)은 인구증가와 화폐경제, 사회적 분업은 타산적이며 경쟁적인 '대도시적 심성'(metropolitan mentality)을 초래한다고 주장했다. 벤야민(Walter Benjamin, 2005)에 의하면 자본주의 도시는 기본적으로 인간적 삶과 자발적인 창조행위, 주체적인 판단의식이 제약되는 '사물의 세계' 혹은 '상품의 공간'이다.

이런 점에서 21세기가 최초의 '도시의 세기'로 자리매김 되는 등 지금까지 양적인 측면에서 보여 준 도시의 눈부신 성장은 놀라운 일이다. 하지만 도시의 발전은 여기에 머무르지 않는다. 질적인 차원에서도 도시의 비약이 돋보이기 때문이다. 대표적으로 글레이저(2011)는 "도시의 승리"를 주장한다. 그는 경제적 부의 축적이나 환경오염 대응, 에너지 사용 등의 측면에서 도시가 농촌보다 훨씬 더 유리하다고 주장한다. 오늘날 도시화와 경제성장 간에 나타나는 정비례 관계에 주목하는 글레이저는 인도의 발전은 도시가 아니라 마을에 달려 있다고 말한 간디를 비판하면서 "위대한 간디도 틀렸다"고 주장한다(글레이저, 2011: 24). 근대 도시계획을 맹비난한 제이콥스(Jacobs, 1984) 역시 도시 자체는 "국부(國富)의 중심"이라고 말했다.

하지만 도시의 승리는 어디까지나 절반의 진리다. 도시의 발명, 특히 도시계획의 탄생 이후 인류는 많은 것을 새로 얻기도 했지만 동시에 많은 것을 잃어버리기도 했기 때문이다. 인류의 힘은 문화의 힘이고, 문화의 힘은 도시의 힘이라 했을 때 작금의 도시에는 본연의 역할과 사명으로부터 점차 멀어지는 경향이 보인다. 따라서 인류가 현재까지 도시와 더불어 사는 동안의 종합 손익계산서를 면밀히 검토하는 일은 도시의 승리를 외치는 지금의 시점에서 매우 중요한 과제로 논의되지 않을 수 없다.

도시계획을 포함하여 근대국가가 추진한 공간계획의 대표적인 특징은 단순화(simplification)와 가독성(可讀性, legibility) 증대에 있다(스콧, 2010: 20-22). 스콧은 이를 "국가처럼 보기"(seeing like a state) 프로젝트로 요약했는데, 그 목적은 세상과 인간, 그리고 도시를 가급적 단순하게 조직화하여 최대한 읽기 쉽게 만드는 것이었다. 이 무렵 성씨(姓氏)가 제정되고 표준어가 확립된 것도 이와 비슷한 맥락에서다. 이처럼 도시를 포함한 공간계획에 있어서 시선의 지배나 시각적 통제가 두드러지게 된 배경에는 당대 유럽문명의 변화와 특성이 있었다.

서양의 근대에는 시각 중심주의(ocularcentrism)가 약진했다. 본래 인간에게는 기본적으로 촉각, 미각, 후각, 청각, 시각이라는 다섯 가지 감각이 있다. 그런데 근대 이후 이들 오감 사이에 위계와 서열이 매겨지기 시작했고, 그 가운데 시각이 최고의 지위를 차지하게 되었다(맥루한, 1997). 그 결과 후각을 가운데에 놓고 미각에서 촉각으로 갈수록 보다 동물적이고 원초적인 감각이며, 청각에서 시각에 이를수록 보다 이성적이고 근대적인 감각이라는 인식이 생겨나게 되었다. 맥루한은 이와 같은 감각의 등급화를 바람직한 현상으로 본 것이 결코 아니었다. 오히려 그 반대였다.

이와 같은 시각 헤게모니의 득세에는 몇 가지 그럴 만한 사정이 있었다. 첫째는 선(線)원근법(linear perspective)의 발전이다. 원근법은 3차원의 세계를 2차원의 평면 위에 과학적으로 재현하는 방식으로서 그리는 사람의 눈과 감상하는 사람의 눈을 한 지점에 일치시켰다. 둘째는 광학(光學)의 발전이다. 인간의 시각능력을 보완하고 확대하는 정밀한 광학도구의 발명이 잇따랐는데, 카메라와 망원경, 현미경 등이 대표적이다. 셋째는 구텐베르크(Johannes Gutenberg)에 의한 금속활자의 발명과 인쇄술 혁명이다.[35] 그 이후 읽기는 지식과 정보 획득에 있어서 가장 대표적 양식의 지위를 차지했다. 끝으로 계량주의의 득세 및 통계학의 발전이 있었다. 이는 가시적으로 측정, 표현, 비교될 수 있는 지식을 가장 합리적이고도 객관적인 것으로 간주하는 일종의 지식혁명이었는데, 머지않아 통계는 대표적 공공지식(public knowledge)의 위상을 누리게 되었다.[36]

공간의 영역에서 시각 중심주의는 시선의 권력화 및 자본화로 이어졌다. 말하자면 시각 헤게모니가 새로운 지배방식이나 통치기술 및 자본축적 수단으로 활용되기 시작한 것이다. 특히 푸코(1994: 295-307)는 근대 감옥의 파놉티콘 원리에 주목했다. "시선은 권력"이라는 그의 언명(言明)은 보다 적은 비용으로 보다 효과적으로 지배하는 힘의 원천이 다름 아닌 시선의 독점 혹은 비대칭에 있다는 점에서 나왔다. '모두를 본다'는 의미의 파놉티콘 혹은 일망(一望) 감시체제하에서 감시하는 자는 언제든지 감시당하는 사람을 볼 수 있지만, 그 반대의 경우는 불가능하다. 그리고 눈에 보이지 않는 감시자가 자신을 지켜보고 있을지도 모른다는 압박감에 행동을 스스로 통

---

35 15세기 중반 활판 인쇄술을 발명해 지적 혁명의 단초를 마련한 것은 독일의 구텐베르크지만, 출판 산업을 주도한 문명 확산의 중심지는 16세기 베네치아였다. 중세 지중해 무역의 강자였던 베네치아는 당시 유럽에서 출판된 책의 절반 정도를 인쇄했다. 이와 같은 출판혁명이 베네치아의 번성을 주도한 요인이었음은 두말할 나위도 없다(마뇨, 2015). '책 공장 베네치아'의 사례가 우리에게 던지는 시사점은 크다. 우리는 세계 최초의 금속활자가 1377년 고려시대의 '직지심체요절'이라고 주장하고, 그것이 구텐베르크의 금속활자가 발명한 1452년보다 훨씬 앞선다고 말하지만 정작 중요한 것은 금속활자의 발명 그 자체가 아니라 후속 출판혁명이다.

36 국가(state)와 통계(statistics)가 같은 어원을 갖고 있는 것도 이런 연유에서다.

제한다. 이를테면 권력의 신체 내부화이다.

푸코가 볼 때 근대권력의 특징은 바로 이 대목에 있다. 근대 이전이 대다수 군중이 한 사람의 권력자를 우러러보는 스펙터클 '장관(壯觀) 사회'였다면 근대 이후는 소수의 권력자가 다수의 인구를 관찰하는 파놉티콘 '규율사회'로 바뀐 것이다. 그것은 근대 서구문명이 자본축적(accumulation of capital)과 더불어 인간축적(accumulation of men)을 도모하는 과정에서였다(푸코, 1994: 321-322). 인간축적이란 사람들을 한편으로는 성실하고 능력 있는 노동자, 다른 한편으로는 선량하고 순응적인 시민으로 만들거나 개조하는 과정을 의미하는데, 이를 위해 시각적 통제 방식이 적극 활용되었다. 푸코가 볼 때 인간의 축적과 자본의 축적이라는 두 과정은 서로 분리될 수 없는 것이다.

푸코는 파놉티콘 원리가 비단 감옥에서뿐만 아니라 학교나 공장, 군대 등 근대적 제도 전반에 걸쳐 작동한다고 보았으며, 특히 도시계획도 그것의 예외가 결코 아니었다. 권력행사를 건축행위에 곧잘 비유했던 그는 유능한 건축가가 건물의 형태나 구조를 통해 사람들의 행동을 간접적으로 통제하듯이, 권력자는 기본적으로 시선이 지배하는 '감옥도시'(carceral city)를 상상한다고 주장했다(푸코, 1994: 440-441). 이와 같은 푸코의 도시계획관은 "군주는 늘 불면증이며, 유리집을 꿈꾸고 있다"고 말했던 토마스 홉스(Thomas Hobbes)를 연상시킨다(박정자, 2008: 7 참조). 모든 것을 다 알고 싶은 욕망에 잠 못 이루는 지배자, 그래서 내부가 밖으로 훤히 드러나는 투명한 집을 꿈꾸는 지배자 말이다.

시각을 중시하는 근대 도시계획은 위에서 아래를 내려다보는 지배자의 시각을 반영하는 경우가 많았으며, 그 결과 도시계획은 권력에 봉사하고 자본에 종속되는 경향이 많아졌다. 또한 도시계획에 있어서 공학과 기술 분야가 주도하는 효율 지상주의가 확실한 지적 헤게모니를 거머쥐게 되었다. 이와 함께 불도저식 밀어붙이기 방식의 물리적 도시계획이 성행하게 되었다. 말하자면 계획과 독재가 동의어가 되기 시작한 것이다. 이와 같은 외형적 성과와 가시적 업적의 중시는 궁극적으로 계획숭배의 전통 내지 계획강박의 관행으로 이어졌다.[37]

물론 합리성과 효율성, 심미성의 측면에서 시각 위주의 근대 도시계획이 이룩한 긍정적인 변화를 통째 부인할 수는 없다. 그것은 그것 나름대로 인류 문명의 위대한 진보 가운데 하나다. 그러나 합리성과 효율성, 심미성이 도시가 지녀야 할 가치의 전부는 결코 아

37 조세희(1986: 70)의 『난장이가 쏘아 올린 작은 공』에는 개발과 계획에 대한 위로부터의 집념과 집착을 잘 표현하는 구절이 있다. "나는 그들을 증오했다. 그들은 거짓말쟁이였다. 그들은 엉뚱하게도 계획을 내세웠다. 그러나 우리에게 필요한 것은 계획이 아니었다. 많은 사람들이 이미 계획을 내놓았다. 그런데도 달라진 것이 없었다. 설혹 무엇을 이룬다고 해도 그것은 우리와 상관이 없는 것이었을 것이다. 우리가 필요로 하는 것은 우리의 고통을 알아주고 그 고통을 함께 져 줄 사람이었다." 제이콥스(2010: 29-33) 역시 계획 강박증을 강하게 비판한 적이 있다. 그녀의 눈에 1960년대 보스턴 노스엔드는 "쾌활하고 다정하고 활력 넘치는 분위기"였다. 하지만 그곳의 도시계획가는 그곳이 "보스턴 시에서 최악의 슬럼가"라고 반박했다. 이른바 전문가의 입장에서는 사실과 상관없이 일단 "노스엔드는 나쁜 곳이어야만 했다"는 것이다. 제이콥스는 이와 같은 계획 강박증에 따라 도시재개발이 이루어지는 것을 "의사들이 병을 일으키는" 것에 비유했다.

니다. 도시의 진정한 가치는 볼 수 없는 것, 보이지 않는 것, 알 수 없는 것에 있을 수도 있기 때문이다. 그러기에 르페브르(2011: 166-167)는 근대 공간계획을 비판하면서 이렇게 의심했다. "가독성(可讀性, readability)−가시성(可視性, visibility)−가지성(可知性, intelligibility)이라는 모더니즘의 삼총사 혹은 삼위일체에 얼마나 많은 착오가, 아니 그보다 더 고약하게도 얼마나 많은 기만이 뿌리내리고 있을까?"*(번역 일부 저자 수정)*

이탈리아 문학의 거장 칼비노(2007: 18, 49-50, 78)는 『보이지 않는 도시들』(Invisible Cities)에서 보이는 도시가 도시의 전부가 아니라는 점을 역설하고 있다. 그는 "도시를 묘사하는 말들과 도시 자체를 혼동해서는 절대 안 된다"고 말하면서 도시에서 교환되는 것에는 물품만이 아니라 기억도 포함된다고 주장한다. 그리고 그는 이렇게 덧붙인다. "도시는 자신의 과거를 말하지 않습니다. 도시의 과거는 마치 손에 그어진 손금들처럼 거리 모퉁이에, 창살에, 계단 난간에, 피뢰침 안테나에, 깃대에 쓰여 있으며, 그 자체로 긁히고 잘리고 조각나고 소용돌이치는 모든 단편들에 담겨 있습니다."

노벨문학상 수상작가 파묵(2008: 59, 153)의 자전소설 『이스탄불』에서 비슷한 글귀가 나온다. "어떤 도시를 특별하게 만드는 것이 단지 그것의 지정학이나 건물 그리고 우연히 마주친 사람 자신들 특유의 모습이 아니라, 그곳에서, 나처럼, 오십 년 동안, 같은 거리에서 사는 사람들이 축적한 추억들과 문자, 색깔, 이미지가 자기들끼리 다

투는 비밀스럽거나 공개된 우연의 농도라고 생각하곤 한다"는 구절
이 바로 그것이다. 이를 통해 작가는 도시의 진면목은 오히려 눈에
보이지 않는 것에 있다는 사실을 말하고자 한다. 그는 자신이 생장
(生長)한 이스탄불에 대하여 "겨울날, 어둠이 일찍 깔리고 서둘러 집
으로 돌아가는 사람들의 흑백의 색은 내게 내가 이 도시에 속해 있
고, 이 사람들과 같은 것을 공유하는 느낌을 준다"라고 썼다.

시각 중심의 도시계획에 의해 잃어버린 '보이지 않는 도시'는 특
히 두 가지 측면에서 논의될 수 있다. 그중 하나는 장소기억이다.
최근 역사 대신 기억에 대한 관심이 뜨거운 것은 기억이 집단 정체
성의 근간이자 사회적 경계의 기준이 되기 때문이다(전진성, 2005).
기억은 역사와 다르다. 만약 역사가 지배권력이 만든 공식 기억이
라면, 장소의 자산으로 소중한 것은 보통 사람들이 갖고 있는 사
적 역사로서의 미시적 기억이다. 그리고 이들이 모여 집단기억
(collective memory)을 구성하며, 이는 사회공동체의 형성과 지속에 중
요한 함의를 갖는다(Habwachs, 1980).

인간을 인간으로 만드는 것이 기억이듯이(김명숙, 2009), 도시를 도
시로 만드는 것은 도시의 기억이다. 도시가 자신의 기억을 상실한
다는 것은 도시 자체의 부재를 의미한다. 이는 치매에 의한 기억의
부재가 개인의 존재를 부정하는 것과 같은 이치다. 오래된 도시는
풍부한 역사를 담고 있다. 그리고 바로 그것이 그 도시의 보이지 않
는 저력이다. 투안(1995: 280-281)은 유서 깊은 과거가 없는 도시들의

특징으로 그곳 정치 지도자들의 언술적 허장성세를 지적한 적이 있다. 말하자면 시장(市長) 같은 이들이 걸핏하면 "가장 중심적인, 가장 큰, 가장 빠른, 가장 높은"과 같은 추상적이고 기하학적인 우수성을 강조하는 것은 그만큼 그 도시에는 기억할 만한 것이 별로 없다는 사실을 자인(自認)하는 일이다.

기억의 원천은 다름 아닌 장소다. 기억에 있어서 관건은 시간이 아니라 장소라는 말이다. 바슐라르(2003: 83-84)에 의하면 "시간은 우리에게, 두터운 구체성이 삭제된, 추상적인 시간의 선만을 기억하게 하지만 … 우리들이 오랜 머무름에 의해 구체화된, 지속의 아름다운 화석을 발견하는 것은, 공간에 의해서, 공간 가운데서"이다. "거기에 거기가 없다"(There is no there there)는 것은 달리 말해 장소의 상실이다.[38] 요컨대 "본질적으로 기억은 장소지향적(place-oriented)이거나 아니면 최소한 장소기반적"(place-supported)이다(Casey, 1987: 186-187). 시각 위주 근대 도시계획의 문제점 가운데 하나는 공간의 생산에는 유능했지만 장소성의 보존에는 미숙했다는 사실이다.

시각의 특징은 헤게모니적이라는 데 있다. 대상과 거리를 두면서 그것을 지배하려는 욕구를 갖고 있는 것이 바로 시각이다(짐멜, 2005:

---

[38] 20세기 초 미국의 여류작가이자 미술애호가 거트루드 스타인(Gertrude Stein, 1937: 289)이 남긴 유명한 말. 펜실베이니아 상류층 가문에서 출생한 그녀는 어린 시절 한때를 아버지를 따라 캘리포니아 오클랜드에서 보냈다. 그 후 미국을 떠나 파리 등 유럽에서 정주하게 된 스타인은 30년 만에 그곳을 방문하게 되는데, 페리를 타고 오클랜드로 들어오면서 옛날에 자신이 살던 집과 농장이 주택가와 공원으로 바뀐 사실을 보고 이렇게 안타까워했다고 한다.

153-174). 하지만 투안(1995: 28-30)이 지적했듯이, 청각, 미각, 후각, 촉각에도 시각 못지않은 각자의 공간화(spatializing) 기능이 있다. "대부분의 사람들은 다섯 개의 감각을 동시에 느끼며 이것들은 우리가 살고 있는 [미묘하게 배열되어 있고 감정이 부여된] 세계를 제공하기 위하여 지속적으로 서로를 강화"하는 것이다. 진정한 장소성은 시각이 아닌 오감 전체의 산물이다(김미영·전상인, 2014). 그런 만큼 시각 위주의 공간계획은 장소기억을 오히려 훼손하고 왜곡할 소지가 크다.

오감 중에서 장소기억을 환기하는 데 가장 탁월한 감각이면서도 근대 이후 멸실의 속도가 가장 빨랐던 것은 다름 아닌 후각이었다. 투안(1995: 28-31)은 인간의 코가 매우 퇴화한 기관이긴 하지만 냄새는 구분하거나 기억하는 측면에서 탁월한 능력을 발휘한다고 말한다. 르페브르(2011: 298-299)는 "타자에게 도달하기 위해 욕망이 잠시 머무는 대상은 우선 후각적인 것"이라고 말하면서 "동물성으로 찬란하게 빛나는" 후각은 "삶과 죽음이라는 근본, 토대에 대해서 알려준다"고 생각한다. 하지만 시각 중심의 근대성은 바로 이와 같은 후각의 세계를 추방하고 억압하는 데 앞장서 왔다. 도시계획가들은 쓰레기장, 하수처리 시설, 공장 등을 도시 주변부로 몰아냈고, 근대 건축가들은 냄새를 뒤뜰과 화장실 등에 가두어 두려고 했다.[39]

39 르페브르는 세계 도처에서 "대대적인 세탁"이 일어나고 있다는 점을 안타까워하면서 이는 "이미 지화하기, 구경거리로 만들기, 담론화하기, 글쓰기-독해하기" 등과 같은 근대사회의 시각 중심성이 낳은 폐해라고 진단한다(르페브르, 2011: 298). 어쨌든 근대사회에서는 냄새를 일상생활 바깥으로 배제하려는 기술과 사물, 그리고 매뉴얼이 크게 확산되었는데, 비누의 사용, 샤워 혹은 목욕

이 대목에서 우리는 오스트리아의 비엔나가 세계문화 발전에 각별한 영향을 끼치게 된 비결을 상기할 필요가 있다. 근대적 도시발전 과정에서 비엔나는 미술은 물론이고 음악과 같은 청각, 커피로 상징되는 후각, 수준급 레스토랑의 미각, 산책길로 대변되는 촉각 등을 적극적으로 보존하고 활성화해 왔다. 이로써 비엔나는 말하자면 서구세계의 '감각 수도'(sensory capital)라는 지위를 차지한 것이다(Howes, 2001). 세기말 비엔나에서는 유럽 부르주아에게서 흔히 보이는 도덕주의 문화 대신 감성의 문화가 압도했으며, 그 과정에서 예술은 거의 종교적 수준으로 올라섰다(쇼르스케, 2006: 41, 44). 비엔나의 사례는 도시가 무릇 문화의 용기(容器)라는 본래 기능을 제대로 수행하려면, '보이는 도시'나 '보여 주는 도시'로서는 한계가 있을 수밖에 없다는 사실을 역사적 교훈으로 남기고 있다.

게다가 오늘날은 전례 없는 '감각혁명'(sensual revolution) 시대다(Howes, 2005: 1-17). 현대사회의 인식 패러다임이 '담론과 언어'로부터 '육체와 감각'으로 변화하고 있다는 의미에서 그렇다.[40] 이는 자본주의의 패러다임이 바뀌고 있기 때문이다. 일찍이 마르크스는 산업자

의 일상화, 수세식 화장실의 보편화, 침 뱉지 않기나 손 씻기와 같은 공중위생 관념의 대두 등이 대표적이다. 영국과 네덜란드의 다국적 유지(油脂)기업인 유니레버(Unilever)가 애용한 광고 카피는 "비누는 문명이다"였다. 시카고에서 마천루가 최초로 지어진 가장 중요한 이유도 당시 식육 가공업의 발달로 인해 풍기는 악취 때문이었다고 한다(어리, 2012: 166-170 참조).

40 이런 맥락에서 보자면 비트겐슈타인의 주장, 곧 "내 언어의 끝은 내 세상의 끝이다"라는 말은 이제 수정되어야 할지 모른다(Howes, 2005: 1). 말에 담기지 않는, 혹은 말이 담을 수 없는 세상이 늘어나기 때문이다.

본주의의 전성기에 드러난 '오감의 통제' 문제에 주목한 바 있다. 그에 의하면 19세기 노동자들은 공장에서 죽어라 일만 하는 동안 미식이나 향수, 오페라 감상 등과 같은 다양한 감각적 삶으로부터 소외내지 배제되면서 인간 이하의 대접을 받고 있었다. 이에 반해 현대소비자본주의 시대는 모든 감각의 해방과 활성화를 부추기고 있다.

이와 같은 감각혁명은 도시의 장소성 혹은 장소기억에 관련하여도시계획가들에게 새로운 지평을 제공한다. 그 하나는 이른바 '체험경제'(experience economy)가 경제성장의 새로운 동력으로 부상하고있다는 사실이다. 이는 오락적, 교육적, 미학적 혹은 일탈적 체험이 상품으로서의 가치를 높여 가는 것을 의미하는데, 여기서 오감과 체험경제와의 친화력은 아무리 강조해도 지나칠 수 없다(Howes, 2001: 64-65). 최근에 각광받는 '즐거운 도시'(ludic city) 담론도 이와 유사한 맥락이다. 스티븐스(Stevens, 2007: 196-198)에 의하면 오늘날의도시에서는 무엇보다 '능동적 오락성'(playability)이 중요하다. 먹고, 마시고, 보고, 듣고, 느끼는 것을 중심으로 재미있게 놀 수 있는 환경이 도시경쟁력의 새로운 원천이 되고 있다는 것이다. 근대 기능주의 건축의 모토인 '형태는 기능을 따른다'를 패러디하여 그는 현대도시에서 "형태는 재미를 따른다"(Form follows fun)고 말한다. 두말할 나위 없이 재미는 오감에 직결되어 있다.[41]

---

41 놀이나 재미의 관점에서 도시공간을 재인식·재구성하려는 노력은 'DIY 어바니즘'(Do-It- Yourself urbanism) 혹은 '전술적 어바니즘'(tactical urbanism) 개념에 의해 활성화되고 있다(Lydon &

'보이지 않는 도시'의 또 다른 차원은 사회자본(social capital)이다. 장소기억과 마찬가지로 사회자본 역시 비물질적이고 비가시적이다. 사회자본의 중요성은 사회구성원이 협동적 행위를 하도록 유도하거나 촉진하는 데 있다. 일반적으로 사회자본은 세 가지 요소로 구분된다. 첫째는 구성원들 사이의 신뢰(trust)이다. 이는 공동체적 규범의 범주와 강도를 따지는 문화적 차원이다(Fukuyama, 1995). 둘째는 개인이나 집단을 형성시키는 관계 패턴으로서의 연결망(network)이다. 여기서 관건은 연결망의 강약과 개방 정도이다 (Bourdieu, 1984). 셋째는 시민참여다. 이는 공통 현안이나 공적 이슈에 대해 사회구성원들이 관심을 갖고 이를 실천에 옮기는 정도에 관련된다(Putnam, 2000).

전근대사회의 도시는 풍부한 사회자본을 바탕으로 도시 전체가 삶의 총체성을 확보하고 있던 것으로 알려진다. 멈포드(Mumford, 1961)는 근대 이후 도시를 비판하면서 근대 이전의 도시는 단순히 '지나가는'(move through) 공간이 아니라 '살아가는'(live in) 장소라 생각했다. 세넷(Sennett, 1992)은 전근대적 도시가 '장소와의 인연 맺기'

Garcia, 2015 참고). '게릴라 어바니즘'(guerilla urbanism)이나 팝업 어바니즘(Pop-up urbanism), 'LQC'(Light-Quick-Cheap urbanism) 개념도 이와 유사하다. 이들의 목적은 도시의 공공공간이 기존질서에 의해 과도하게 통제되고 있거나 특정 가치에 의해 전유되어 있다고 보고, 밑으로부터의 작은 저항운동을 통해 도시공간의 가치를 유동적으로 재창조하려는 것이다. 도로 위에 횡단보도를 무단으로 그리는 것, 로타리 한가운데 교통섬에 소파를 갖다 두는 것, 지하철 한 칸을 무단점령하고 파티를 여는 것, 씨앗폭탄을 투척하여 도로변에 식물이 마음대로 자라도록 하는 것 등이 그 보기이다.

(place marker)를 통한 '사회적 실천'(social practice)이 가능한 곳이라고 했다. 예컨대 고대 그리스인들은 신을 만나고 싶으면 언제라도 신전으로, 정치 현안을 논하고 싶으면 언제라도 회당(會堂)으로, 철학자와 토론하고 싶으면 언제라도 광장으로 가면 그 뜻이 이루어졌다. 그들은 이웃과 타인에게 자신이 해야 할 의무나 도리를 다하는 것을 진정한 삶의 태도로 여겼다. 세넷은 이를 '눈의 양심'(conscience of the eyes)이라 불렀다.[42]

세넷(1999: 13)은 오늘날 서구의 도시문명이 육체의 존엄성과 다양성을 제대로 살리지 못함으로써, "네 이웃을 네 몸과 같이 사랑하라"는 성경의 가르침을 제대로 실천하지 못하고 있다고 비판한다. 살(flesh)로 대변되는 인간의 몸과 돌(stone)로 지칭되는 도시의 건물이 조화를 유지했던 고대 아테네와는 달리 근대 도시계획은 "공간과 감각 혹은 공간과 인간 육체와의 긴밀한 연계를 놓쳐 버린" 것이다. 이는 공간에 의해 자극을 받기보다 그것을 뚫고 나가는 속도를 더 중시할 뿐 아니라, 공간적 저항으로부터 육체를 가급적 자유롭게 하는 데서 질서의 원천을 찾고자 하기 때문이라는 것이 세넷의 생각이다.

공간과 사회자본의 연관성은 민주주의에 대한 전망까지 이어질 수 있다. 도시형태(urban form)란 특정한 정치적 가치의 결과적 징표

---

42 물론 세넷도 인정했다시피 '눈의 양심'이 온전히 살아 있던 고대 그리스 도시국가로 돌아가긴 어렵다. 왜냐하면 그곳은 거대한 노예제에 의해 뒷받침되고 있었기 때문이다.

(symptom)일 수도 있고 의도적 상징(symbol)일 수도 있기 때문이다(Sonne, 2003: 29). 짐멜에 의하면 대칭형 도시형태는 대체로 독재체제에, 자유주의 국가는 비대칭형 도시형태에 가까운 경향이 있다(Sonne, 2003: 30 재인용). 아리스토텔레스 역시 "성채(acropolis) 중심의 도시는 과두정치나 군주정치에, 평지(plain)에 펼쳐진 도시는 민주주의에, 그리고 일련의 강건(剛堅)한 장소(a number of strong places)들로 구성된 도시는 귀족정치에 적합하다"고 주장했다(Aristotle, 1981). 여기서 '강건한 장소'란 오늘날 빗장 공동체와 비슷한 것인데, 이런 점에서 서울 강남의 상류층 주거단지를 보면 목하 한국 민주주의가 위험해지고 있다고 생각할 소지가 있다(전상인, 2012).

근대 도시계획은 도시공간의 사회자본을 약화시킨 측면이 있다. 그 까닭은 무엇보다 도시계획에 의해 보통 사람들의 일상생활이 수동화·피동화되기 때문이다. 드 세르토(de Certeau, 1984: 91-96)에 의하면 높은 곳에서 아래를 내려다보는 지배자나 계획가의 시선, 곧 '개념도시'(concept de ville)는 형식적 공간질서와 사람들의 일상적 경험 사이의 불일치를 초래한다. 기하학적 '계획도시'는 시각적이고 파노라마적인 이론적 구축물로서 살아 숨쉬는 인류학적 '사실도시'와 무관하다는 것이다. 또한 공간의 모든 데이터를 수평적으로 평준화하여 도시 내의 많은 실제 주체들을 무력화시키는 경향이 있다는 주장이다.

개념도시의 기하학적 공간에 대항하기 위한 전술로서 드 세르토가 제안하는 '일상적 실천'(everyday practice)은 걷기를 통한 '공간적 실천'(spatical practice)과 그것이 만들어 내는 '공간 이야기'(spatical stories)이다(de Certeau, 1984: 97-102). 드 세르토는 발화(發話, utterance) 행위가 언어를 구성하듯이 신체의 보행행위가 도시의 장소성을 구현한다고 생각한다. 곧 발화 행위가 언어 체계를 자기화(自己化)하듯, 보행자가 공간적 걷기를 실연하는 순간 주어진 도시계획의 목적을 무시하면서 가로나 광장 등을 자신의 감각으로 전유한다는 것이다. 말하자면 그것은 도시주민 스스로에 의한 도시주권 회복이다(장세룡, 2016: 49-57).

사회자본의 입장에서 근대적 도시계획을 가장 강력하게 비판한 이는 도시운동가이자 도시이론가인 제이콥스(2010)였다. 그녀는 오웬의 전원도시론, 르 코르뷔지에의 이상도시론, 버넘(Daniel Burnham)의 도시미화론 등 시각적 질서와 미학을 강조하는 근대 도시계획의 주류 계보를 신랄하게 비판했다. 제이콥스는 도시연구가 자연과학을 모방하고 공학적 접근을 추종하는 것에 부정적이었다. 특히 확률과 통계에 입각한 양적 연구방법은 도시에 대한 기계적 사고를 진작시켰을 뿐 아니라 도시문제를 인식하는 데 있어서 개인의 특질이 아닌 사회적 평균에 주목하게 만들었다는 것이다. 도시를 살아 있는 유기체로 인식한 제이콥스는 '생명과학으로서의 도시연구'를 역설했다. 사회자본에 관한 한 계획보다 무계획이 더 나을 수도 있다고 본 것은 이 때문이다.[43]

제이콥스는 도시의 진정한 가치가 다양성에 있다고 보면서 도시를 복잡한 질서가 작동하는 네트워크로 인식했다. 도시란 예술이 아니라 생활이며, 특히 "라인 댄스가 아니라 복합적인 발레"(제이콥스, 2010: 81)라는 것이 그녀의 생각이었다. 이를 위해 제이콥스는 좋은 도시를 위한 네 가지 조건을 제시했다. 첫째, 업무지구와 주거지역의 구분 없이 공간의 기능을 가급적 복합적으로 만들 것, 둘째, 블록을 짧게 해서 모퉁이를 돌 기회와 거리를 최대한 늘릴 것, 셋째, 건축연도와 상태가 다른 건물들을 서로 가까이 병존시킬 것, 넷째, 인구의 집중과 고밀을 통해 주거환경을 가급적 오밀조밀하게 할 것 등이다.

도시기억과 사회자본은 모든 도시가 필요로 하는 것이긴 하지만 이들의 구체적인 내용과 특성은 도시마다 다르고 또 달라야 한다. 그런데 우리 시대에는 모든 도시를 전국적으로 혹은 세계적으로 유사하게 만드는 '동질화의 힘'이 작동한다. 그 하나는 자동차 문명이고 다른 하나는 디지털 기술이다(골드버그, 2011: 252-262). 그리고 그와 같은 동질화의 힘 배후에는 근대적 도시계획의 전통과 관행이 강력히 남아 있다. 두말할 나위도 없이 여기에는 단순화와 가독성의 국가 프로젝트, 지배자 관점에서의 하향식 접근, 계획 강박증 등이 포

---

43 1980년대 학계에서 사회자본론이 등장하고 전파되기 훨씬 이전인 1960년대 초에 제이콥스는 다음과 같은 구절 속에 사회자본이라는 말을 이미 사용했다. "사람들의 연속성이 있는 동네 네트워크는 대체할 수 없는 도시의 사회적 자본이다"(제이콥스, 2010: 194-195).

함된다. 그리고 우리나라는 이러한 경향의 예외가 아니라, 오히려 그것의 전형을 보여 주고 있다.

예컨대 2007년에 법제화되어 2014년 1월 1일부터 전국적으로 전면 시행에 돌입한 '도로명주소법'은 여전히 자동차 중심이고 디지털 지향이다. 도로를 중심으로 공간을 관리하겠다는 발상, 방향에 맞춰 건물 순서대로 숫자를 부여하는 방식은 다분히 공학적이고 기계적이어서, 사람보다는 자동차와의 친화력이 높을 수밖에 없다. 기존의 지번주소가 찾아가기에 불편하다고 하지만 모바일기기의 보편적 확산에 따라 더 이상 큰 애로사항이 아닌 시대가 되었다. 또한 다가구주택이나 원룸의 경우 따로 신청하지 않으면 가구별 법정 주소가 없게 된다. 이는 국가의 인구 관리라는 측면에서도 심각한 문제를 야기할 수 있다.

예전의 우리나라 도시는 동네의 집합이었다. 가로가 만나고 합쳐 도시를 이루는 것이 아니라 크고 작은 동네들이 모여 하나의 도시를 만들었던 것이다. 그런 만큼 사는 동네 이름은 자신의 정체성을 대변하는 경우가 많았다. 휴대전화가 일반화되기 이전 사람들은 전화를 주고받을 때 "여기 대방동인데요"라든가 "거기 휘경동이죠?"라는 말로 통화를 시작하곤 했다. 지금도 우리가 택시를 탈 때 행선지로 대는 것은 주로 동네 이름이다. 그러나 도로명주소가 시행되면서 이제는 일상생활에서 동네 이름 자체가 사라지는 중이다. 동네 이름이 사라지면 동네가 사라지는 것이고 동네가 사라지면 도시

의 기억이 사라질까 두렵다.[44]

우리나라 도시의 현재와 미래와 관련하여 도로명주소보다 더욱 심각한 것은 IT시대와 관련된 첨단 디지털 도시담론이다. 우리나라는 2008년에 '유비쿼터스 도시의 건설 등에 대한 법률'을 제정한 세계 최초의, 그리고 세계 유일의 나라다. 물론 안전과 편리, 에너지, 친환경 등의 차원에서 U-City의 장점은 부정할 수 없다. 그러나 법률제정과 재정지원을 통해 전국의 모든 도시가 그렇게까지 천편일률적으로 획일화될 필요까지는 없지 않을까? 전 도시의 스마트화는 세계적으로도 유례가 없다. 게다가 U-City 도입과정에 도시의 주인인 시민에게 의견을 제대로 물었다는 기억도 없다.

IT 도시는 신자유주의 및 신유목사회에 대처하는 새로운 인구관리 내지 인간축적 전략으로 활용될 개연성이 없지 않다. 효율성, 합리성, 통제, 감시, 처벌, 질서, 규율, 기록, 계산, 표준화, 예측 등과 같은 '과학기술 유토피아'는 19세기 근대 도시계획으로부터 '감옥도시'의 그림자를 읽은 푸코를 떠올리게 만든다(전상인, 2010). 일찍이 푸코(1994: 440-441)가 우려한 것은 '완벽한 설계도'에 따른 도시공간의 '전략적 배치'였기 때문이다. 작금에 우리 사회에서 U-City 담론

---

44 이른바 '봉천동의 작가' 조경란(2013: 102)은 이러한 점을 이런 식으로 안타까워한다. "내 삶이 가장 뜨겁게 지나간 곳. 이것이 내가 지금껏 글을 써 왔으며 현재도 살고 있으나 이제는 쓸 수 없게 된 주소다. *서울시 관악구 봉천 10동 41-762 4통 2반.*" (이탤릭체는 본래부터) 현실적으로도 도로명주소 뒤에 기존의 지번 주소가 병기되는 경우가 많다. 예컨대 행정우편조차 "서울시 종로구 비봉길 92, 201호(구기동, 삼익빌라)"라는 식으로 수신처를 표기하는 것인데, 이럴 바에야 처음부터 왜 도로명주소를 도입했는지 이해하기 어렵다.

이 급부상하는 것은 국가주도의 공학위주 공공계획이 자신의 관성과 기득권을 연속하려는 노력으로 보인다. 정보화 시대 혹은 언필칭 제4차 산업혁명 시대를 맞아 과거 토건 국가 및 토건 시정이 '신장개업'을 모색하고 있다는 의혹을 차마 지우기 어려운 것이다(전상인, 2014).

스마트 도시 담론을 통해 우리는 효율성과 합리성이라는 명분하에 개인의 일거수일투족을 관리하고 통제하는 판옵티콘 통치 혹은 빅브라더 권력을 자초하고 있는지도 모른다. 하버마스(2001)는 20세기에 들어와 시장이나 관료제와 같은 '체계'(system)가 시민들의 공존, 대화 및 토론의 영역인 '생활세계'(lifeworld)를 질식시키고 있다고 비판한 적이 있다. 하지만 오늘날 디지털 문명은 '생활세계의 기술화'(technicization of the lifeworld)를 통해 모든 것을 '체계' 속에 다시 편입시키고 있다(마이어슨, 2003: 69, 83). IT체계의 일상화에 따라 살아 있는 유기체로서의 '생활세계'가 도시에서 빠른 속도로 사라지고 있는 듯한 불길한 예감이 엄습하는 상황이다. 최첨단 과학기술이 도시기억과 사회자본을 관리하고 통제하는 시대가 우리들 눈앞에 성큼 다가와 있다. 국가 주도 공간정책의 명분으로 말이다.

제 **4** 장

—

길

1. 길 위의 인간

인간은 식물이 아니라 동물이다. 그런 만큼 인간은 이동이 가능한 존재다. 정착생활을 시작하기 이전의 인간은 기본적으로 유목민이었다. 식물을 찾든, 동물을 쫓든 인류는 늘 먹거리를 따라 헤매는 존재였다. 말하자면 인류에게 이동은 생존의 조건이었다. 인류역사 300만 년을 되돌아보면 '호모 노마드'(Homo Nomad)가 정상이고 기본이었다. 최근의 정주시대 1만 년은 오히려 예외적인 기간이었다. 이런 점에서 우리 시대에 회자되는 '신유목주의'(Neo-Nomadism)는 인류가 본래의 유목상태로 원상 복귀하는 모습일지도 모른다(아탈리, 2005).

이동하는 존재로서의 인간 ― 그러나 인간은 아무 데나 아무 때나 아무렇게나 움직이는 것이 아니라 대개 미리 정해진 길을 따라 이동한다. 길은 자연스레 생겨나기도 하고 의도적으로 만들어지기도 한다. 전자의 경우는 발길이 닿는 습관에 의해 형성되는 것인데, 이는 다른 동물에 의해서도 가능한 일이다. 후자의 경우는 처음부터 계획적으로 조성되는 것인데, 이는 인간만이 하는 일이다. 동물의 길과 구분되는 인간 고유의 길은 인간만이 직립 능력을 확보한 결과라는 주장도 있다(강내희, 2016: 18-21). 어쨌든 짐멜(2005: 263-270)은 "길을 내는 작업은 말하자면 인간의 특별한 업적"이라 생각했다. 그에 따르면 "처음으로 두 개의 장소 사이에 길을 만든 사람은 인류의 가장 위대한 업적 중의 하나를 해낸 사람"이다.

무엇보다 길은 인간에게 "공간을 열어 준다"(볼노, 2011: 126). 길은 '자유'를 의미하는 넓은 공간, '불안'을 의미하는 낯선 공간, 그리고 '동경'을 의미하는 먼 공간에 이르는 방법으로 이해되어야 한다. 모든 공간의 시작은 다름 아닌 길이다. 지구 상에 어디를 가나 지표면에서의 왕래를 유발하고 일정한 경로로 유도하는 정해진 길, 그것은 "일종의 혈관계"이다(볼노, 2011: 127). 길은 공간의 '열림'으로 작동하기에 본질적으로 동적(動的)이다. "길은 명사라기보다 동사에 가깝다"는 작가 김훈(2015: 299)의 표현은 정곡을 찌른다.

길을 의미하는 한자에는 도(道)와 로(路)가 있다. '도'는 책받침 착(辶=辵)에 머리 수(首)가 더해진 것으로, 생각하는 사람이 서서히 간다는 의미다. 길은 생각하며 천천히 움직이라는 뜻인 것이다. 한편, '로'는 발[足]로 각각(各各) 걸어 다니는 곳이라는 뜻이다. 이처럼 한자 뜻으로 해석하면 길의 맨 처음 시작은 '혼자서' '천천히' '걷는' 공간이었을 것이다. 누군가 한 번 지나간다고 해서 반드시 길이 생기는 것은 아니다. 한 사람이 여러 번 다니고 다른 사람들도 그 길을 따라 이용하면서 비로소 길은 탄생하는 법이다. 그것은 사람들의 발길에 의해 다져진 길로서, 발길이 전혀 혹은 별로 닿지 않은 곳보다 익숙하고 편하다.

길과 도로는 서로 같기도 하고 다르기도 하다. 일반적으로 길이라고 하면 사람이 걸어 다니는 모습을 떠올리기 쉽고, 도로라고 하면 자동차가 달리는 광경을 연상하기 쉽다. 하지만 현실에서 그와 같은 구분은 의미가 없다. 우리말 사전은 길을 "사람이나 동물 또는 자동차 따위가 지나갈 수 있게 땅 위에 낸 일정한 너비의 공간"으로 폭넓게 정의한다(국립국어원 〈표준국어대사전〉). 한자 말 도로의 경우도 마찬가지다. 법률적으로 도로는 보행길, 자전거 길, 자동차 길을 모두 포함한다. 사전에 따르면 길과 도로는 같은 말이다.

하지만 길과 도로는 서로 구분되기도 한다. 길은 상대적으로 자연스럽게 생겨난 것이다. 물론 처음 만들어질 때나 이용자를 늘리는 과정에서 사람의 손길이 전혀 가세하지 않았을 리는 없지만 말이다. 하지만 통행량이 계속 증가하면 길에 대한 요구도 늘어날 수밖에 없다. 그러면 기존의 상태로는 더 이상 감당하기 어려워 인위적인 확충이 필요해진다. 이때 길은 도로가 된다. 아니면 특정 목적에 따라 처음부터 의도적으로 길을 새로 건설할 수도 있다. 이때에도 그것은 길보다는 도로에 가깝다.

도로는 길의 한 종류이긴 하지만 계획 및 인공적 측면이 두드러진다는 점에서는 길과 차별화된다. "도로는 당초 밀착해 있던 지형에서 점차 벗어나 경관에 개입하면서 그것을 인간의 조형 의지에 종속시킨다"는 말은 이런 의미일 것이다(볼노, 2011: 128). 말하자면 길과 달리 도로는 자연의 정복자 혹은 지배자가 되는 경향이 있다. 볼노에 의하면 "인간은 처음에 주택 건설자였으나 그에 못지않게 도로 건설자"이다. 그는 인간과 동물의 차이를 이 지점에서 찾는다. 비록 동물들도 이동 경로는 갖고 있긴 하지만 "계획적으로 도로를 건설하는 존재는 인간뿐"이라는 것이다(볼노, 2011: 128).

길이 인간의 생존조건이었다면 도로는 인류 문명의 원동력이자 동반자였다. 인간의 생활터전이 도시나 국가 등으로 공간적 규모를 확산하면서 도로는 양적인 차원에서는 물론 질적인 측면에서 크게 발달하였다. 거시적으로 보면 도로는 도시의 성장과 상응했고 국가의 발전과 비례하는 경향을 보인다. 도시에서나 국가에서나 "도로는 다른 모든 기반시설들의 기반시설"로서, "지구 상에서 인간이 만든 가장 커다란 인공물 가운데 하나"가 되었다(코노버, 2011: 11).

특히 19세기에는 산업혁명의 후속타에 해당하는 교통혁명 내지 수송혁명이 도로상에서는 물론 공중, 해상, 지하, 수중 등에서 동시다발로 일어났다.[01] 새로운 이동 통로와 운송 수단이 속속 등장하면서 전통적 의미의 길은 점차 사라지는 운명에 처하게 되었다. 어쩌면 길이라는 개념 자체가 시나브로 우리 주변에서 잊히고 있다. 교통이라는 말이 길이라는 말을 빠르게 대체하고 있기 때문이다. 길

---

01 19세기 교통혁명의 문학적 결실 가운데 하나는 프랑스 소설가 쥘 베른(Jules Verne)이 1872년에 쓴 『80일간의 세계일주』다. 이 작품은 교통 및 통신의 발달에 의한 공간의 압축이라는 의미와 더불어 계획에 따른 예측가능한 삶이 열리기 시작했다는 점을 말해준다.

이 궁금하고 길이 문제라기보다, 교통이 궁금하고 교통이 문제라고 다들 말하지 않는가? 언제부턴가 우리는 교통경찰과 교통방송이 생활의 일부가 된 세상에 살고 있다. 이와 같은 모든 일상의 변화가 바로 근대 교통혁명의 결과다.

그런데 잃어버린 길을 재발견하고 재인식하려는 노력이 요 근래 부쩍 활발해지고 있다. 골목길이 그 경우고, 올레길도 그 사례다. 과거에 비해 월등히 넓어지고 길어지고 빨라지고 편리해진 근대 교통 및 수송체제에 대하여 길의 담론을 앞세운 반성과 성찰의 목소리가 높아지고 있는 것이다. 모르긴 몰라도 이는 길에 내재된 본연의 이중적 의미 탓이 아닐까 싶다. 길이란 한편으로는 이동과 통행을 위한 물리적 공간이지만 다른 한편으로는 삶의 지혜와 가치를 교감하는 사회문화적 표현이기도 한 것이다.

개념적으로도 길은 반드시 물리적 공간을 지칭하지 않는다. 우선 길에는 '방도'(方途)라는 뜻이 있다. "무슨 길이 없을까?"라든가 "손 쓸 길이 없다"라고 할 때의 길 말이다. '좋은 길', '옳은 길', '나쁜 길'과 같은 말에서는 길이 선택이나 결정의 의미를 담고 있다. 인생살이를 길을 가는 과정에 비유하는 경우도 많다. 가수 최희준이 부른 '인생은 나그네 길'이라는 대중가요가 대표적이다. 길은 사람으로서 마땅히 취해야 할 심성이나 행위를 의미하기도 한다.

한자에서 길 도(道) 자는 "사람으로서의 도리" 혹은 "깨달음의 경지"를 말할 때가 있다. 성경 〈요한복음〉에서 예수는 "나는 길이요,

진리요, 생명"이라고 말했다. 이때도 길은 구체적인 차원에서의 공간이 아니라 추상적인 수준에서의 진리이고 생명이라는 뜻이다. 우리나라 속담에는 "길이 아니면 가지를 말라"고 했다. 길은 곧 삶의 바른 목표라는 의미다. "길을 막고 물어보라"는 말은 있지만 "도로를 막고 물어보라"는 말이 없는 것은 만약 도로가 물질적인 것이라면, 길은 정신적인 것이라는 사실을 함의하기 때문이 아닐까?

길이 이처럼 물리적 기능과 철학적 함의를 동시에 내포하게 된 것은 길의 역사적 탄생 및 발달 과정과 무관하지 않다. 길에 대한 인문학적 사고가 풍경 공동체의 시각에서 논의되는 것은 이런 연유에서다. 볼노(2011: 134)에 의하면 "길이라는 현상은 풍경으로 전환된 인간의 의도이자 초월적인 목표설정의 구현"이다. 작가 김훈(2014: 299)은 "길은 이곳과 저곳을 잇는 통로일 뿐 아니라 여기서부터 저기까지의 모든 구부러짐과 풍경을 거느린다"고 썼다. 그리고 그와 같은 풍경은 역사적이다. 그는 "길은 생로병사의 모습을 닮아있다. 진행 중인 한 시점이 모든 과정에 닿아 있고, 태어남 안에 이미 죽음과 병듦이 포함되어 있다"고 덧붙였다.

"내가 이 길을 걷는다고 하는 것은 내가 바로 이 길의 역사에 편입되는 것이다. 이것이야말로 땅에 사는 사람들에게 가장 평범하고 자연스러운 일이다. 그러면서도 의미 깊은 일인 것이다 ⋯ 길을 의미 깊은 '그림일기'(figurative journal)라고 부르는 이유는 어떤 길목에서 할아버지가 보던 풍경을 똑같이 아버지가 바라보았고, 나 또한 같은 풍경을 바라볼 수 있다는 것을 의미하기 때문이다. 이것은 위대한 사건이자 역사다. 동일한 풍경을 동일한 지점에서 바라볼 수 있도록 길은 풍경을 기록, 보존, 저장한다. 홈 파인 레코드판이 소리를 저장하듯 말이다. 그래서 사회학자, 인류학자들은 이렇게 오래된 길들을 그림일기라고 부르는 것이다." 이는 건축가 정기용(2008: 295)의 말이다.

그리고 그 길 위에서 사람들은 삶을 가르치기도 했고 인생을 배우기도 했다. 그때에 비해 오늘날의 길은 양적으로 너무나 많아지고 길어졌고 질적으로 크게 빨라지고 편해졌다. 하지만 그와 동시에 언제부턴가 우리는 길의 또 다른 효능과 가치를 망각하거나 포기해 왔는지 모른다. 혹시 지금 우리는 길의 홍수 혹은 범람 속에 오히려 길 없는 시대를 살고 있지는 않을까? 아니면 길 위에서 길을 잃어버리거나 길 앞에서 길을 못 보는 시대를 살고 있지는 않을까? 길의 인문사회학적 입지가 열리는 곳은 바로 이 대목이다.

2. 문명과 교통

미국의 시인 소로(Henry D. Thoreau, 2013: 137)에 의하면 "마을이란, 강줄기가 모여 큰 호수가 이루듯, 길이 모여 이루어진 곳"이다. 이처럼 집이 아무리 많아도 길이 없다면 마을은 생겨날 수 없다. 마을에 필요한 것이 길이라면, 상대적으로 도로는 도시가 필요로 하는 것이다. 만일 도시가 인류 문명의 보고였다면 그것은 도로의 발달 없이 불가능한 일이었다. 만약 근대 서구문명을 근대국가가 주도하였다면, 그것은 일련의 교통혁명 없이 달성하기 어려운 일이었다. 지금까지 인류가 걸어온 문명의 역정에는 길, 도로 혹은 교통의 역할이 늘 함께 있었다.

도시성장이 도로발전을 동반하는 것은 기본적으로 도시의 생존 본능 때문이다. 이는 도시가 무엇보다 사회적 분업의 공간이라는 사실에서 출발한다. 자기 집 주변에서 농사를 지으며 자급자족을 원칙으로 삼았던 농촌과는 달리 도시생활에서는 각자 직업이 다르다. 직장과 주거가 분리되어 있는 데다가, 생산과 소비 또한 같은 곳에서 이루어지지 않는다. 그만큼 이동과 유통은 도시생활에서 필수적이다. 또한 도시는 식량이나 물, 에너지 등의 측면에서 자립적이지 않다. 따라서 외부와 연결되는 안정적이고도 효율적인 도로체계는 도시의 생존과 사활이 걸린 문제다.

한 걸음 더 나아가 도로를 포함한 전반적인 교통 시스템은 국력과 정비례하는 경향이 있다. "모든 길은 로마로 통한다"는 말처럼 기원 전 로마제국이 구가했던 힘의 원천 가운데 하나는 오늘날의 고속도로에 해당하는 수많은 가도(街道)였다. 아닌 게 아니라 "도로 건설의 위대한 스승은 로마인들이었다"(볼노, 2011: 128). 이와 관련하여 시오노 나나미(1995b: 24, 75-77)는 비록 도로 자체는 로마인의 발명품이 아니지만 도로를 네트워크화하고 게다가 그 관리를 항상 잊지 않고 실행한 것은 완전히 로마인의 독창이라고 설명한다. 로마 제국이 가도 건설을 국가적인 차원에서 얼마나 중시했는지를 극적으로 알려 주는 대목은 원래 전쟁에서 이기고 돌아온 장군과 병사들을 환영하기 위해 창안된 로마 고유의 건축양식인 개선문이 가도나 교량을 성공적으로 건설한 황제에게도 바쳐졌다는 사실이다. 로마에서 제국 끝까지 방사형으로 뻗어 나간 8만km 가도의 효율적인 기동력 덕분에 로마제국은 불과 60만 명의 상비군만으로도 세계를 지배할 수 있었고 오랫동안 번영을 지속할 수 있었다. 사람이 로마 가도를 이용하는 것보다 더 빠른 속도로 목적지에 도달할 수 있게 된 것은 철도가 보급된 19세기 중엽부터였다(시오노 나나미. 1995b: 29).

근대국가 건설과정에서도 전국적 교통망의 효과적인 구축은 필수적이었다. 이때 도로는 "정부와 도시를 위해 구상되었으며 … 일반 사람들의 습관이나 수요와 아무런 상관이 없었다 … 행정적 고속도로라고 부른 길들은 군대가 행진하거나 세금이 국고(國庫)로 이동하는 데 사용하기 위해 만들어졌다"(스콧, 2010: 128). 세계화의 팽창 과정에서도 원거리 교통망의 역할이 절대적이었다. 제국주의 시대 초기 '해양 제국주의'(overseas imperialism)의 도구가 해로(海路)였다면, 후기 '대륙 제국주의'(continental imperialism)의 수단은 철로였다(Arendt, 1951: 222-225). 아우토반(Autobahn) 없는 히틀러의 독일 제3제국을 상상할 수 없듯이, 전후 미국 패권주의 또한 주간(州間) 고속도로(Interstate Highway)를 빼놓고는 생각하기 어렵다(Kay, 1998). 오늘날 중국의 이른바 '일대일로'(一帶一路, One Belt, One Road) 프로젝트는 '팍스차이나'(Pax China) 시대의 신호탄이다.

근대 교통혁명은 과거와는 뚜렷이 구분되는 이동경관을 드러낸다. 우선 차선이나 선로의 증가 등을 통한 광폭화가 진행되었다. 전국토나 전 세계로 뻗어나가는 노선의 광역화도 크게 눈에 띄는 변화다. 고속도로나 고속철도 등에 의한 이동의 가속화나 땅속, 하늘, 바다 위, 수중 등으로 확산되는 이동 수단의 다변화 또한 간과할 수 없는 중대한 차이점이다. 게다가 근대 교통체제는 전국적으로는 물론 전 지구적으로도 점차 표준화되는 추세다. 교통문화에 관한 한 세계 어디를 가더라도 큰 차이가 없는 시대가 되었다. 통행이 우측이냐 좌측이냐에 다소 차이가 있긴 하지만 해외여행 길에서 교통안내나 교통신호를 이해하는 데 치명적인 어려움을 겪지 않는 것은 이 때문이다.

그렇다면 인류가 근대 이후 이러한 길의 혁명적 변화를 경험하게 된 배경은 무엇인가? 무릇 세상이 바뀌면 공간이 달라지고, 공간이 바뀌면 길에 대한 관념도 당연히 달라지는 법이다. 그런 만큼 이 문제는 근대 서구문명의 주역으로 한 시대를 풍미한 근대국가의 공간인식 및 공간계획과 긴밀히 연관되어 있는 것으로 보아야 한다. 오늘날과 같은 형태의 교통시스템은 계몽주의적이며 공리주의적인 근대국가가 시도한 '국가처럼 보기'의 공간적 실천에 해당한다.

물론 근대국가의 형성 이전에도 모든 통치와 지배행위는 공간적 이동에 관련된 일에 예민하지 않을 수 없다. 이는 근원적으로 인간의 유목성과 정착성에 관한 이슈이다. 한편으로 인간에게는 유목 본성이 있어 공간적 경계와 구속을 벗어나려는 경향이 있다(들뢰즈·가타리, 2003). 그러나 다른 한편으로 동서고금을 막론하고 모든 정치권력은 비정착 유목민을 가만두지 못한다. 국가가 "늘 '돌아다니는 사람들'의 적(敵)처럼" 보이는 것은 이 때문이다(스콧, 2010: 19-20). 하지만 이동하는 사람들을 항구적으로 정착화하려는 노력은 영원히 반복될 수밖에 없는 국가적 과제인데, 이는 정착화가 완전히 성공하는 경우가 드물기 때문이다. 이런 점에서 이른바 '길의 정치학'은 인간의 유목 본능과 권력의 통제 기획 사이 어디쯤에 위치하는 것으로 생각할 수 있다.

지배권력의 입장에서 길의 발달은 '양날의 칼'과 같은 것이다. 좋게 보면 길의 확장과 발전은 공간적 지배의 실효성 강화를 뜻한다. 하지만 그것은 지정학적 불안이나 위협 요인이 되어 부메랑으로 돌아올 수도 있다.[02] 전통사회에서 도로 닦기를 일부러 기피한 측면이

02 표면적으로 교통 인프라의 발전은 지배권력의 통치력을 강화하는 것으로 보인다. 예컨대 오스만의 파리 대개조 사업 때 닦여진 대로(大路)는 1871년 정부군이 파리코뮌을 진압하는 과정에서 지대한 공헌을 세웠다(하비, 2005: 443-484). 한국전쟁 발발 직전 지리산 일대에서 활동 중이던 남한 내 빨치산 세력이 군경(軍警)에게 비교적 쉽게 소탕당하게 된 이유 가운데 하나로 일제가 한반도에 보급했던 효율적 철도망을 지목하는 것도 같은 맥락이다(Cumings, 1981: 15-16). 철도 부설이 저조했던 중국과 베트남에서는 한반도에 비해 공산주의 게릴라 활동이 훨씬 더 장기간 지속될 수 있었다. 하지만 권력과 교통 사이의 상호관계는 이보다 더 복잡할 때가 많다. 파리 대개조 사업의 핵심 가운데 하나는 1848년 혁명의 전철을 되풀이하지 않기 위해 프롤레타리아계급을 도

많은 것은 이 때문이다. 길이 없는 편이 안전하다는, 곧 '무도즉안전'(無道則安全) 의식은 우리나라의 경우가 특히 두드러졌다.[03] 이에 비해 13세기 몽고제국의 영웅 징키스칸은 "성을 쌓는 자는 망하고 길을 닦는 자는 흥하리라"는 7세기 돌궐제국의 명장 톤유쿠크(Tonyuquq)의 말을 좋아했다고 한다. 권력자가 처한 현실에서 성과 길 사이에 막상 무엇을 택할 것인가는 그리 간단한 문제가 아닐 것이다.

시 외곽으로 분산하는 것이었다. 그리고 20세기 초에 개통되기 시작한 파리 메트로는 파리 시민을 공간적으로 통합하려는 목적을 담고 있었다. 사회주의자들이 처음부터 파리 메트로 프로젝트를 지지한 것도 이 때문이었다. 아닌 게 아니라 파리 메트로는 공공 공간의 민주성에 관련하여 의의가 결코 적지 않다. 그 하나는 누구라도 어디서나 400m 정도만 걸으면 메트로를 이용할 수 있다는 접근성이고 또 다른 하나는 항공기나 기차, 선박 등과는 달리 지하철에는 칸별 계급 구분이 없다는 사실 때문이다(Sage, 2012 참조). "1789년 프랑스혁명의 정신을 가장 잘 드러내고 있는 듯하다"는 주장이나 "철도와 공화정을 융합한 민주주의"라는 표현은 모두 파리 메트로를 두고 하는 말이다(Conley, 2002: 90). 한 걸음 더 나아가 지하철 대중교통망의 발전은 프랑스의 정치적 지형에 영향을 미치기도 했다. 1920년대 이후 지하철에 의해 탄생한 파리 동북부 교외 지역은 프랑스 공산당의 지역적 기반인 이른바 '파리 적색 벨트'(Paris red belt)의 핵심 거점이 되었다(Stovall, 1990 참조). 파리 대개조 사업이나 파리 메트로 프로젝트의 숨은 의도는 노동자계급이나 민중들을 공간적으로 분산하고 통제하는 것이었지만, 의도하지 않은 결과로 나타난 것은 좌파 정치의 재집결과 세력화였다. 이와 같은 지하철의 정치적 효과는 우리나라의 경우에도 도시계획의 측면에서 적지 않은 생각거리를 제공한다. 최근 서울 도심에서 일상화하고 있는 대규모 촛불시위가 그렇다. 특히 2016년 연말 박근혜 대통령 탄핵에 관련하여 주말 저녁마다 주최 측 추산 100만 명 이상이 모일 때가 많았는데, 이는 대체로 그 무렵 서울 도심 12개 지하철역 승하차 인원수와 비슷했다(한겨레 2016.11.27). 지하철을 이용하는 촛불시위 참가자들이 절대적으로 많다는 의미다. 서울은 대규모 도심시위에 매우 유리한 도시공간이다(함재봉·고명현, 2008 참조). 서울 및 수도권 지하철은 연결이 촘촘할 뿐 아니라 서비스도 양질이고 가격도 저렴한 편이다. 선진국 대도시에 비해 서울은 시위참가를 위한 경제적, 시간적 부담이 현저히 적다는 뜻이다. 지하철과 도심시위와의 친화력은 서울에 처음 지하철을 도입할 당시 정부가 예상했던 바가 결코 아니었을 것이다.

03 조선조 숙종은 "치도(治道)는 병가지대기(兵家之大忌)", 곧 길 닦기는 군사적으로 반드시 피할 일이라고 말했다. 조선시대의 길은 대부분 수레를 이용할 수 없어 걸어 다녀야만 했다. "서울 가는 데는 눈썹도 무겁다"라는 속담이 이를 방증한다. 다리의 경우도 형편이 없었다. 냇가의 경우 지주목을 박아 그 위에 판자 같은 것을 놓고 흙으로 덮은 것이 대부분이었고, 하천의 경우 큰 돌을 놓아 만든 징검다리가 고작이었다(김의원, 1984: 62-66, 104).

거시적으로 볼 때 근대사회의 시대정신은 성을 쌓는 대신 길을 닦는 쪽으로 방향을 정했다. 무엇보다 근대국가는 합리적·법적 권위(rational-legal authority)에 입각한 정치체제이기 때문이다. 근대국가 이전까지 무력(武力)과 덕치(德治)만으로 권력의 획득 및 유지가 가능했다면, 근대국가에서는 성과와 업적에 대한 국민적 평가가 정당성의 핵심 요소가 되었다. 근대국가는 존재 이유를 국리민복(國利民福) 증진에서 찾아야만 했던 것이다. 그리고 그 과정에서 교통 인프라는 국가의 주요 과제로 부상할 수밖에 없었다. 더욱이 교통 관련 기반시설은 가시적이고 과시적이라는 측면에서도 지배권력에게는 치명적인 매력이다. 다른 것들에 비해 교통 인프라는 '일하는 국가'의 모습을 가장 효과적으로 보여 준다.

근대국가의 또 다른 특징은 영토국가(territorial state)라는 점이다. 따라서 도로 사업에는 원천적으로 정치성이 개입될 수밖에 없다. 들뢰즈·가타리(2003: 741)에 의하면 "국가의 기본적인 임무 가운데 하나는 지배가 미치고 있는 공간에 홈을 파는 것", 곧 길을 만드는 일이다. 국가의 통치는 "온갖 종류의 흐름을, 즉 인구, 상품 또는 상업, 자금 또는 자본 등의 흐름을 어디서라도 포획하는 과정과 분리될 수 없기 때문"이다. 따라서 "유목주의를 정복할 뿐 아니라 이민을 관리하고, 나아가 '외부' 전체에 권리의 공간을 관철하고 여러 흐름을 법의 지배에 관철시키는 것은 각 국가에게 사활이 걸린 문제"가 된다. 국가의 영토적 통합에 있어서 교통의 중요성은 아무리 강

조해도 지나치지 않다.[04]

'폴리스(polis) 대 노마드(nomad)'라는 이분법을 통해 들뢰즈·가타리(2003: 741-742)는 폴리스를 국가권력의 존재 이유, 곧 통제와 관리에 등치시킨다.[05] 그리고 이들이 말하는 '공간에 홈 파기', 곧 도로의 건설은 통치의 필수장치다. 국가의 입장에서 홈이 없이 '매끈한 공간', 예컨대 사막이나 바다, 초원 등은 '노마드'(nomad), 곧 유목과 탈주의 공간을 의미한다. 따라서 근대국가는 정해진 공간에서만 이동하도록 하고, 방향을 조절하고, 속도를 통제한다는 의미에서 "도로 관리자, 방향전환기 또는 인터체인지"이다(들뢰즈·가타리, 2003: 742). 요컨대 국가란 "공간의 이동기계를 만드는 엔지니어"다.

근대국가는 국가체계 속의 지정학적 행위자이다. 국가는 대내적으로 무력을 독점한 상황에서 대외적으로는 다른 국가와 경쟁을 벌

---

04 초기의 철도 역사가 이를 웅변한다. 비엔나 회의의 결과로 출범한 '독일연방'은 그때만 해도 다수 영주국의 연합체에 불과했다. 이때 튀빙겐대학 경제학 교수 리스트(Friedrich List)는 독일의 정치적 분열이 빈곤에서 유래한다고 판단하여 장거리 철도 부설을 통한 독일 경제의 부흥을 제안했다. 하지만 내용이 너무 과격하다는 이유로 그는 미국으로 추방되기도 했다. 리스트의 귀국 이후 독일 철도시스템이 마침내 구축되었고 특히 1838년 프러시아철도법 제정을 통해 독일은 급속한 국가경제의 성장을 이룩했다. 1870년대 모든 철도를 국영체제로 운영한 프로이센 총리 비스마르크(Otto von Bismarck)는 철도를 독일 통일을 향한 정치 파트너로 활용했다(김천환, "영국을 달군 철도광풍," 〈KTX 매거진〉 2008년 5월호). 미국의 20대 대통령 제임스 가필드(James Garfield)는 "기차야말로 가장 큰 중앙집권의 힘"이라고 말했다. 1881년 2월에 취임한 그는 그해 7월 공교롭게도 워싱턴 철도역 대합실에서 암살되었다(손민두, "기차, 근대정치를 바꾸다," 〈KTX 매거진〉 2013년 8월호).

05 이때 폴리스는 오늘날의 경찰이나 공안 그 이상의 의미다. 푸코(2011: 421-426)는 폴리스를 '내치'(內治)의 뜻으로 사용했는데, 그것은 "적절한 국가질서를 유지하면서 국력을 증강할 수 있는 수단들의 총체" 혹은 "국내질서와 국력증강 사이의 동적이지만 안정적이고 제어 가능한 관계를 확립할 수 있게 해 주는 계산과 기술"로 정의된다.

이는 '전쟁기계'(war machine)다. 여기에는 실제 전쟁상태뿐만 아니라 전쟁을 준비하고 대비한다는 점도 포함된다. 전쟁기계로서 국가권력에게 중요한 것은 기동력 확보다. 속도를 통해 공간과 시간이 동시에 단축될 수 있기 때문이다. 비릴리오(2004: 117, 271-275)는 이를 '역사의 가속화' 혹은 '공간의 축소화'라고 표현하였는데, 그에 의하면 근대국가는 기본적으로 공간정복을 위해 이동속도를 경쟁무기로 삼는 '질주정'(疾走政, dromocratie)이다.[06] 혹은 근대국가는 "도로를 통해서 전체주의 국가가 된다."

여기에 덧붙여 근대국가는 자본주의 국가라는 점도 중요하다. 지배권력은 자본 혹은 자본가의 이익으로부터 자유로울 수 없다. 자본가계급에게 공간은 자본회전과 상품순환을 방해하거나 감속시키는 장애물이다. 따라서 시간에 의한 공간의 축소나 절멸은 자본축적의 성패가 걸린 문제다(하비, 1994; Giddens, 1990 등 참고).[07] 시·공간을 압축하는 데 있어서 가장 효과적인 것은 두말할 나위 없이 교통의 발전이다. 자본축적에 기여한다는 의미에서 도로나 철도 등을 '사회간접자본'(Social Overhead Capital)으로 분류하는 것은 이 때문이다. 사회간접자본은 개인직접생산자본(Directly Produced Capital)과 달

---

06 자유롭고 빠른 이동을 특징으로 하는 유목론(nomadology)이 전쟁기계로서 효율성을 확보하는 것도 같은 맥락이다(Deleuze and Guattari, 1986). 들뢰즈와 가타리에 의하면 외형상 국가기구는 전쟁기계인데, 그것은 정착민이 아닌 유목민의 발명품이다.

07 자본주의의 역사를 생산양식이 아닌 교환양식의 관점에서 다시 써야 한다는 주장도 이런 맥락을 공유한다. 이때 교환이란 보다 넓은 의미에서의 교통, 곧 인간과 자연의 관계와 인간과 인간의 관계 전반이다(가라타니, 2012: 48-52).

리 투자소요량이 방대하고 투자의 회임기간이 길기 때문에 국가가 소유하거나 관리하는 경우가 많다.

　교통은 사람들의 생활패턴을 크게 바꿔놓았다. 그 가운데 대표적인 것이 출퇴근 행위의 보편화이다. 각종 교통수단의 발전에 따라 일터와 거주지는 보다 확실히 구분되었고, "아궁이와 사냥터를 분리하는 열망"은 19세기 이후 당연하거나 바람직스러운 것으로 받아들여졌다(게이틀리, 2016: 20-21). 교통혁명 이후 나라 전체가 분주히 움직이게 되었을 뿐 아니라, 집을 떠나 사무실이나 공장에서 일하게 되면서부터 사람들의 행동과 옷차림에도 큰 변화가 생겼다. 그것은 일상 언어에도 영향을 주어 언제부턴가 '탈선하다'(going off the rails), '옳은 노선을 지키다'(on the right lines)와 같은 표현이 사람의 감정과 정신 상태를 표현하는 데 사용되기 시작했다(게이틀리, 2016: 50).

　19세기 중반 나폴레옹 3세가 주도한 오스망의 파리 대개조 사업이 그 핵심을 중세식 골목의 정비와 사통팔달의 대로(大路) 건설에 두었다는 사실은 근대국가와 교통혁명 사이의 역사적 친화성을 상징적으로 보여 준다. 이에 비해 우리나라는 도로 만들기의 필요성을 먼저 자각하지 못한 경우였다. 우리가 이른바 '치도'(治道)의 중요성을 인식한 것은 조선이 제국주의 열강의 침략 앞에 노출되면서부터다. 여기에 앞장 선 인물들은 개화파였다. 대표적으로 『치도약론』과 『치도규칙(治道規則)』을 쓴 김옥균을 손꼽을 수 있다. 『치도약론』에서 김옥균은 이렇게 썼다. "(구미)각국의 절실하고 중요한 정치와 기술을 찾아보면 첫째는 위생, 둘째는 농상, 셋째는 도로이다 … 우리나라는 관공서에서 민간에 이르기까지 뜰은 수렁을 이루고, 길은 시궁창이 되어 썩은 냄새가 사람을 핍박하여 코를 가리고도 견딜 수 없으니 실로 외국의 웃음거리가 되기 충분하다"(김윤희, 2014: 206 재인용).[08]

그리고 이런 치도 계획은 마침내 대한제국기 고종의 '국토개발계획'으로 이어졌다. 고종은 전국적 철도망 건설과 서울시내 도로망 개조 사업을 자주적 근대화의 중요 과제로 설정했다(이태진, 1997). 일제는 이른바 '대륙 제국주의'의 전형으로서 한반도 식민지배를 위해 철도 부설에 진력했다. 우리나라 철도의 기본 골격은 식민지 시대에 거의 다 완성되었다. 1960년대 국가주도 경제개발 과정에서 도로 건설에 박차가 가해졌고, 특히 1970년대 이후 고속도로 시대가 막을 올렸다. 고속도로는 일제시대에 진행된 철도건설 사업에 대한 정치적 차별화를 시도하면서 압축성장 시대 '고속'에 대한 국가 지도자의 열망을 담은 것이었다(김한상, 2010: 188-206). 주목할 것은 그 과정에서 길 만들기를 일종의 대국민 선정(善政)으로 인식하는 경향이 만연했다는 점인데, 도로 '보급'률이라든가 고속도로 및 고속철도 '수혜'지역이라는 행정용어가 그 단적인 예다.

---

08 당시 〈독립신문〉도 다음과 같은 사설을 실었다. "길이 좋아지면 동리가 정비되고 사람들의 병도 적게 날 것이다 … 길이 평평하면 사람과 우마가 쉽게 다닐 것이니 물건을 운반하기에 힘이 덜 들 것이며, 운반비 하락은 물가 하락을, 물가 하락은 구매 촉진을 유발할 것이니 … 길 고치는 것이 부국의 근본이다"(김윤희, 2014: 210-211 재인용).

3. 기차와 철도, 지하철

산업혁명 이후 근대화 과정에서 길은 양과 질의 측면에서 공히 상전벽해(桑田碧海)의 경험을 했다. 다양화, 광폭화, 속도화, 광역화, 표준화 등을 주요 골자로 한 근대 교통혁명은 육상, 해상, 공중 등 거의 모든 영역에서 진행되었는데, 그것을 선도한 것은 다름 아닌 철도였다. 어리(2014: 182)는 이와 같은 사실을 "근대성이 출현한 중심에는 철도 시스템이 존재한다"는 말로 요약하였다. 산업화 이전의 교통수단이 자연의 외양을 모방한 것에 불과했다는 사실을 감안할 경우 철도의 등장은 인류 문명사에 있어서 실로 역사적인 사건이었다(쉬벨부쉬, 1999).

철도와 유사한 구조를 가진 운송도구가 등장한 것은 16세기의 일이지만, 증기와 같은 기계력이 사용되기 시작한 것은 산업혁명기 영국에서였다. 1814년 스티븐슨(George Stephenson)의 증기기관차 발명이 결정적인 계기였다. '철도의 아버지'라 불리는 스티븐슨은 1823년 뉴캐슬(New Castle)에 세계 최초로 기관차 공장을 설립하고 이듬해에는 스톡턴(Stockton)-달링턴(Darlington) 구간에 여객용 철도를 부설하였다. 영국에서 등장한 철도는 19세기에 유럽 전역에 보급되었고, 북미대륙에는 19세기 후반, 그리고 아시아, 아프리카, 남미 지역에는 20세기 초반 무렵에 전파되었다. 이렇듯 철도는 짧은 시간 동안 범세계적 교통수단으로 퍼져 나갔다.

철도는 일정한 부지를 점유하고 레일과 침목, 자갈 등으로 구성되는 궤도에서 기계적 동력을 이용하는 차량을 운전하여 여객이나 화물을 운반하는 육상의 교통수단을 의미한다. 이처럼 철도는 "이동을 기계화한 최초의 시스템"이다(어리, 2014: 181). 철도의 핵심 구성요소는 철도와 그 위를 달리는 차량인데, 이 두 가지는 "나눌 수 없는 단일체"이다. 곧 "차량과 길을 기계로 통일"한 것이 바로 철도다(쉬벨부쉬, 1999: 30).

"발사체의 폭력적 힘"으로 움직이는 철도는 "매끈함, 견고함, 평탄함, 직선"이라는 네 가지 특성을 가진다(쉬벨부쉬, 1999: 33). 그리고 시간이 지나감에 따라 사람들은 이동의 기계적인 규칙성을 새로운 자연의 일부로 인식하기 시작했다.[09] 철도를 통해 인간과 기계가 강렬하고 지속적인 관계에 돌입하면서 말과 같은 가축의 동력이 오히려 위험스러운 혼란으로 여겨지기까지 했다(쉬벨부쉬, 1999: 25). 그러나 자연을 위험으로 인식하고 기계를 자연으로 수용하는 인류의 초기 근대성 경험은 인간의 삶에 있어서 일종의 '파우스트적 거래'(Faustian bargain)를 맺었다(어리, 2014: 177-178). 괴테의 『파우스트』에서

---

09 19세기 중반 미국 뉴잉글랜드의 월든 호수 주변에서 반문명의 삶을 즐겼던 헨리 소로조차도 기차에 대한 초기의 거부감을 점차 버리게 되었다. "기관차의 기적은 여름이고 겨울이고 내가 사는 숲을 뚫고 들려오는데, 그 소리는 어느 농가 위를 나르는 매의 울음소리 같기도 하다 … 아침 열차가 지나가는 것을 보는 나의 심정은 해가 뜨는 것을 보는 나의 심정과 다를 바 없다 … 어떻게 생각하면, 나를 인간사회와 연결시켜 주는 역할을 철도가 하는 셈이다 … 기차가 도착하고 떠나는 시간은 이제 마을의 하루에서 중요한 기준 시점이 되었다 … 철도가 생기고 나서 사람들의 시간 관념은 상당히 나아졌다고 할 수 있지 않을까?"(소로, 1993: 166-169).

주인공이 악마 메피스토펠레스에게 영혼을 팔아 청춘을 얻었듯이 말이다.

철도의 보급 이후 무엇보다 시간과 공간의 기본 개념이 흔들리기 시작했다. 독일의 시인 하이네(Heinrich Heine)는 파리와 프랑스 북서부 루앙(Rouen) 사이의 철도 개통을 보고 "철도를 통해서 공간은 살해당했다"고 썼다(쉬벨부쉬, 1999: 53). 철도에 의한 공간의 수축이 공포로 다가온 것이다. 철도 여행의 보편화와 더불어 기존의 지방시(地方時)도 영국 런던 그리니치(Greenwich)에 기반을 둔 표준화된 세계 시간으로 대체되었다. 게다가 기차 시간표는 사람들을 특정한 장소와 시점에 규범적으로 위치시키는 통치성을 발휘하기 시작했고, 시간 엄수가 갑자기 사회적 미덕으로 엄습했다(어리, 2014: 185-186). 사실 기차 시간과 같은 '사회적 시간'의 내면화야말로 근대 교육의 핵심 내용이었다. 자연에서, 자연을 통해 경험되는 주관적 혹은 '체험된 시간'(lived time)이 사라진다는 의미에서 르페브르는 이를 "시간이 사회에 의해 죽었다"고 표현했다(르페브르, 2010: 166, 일부 번역 저자 수정).[10]

빠르면 빠를수록 좋다는 식으로 속도의 가치를 중시하게 되면서

---

10 정시 출발과 도착을 생명으로 삼는 철도의 등장을 통해 운송행위는 정확히 계산 가능한 대상이자 목표로 바뀌었다. 역설적으로 이는 강박관념으로 작용하여 오히려 사고를 유발하기도 한다. 참고로 뉴욕 그랜드센트럴역을 출발하는 통근열차는 1분씩 늦게 출발한다고 한다. '숨은 1분' 혹은 '천사의 1분'이라는 것인데, 이와 같은 늑장 출발은 헐떡이며 가까스로 열차에 뛰어오르는 사람을 위한 의도적 배려라고 한다. 이 관행은 1870년 이후 지속되어 왔다고 하는데, 물론 모든 역에서 그런 것은 아니다(조선일보, 2009.10.19).

철도는 이동시간을 '죽은 시간'으로 간주하게 되었다. 특성상 "기차는 단지 출발과 목적만을 안다"(쉬벨부쉬, 1999: 53). 그런 만큼 출발지와 도착지 사이의 공간은 의미를 잃게 된 것이다. 또한 철도는 신체와 교통수단을 분리시킨다. 걷기나 말타기 혹은 서핑과 비교하여 철도는 동물체와 관련된 공간감각이나 운동감각의 상실을 초래한다. 여행객들의 지각이 철도기계 앙상블의 일부가 됨에 따라 인간의 몸이 지형조건이나 기후변화 등 외부환경으로부터 절연되는 것이다. 이와 같은 철도 이동의 특성은 이른바 '괴테(Goethe)식 여행' 같은 밀도 있는 여행 시대의 막을 내렸다(쉬벨부쉬, 1999: 71).[11]

철도는 감각과 경관의 차원에서도 충격적인 변화를 초래했다. 빠른 속도로 풍광을 관통해 가는 수학적 일직 선성이 여행자와 공간 사이의 내적인 관계를 파괴했기 때문이다. 속도의 증대에 비례하여 보고 느끼는 것이 늘어나는 것이 아니라, 풍경은 오히려 지루하고 단조로운 것으로 바뀐다. 전경(figure)과 배경(ground)이 구분되지 않는 파노라마 풍경이 빠르게 지나가면, 풍경에 대한 중요도나 선호도에 의한 판단이 사실상 불가능해지며, 이는 신경쇠약의 원인이 되기도 한다. 획획 달라지는 측면 풍경은 시각에 과부하(過

---

11 괴테는 1786년 9월부터 1년 9개월 동안 마차로 이태리 전역을 여행했다. 그것은 일종의 잠행(潛行)으로서 그 이전 10여 년간 정치인 혹은 행정가로서 지쳐 있던 괴테가 심신을 달래고 시인으로, 사상가로 다시 일어서는 데 큰 힘이 되었다. 이 여행에서 괴테는 길가에 가끔 일어나는 먼지, 풀벌레의 울음소리, 구름의 미세한 변화, 담벼락 위에서 돋아나는 풀포기, 시간에 따라 다양한 색조를 띠며 바뀌는 햇살, 그리고 달팽이와 게들의 움직임에 이르기까지 사물과 경관을 정밀히 포착하였다. 이 모든 것은 기차 여행이 아닌 마차 여행이었기에 가능한 일이었다(괴테, 1998).

負荷)를 걸게 되는데, 이는 짐멜이 말하는 '대도시 심성'(metropolitan mentality)에 필적한다. 그것에 대한 반작용으로 등장한 것이 "열차 여행의 표식"이라는 독서 현상인데, 그것의 부작용은 과거 마차 여행 때 존재했던 승객들 사이의 대화를 단절시킨다는 점이었다(쉬벨부쉬, 1999: 91).

철도 시스템에 의한 공간의 수축과 확장은 공간의 장소성에 대해서도 적지 않은 변화를 야기했다. 철도에 의한 접근성 향상과 여행에 관련된 시각적 관광 경험의 발달은 특정 장소의 고유한 분위기 혹은 아우라를 거세하기 시작했다. 철도는 지역의 독특한 장소성을 사고파는 상품으로 변형시키면서, 장소를 이동과 순환 시스템에 편입시켰다(어리, 2014: 192). 특산품 역시 철도의 유통체계 덕분에 고향을 잃게 되었다(쉬벨부쉬, 1999: 57).[12] 요컨대 국토 전체가 철도의 중심지인 메트로폴리스로 수렴하는 경향이 늘어났고, "아주 구체적인 의미에서 지방의 현재성, 지금"은 점차 소멸되는 결과가 초래되었다(쉬벨부쉬, 1999: 57). 지역적 정체성 혹은 지역문화는 철도의 발전 이후 대체로 쇠퇴의 길에 접어든 것이다.

하지만 근대 교통혁명의 선도적 주역이었던 철도 시스템은 교통

---

12   천안 호두과자가 대표적인 사례다. 오늘날 호두과자는 더 이상 천안의 명물이 아니다. 반면 일본의 열차 도시락, 곧 에키 벤토는 장소와의 연계성을 고수하고 있다. 1885년 일본철도의 탄생과 더불어 등장한 에키벤은 현재 2,500여 종이 판매되고 있다. 그리고 지역색이 강한 에키벤일수록 20-30개 정도 소량으로 만든다고 한다. 한편 우리나라에서도 에키벤을 모방하여 코레일관광개발에서 '레일락'을 개발했다. 문제는 그것이 국내 열차 도시락 사업을 독점하는 코레일의 자회사로서 도시락의 지역적 다양성을 기대하기 어렵다는 점이다(중앙일보, 2012.4.27. 참조).

분야에서 자신의 헤게모니를 지속하지 못했다. 20세기에 들어와 급성장하기 시작한 자동차 시스템은 철도에게 재앙으로 작용했다. 19세기의 기차 및 철도는 자동차 및 도로의 발전에 합류하는 데 실패한 것이다. 그 이유는 크게 두 가지이다(어리, 2014: 205-207). 첫째, 철도운영은 기본적으로 군대 문화를 통해 조직화되었기 때문이다.[13] 제복이 있고 분업이 확실한 데다 강력한 상명하달 체계를 갖춘 철도 시스템은 성장하는 자동차 시스템에 적응하면서 그것과 공진화(共進化)하기에 태생적으로 역부족이었다. 둘째, 자동차 시스템이 단순한 이동 수단에 그치는 것이 아니라 처음부터 삶의 방식 전체를 조직화하는 방식으로 발전했다면, 철도는 자신이 작동하는 사회 환경 전체를 변화시키고 지배하는 이른바 '자기생산적'(autopoietic) 시스템으로 성장하지 못했다.

그럼에도 불구하고 철도의 시대가 완전히 끝난 것은 아니다. 철도는 나름 명맥을 유지했을 뿐 아니라 21세기를 전후하여 세계는 오히려 '철도 르네상스' 시대를 맞이하고 있다. 평균적으로 볼 때 철도는 자동차에 비해 CO_2 배출량이 15분의 1이고 수송 비용 역시 14분의 1에 불과하다. 또한 동일 수송량을 기준으로 할 때 철도의 시설면적은 도로시설 면적의 8분의 1에 그쳐 건설비와 운영비가

---

13 철도의 도입은 영국에서부터 전직 육군이나 해군 장교들의 엄격한 지도하에 이루어졌다. 전문성과 안전성을 이유로 철도 관련 조직문화는 대체로 군기도 세고 자부심도 강하다. 영국에서 '철도인'(railwaymen)은 다른 직업과 뚜렷이 구분되는 독특한 존재다. 파업 등 노동운동에서도 철도 부분은 어느 나라에서나 상대적으로 응집력이 높다.

훨씬 저렴하다. 경제적인 측면에서나 환경적인 측면에서나 오늘날은 철도의 가치가 재발견되는 시기임에 확실하다.

자동차와 도로에 밀려 사양길을 걷는 듯했던 철도가 20세기에 교통수단의 하나로서 나름의 변신과 발전을 도모한 경험은 그전에도 있었다. 그 가운데 하나가 철도의 고속화 내지 고속철도(high-speed rail)의 운행이다. 고속철도는 전용노선에다가 고가속·고감속 성능과 총괄 제어기구를 갖춘 철도로서, 바퀴식 철도를 기준으로 하여 최고 속도가 최소한 200km/h 이상이어야 한다. 19세기 최초의 기차에 비해 21세기 고속철도는 속도가 평균 10배 정도 빨라진 셈이다. 그런 만큼 운행이 장거리화되었고, 정차하는 역도 일반 열차에 비해 제한적이다.

세계 최초의 고속철도는 일본의 신칸센(新幹線)으로서 1964년 10월 도쿄 올림픽 개최에 맞춰 도쿄와 신오사카 사이에 건설되었다.[14] 그 이후 세계 유수 국가들은 고속철도 건설에 경쟁적으로 임하고 있다. 예컨대 프랑스의 TGV(Train a Grande Vitessee)와 이탈리아의 ETR(Electtrico Treno Rapido)이 1981년, 독일의 ICE(Inter City Express)가 1988년, 스페인의 AVE(Alta Velocidad Spanola)가 1992년에 각각 개통되었다. 한편 철도 종주국인 영국은 1994년에 기존 철로를 개량한 채

---

14 일본은 2027년 개통을 목표로 현재 '리니어(Linear) 신칸센'을 개발 중이다. 1964년에 건설한 세계 최초의 고속철도를 혁명적으로 업그레이드하는 프로젝트다. 자력의 힘으로 열차가 약 10cm 떠서 달리는 '차세대 자기부상고속철'로서 시속이 500km가 넘는다. 리니어는 회전운동을 하는 일반 모터와는 달리 직선운동이 가능한 '리니어 모터'를 사용한다는 의미다(조선일보 2014.7.7).

널 터널(Channel Tunnel)이 등장한 데 이어 2006년 이후 'High Speed 1' 및 'High Speed 2' 계획에 입각하여 전국적인 고속철도망을 깔고 있다. 미국은 오바마 정부가 고속철도 사업을 추진하기로 결정한 게 현재로서는 전부다. 중국은 CRH(China Railway High-speed) 혹은 가오티에(高鐵)라는 이름의 고속철도를 2008년 베이징-텐진 간에 개통했다. 중국은 이른바 '4종4횡(四縱四橫)' 철도망 계획을 추진 중인데, 2015년까지 총 1만 6천km를 건설함으로써 전 세계 고속철도망의 60%를 차지할 정도로 급성장 중이다.

우리나라는 고속철도를 2004년 4월에 KTX(Korea Train eXpress)라는 이름으로 개통하였다. 2015년 기준 운행노선 길이는 1,512.4km이고 하루 평균 이용객도 16만 명에 육박한다. 정부의 제3차 국가철도망 구축계획(2016-2025년)에 따르면 전국 주요도시가 모두 2시간대로 연결되는 가운데 고속철도 수혜인구 비율이 현재의 50%대에서 85%까지 확대될 예정이다. 이 계획에서 정부는 '철도국가화를 통해 전국이 하나의 도시가 되는' 기대감을 표출했다(조선일보 2010.9.6). 정부는 고속철도를 부설하면서 '수혜' 인구 혹은 '시혜' 지역이라는 말을 계속 사용하고 있는데 여기에는 고속철도가 반드시 이롭고 무조건 좋은 것이라는 전제가 깔려 있다.

물론 고속철도의 등장이 초래하는 이익과 효과를 결코 부인하려는 취지는 아니다. 하지만 보다 빠르고 편리해진 고속철도의 부작용은 기존 철도를 훨씬 능가하고 있다. 무엇보다 서울과 지방이 지리적으로 가까워질수록 교육, 의료, 쇼핑 등 영역에서의 이른바 '빨대 효과'(straw effect)가 점점 더 위력을 발휘하고 있다.[15] 그래서 누군가는 요즘 대구(大邱)를 '서울특별시 대구(大區)'라고 말할 정도다. 하지만 어찌 대구만 사정이 그러하겠는가. 광주, 대전, 부산 할 것 없이 사실상 전국의 모든 도시들이 서울로 빨려드는 처지로 전락하고 있다. 오늘날 대부분의 지방은 삶의 터로서 고유하고 역동적인 지위를 상실하고 있다. 대신 서울 혹은 수도권의 '고향'으로서 시한부 삶을 버티고 있을 뿐이다.

그리고 이는 결코 경제적인 측면에 국한된 현상이 아니다. 보다 심각한 것은 전국적 혹은 세계적 체인망을 갖춘 편의점이나 극장, 서점, 학원, 레스토랑 등에 의해 모든 도시의 문화적 평준화와 획일화가 심화되고 있다는 사실이다. 전국이 서울을 중심으로 불과 2시간 남짓 생활권으로 재편되는 작금의 추세가 문화적으로 어떤 결과를 초래할지에 대해 우리 사회는 한번쯤 진지한 고민을 할 때가 되었다. 똑같은 패스트푸드를 먹고 동시개봉 영화를 일제히 보는 일이 일상화되는 순간 울산과 목포, 혹은 강릉과 전주의 문화적 차별성은 더 이상 존속하기 어렵다. 고속철도가 완행열차를 대체할 것이 아니라 병행하여야만 지역이 살고 지역문화가 남는다. 화려한

---

15 허재완(2010)에 의하면 KTX 개통에 의한 빨대 효과가 실증적 근거를 결여하고 있다고 한다. 곧 고속철도가 수도권 인구집중의 가속화나 지방상권의 위축을 특별히 유발하지 않고 있다는 주장이다. 이는 KTX 개통 이후 5년간을 분석한 연구로서 보다 장기적인 효과는 여전히 두고 볼 문제이다. 더욱이 이 연구는 눈에 보이지 않는 '문화적' 측면의 빨대 효과는 다루고 있지 않다.

KTX 역사도 나쁘지 않지만 사람 사는 맛은 오히려 수수한 간이역의 몫일지 모른다.[16]

철도는 지상에만 있는 것이 아니다. 오늘날 사람들이 보다 일상적으로 이용하는 철도는 땅 밑을 달린다. 세계 최초의 지하철은 1863년 1월 영국 런던에서 '튜브'(Tube)라는 애칭을 붙인 증기기관차로 운영을 시작했고, 1890년에 전기철도 방식이 도입되었다. 유럽 대륙에서 최초의 지하철은 1896년 부다페스트에서 개통되었으며 뒤이어 1898년 비엔나, 1900년 파리, 1902년 베를린, 1906년 함부르크에서 각각 개통되었다. 미국에서 지하철은 1901년 보스턴에서 시작되었고, 뉴욕의 지하철은 1904년에 개통되었다. 2014년 기준 전 세계 157개 도시에서 549개의 지하철 노선이 운영 중인데, 이는 전 세계 대중교통의 11%를 차지한다(UITP, 〈World Metro Figures: Statistics Brief〉, 2015.10).

우리나라 최초의 지하철은 서울시 지하철 1호선 서울역~청량리 7.8km 구간으로서 1974년 8월 15일에 개통하였는데, 이는 세계 최초의 지하철 개통 후 약 110년 만의 일이다. 2015년 기준 우리나라의 지하철 총연장은 도시철도를 포함하여 615km이다. 서울이 노

---

16 아래는 시인 신경림이 시골 간이역을 노래한 〈가을비〉라는 시의 전문이다. "젖은 나뭇잎이 날아와 유리창에 달라붙는/간이역에는 차시간이 돼도 손님이 없다/플라타너스로 가려진 낡은 목조 찻집/차 나르는 소녀의 머리칼에서는 풀냄새가 나겠지/오늘 집에 가면 헌 난로에 불을 당겨/먼저 따끈한 차 한 잔을 마셔야지/빗물에 젖은 유행가 가락을 떠밀며/화물차 언덕을 돌아 뒤뚱거리며 들어설 제/붉고 푸른 깃발을 흔드는/늙은 역무원 굽은 등에 흩뿌리는 가을비."

선 9개로 가장 많고, 부산이 4개, 대구가 2개이다. 그 밖에 인천, 광주, 대전, 김해, 의정부, 용인에도 도시철도가 운행 중이다. 오늘날 지하철 하루 이용객은 승차인원 기준 전국적으로 690만 명이고, 수도권의 경우에는 516만 명에 이른다. 이로서 지하철은 가위 '시민의 발'을 넘어 '국민의 발'로 군림하고 있다.

지하철이 공간적 이동의 기능을 수행하는 교통수단 가운데 하나라는 점에는 이견이 없다. 그러나 동시에 그것은 사회적 교환의 공간이기도 하다. 지하철을 대중교통(mass transportation)이 아닌 "매스 커뮤니케이션 채널"로 인식하는 것은 이런 맥락에서다(전규찬, 2010). 자본주의 사회에서 사람들의 생활양식을 결정하는 것은 생산양식 못지않게 교환양식(mode of communication)이다. 교환양식으로서의 지하철은 공간의 생산과 배분, 그리고 인구의 배열과 구성에 지대한 힘을 행사한다. 지역개발, 지가변동, 인구이동 등은 지하철 분포와 긴밀히 연결되어 있다. 지하철의 영향에 따라 부와 권력이 옮겨다닐 뿐 아니라 생활권역이 바뀌기도 하고 생활시간이 달라지기도 한다.[17]

17 서울 지하철은 강남북의 벽을 허물고 있다. KAIST 문화기술대학원 연구팀이 서울시로부터 제공받은 교통카드 사용내역 빅데이터 4000만 건 분석에 의하면 강남권의 영역은 지하철 3, 7호선을 타고 한강을 건너 성동, 중랑, 광진구까지 확대 중이다. 강남의 최북단은 7호선 중화역이 있는 중랑구 중화1동이었다(중앙일보, 2015.10.29). 또한 지하철은 낮과 밤의 경계도 허물고 있다. 뉴욕은 현재 26개 노선 모두가 하루 24시간 운영 중이며, 2016년 7월부터 영국 런던도 두 개 노선에 대한 '나이트 튜브'(Night Tube) 운영에 들어갔다. 그 밖에 베를린, 비엔나, 코펜하겐, 시드니 등도 24시간 지하철 실험에 돌입한 가운데 서울시도 지하철 7호선을 대상으로 주말 야간 운행을 2017년 하반기에 시작할지 검토 중이라고 한다(조선일보 2016.3.12; 중앙Sunday, 2016.8.28-29).

지하철은 코드, 프로그램, 소프트웨어, 데이터베이스 등 각종 자동화 기술 메커니즘이 지배하는 전형적인 '기계공간'(machine space) 가운데 하나다(Hovarth, 1974). "주로 기계의 사용을 위한 영역"이라는 의미에서다. 또한 지하철은 지속적인 관찰과 무차별적 감시가 진행되는 '디지털 파놉티콘'(digital Panopticon) 혹은 '디지털 빅브라더'(digital Big Brother) 공간이다. 이를 통해 지하철은 사람들을 지시하고 훈육하고 통제하고 지배하며, 사람들은 이를 점차 자연스럽게 받아들인다. 말하자면 그곳은 '기계인류'(machinekind)의 무대다(Hovarth, 1974: 174 참조). 지하철 이용자들은 사람이 아닌 물건처럼 모였다가 흩어진다.[18] 지하철의 과밀을 인내하는 우리의 능력도 다른 승객들을 감정적 반응을 필요로 하지 않는 무생물체로 간주하기 때문이라는 주장도 있다(게이틀리, 2016: 209-210).

하지만 지하철이 전적으로 '기계인간'들의 '기계공간'만은 아니다. 지하철이라는 이름의 편리하고 효율적인 대중교통 공간은 도시에 사는 사람들의 통합과 유대를 증진시키기도 한다. 특히 지하철에는 인종이나 계급, 성별 등에 근거한 사회적 구분이나 차별이 없다.[19] 그 결과 장기적으로 지하철은 해당 도시의 포괄적인 정체성을

18 홍금자의 시 〈환승역〉은 사람들이 물건처럼 집하되고 배송되는 듯한 지하철역의 광경을 다음과 같이 표현하고 있다. "지하철 입구마다/블랙홀 빠져가는 사람들//땅속 계단이 끝나는 자리쯤/만나는 또 다른 길 하나/저마다의 갈 길을 저울질하며/금속성 불빛에 눈이 시리다//신경줄처럼 이어진/세상과 또 다른 소통의 통로/나무의 물관부를 타고 오르는/목숨의 사다리처럼/나 아닌 또 다른 생명줄 하나/환승역을 타고 빠져 나간다."
19 기차나 항공기, 선박 등에는 1등석, 2등석, 3등석 등의 구분이 있지만 지하철은 예외다. 오히려 지

만들어 내기도 한다. 파리 메트로가 대표적으로 그것은 '위나니미 슴'(unanimisme, 일체주의)이라고 하는 모종의 집합적 사회의식을 파리 지앵들 사이에 공유시키고 있다(Sage, 2011 참조). 그러기에 오제(Auge, 2002)는 파리 메트로를 도시 민족지학(urban ethnography) 연구의 대상으로 삼았다. 파리를 알기 위해 외지인 관광객들이 에펠탑 위로 올라간다면 자신 같은 진정한 파리지앵은 땅속 메트로를 찾는다는 것이다.

오제에 의하면 지하철은 이곳저곳을 연결시키는 단순한 이동수단이 아니다. 자신의 과거를 되돌아보며 오제는 그것이 한 개인의 교육과 직업, 가족 등에 관련된 삶의 영토와 사회적 패턴을 규정한다고 말한다. 그것은 우리들의 친숙하고도 세부적인 일상생활을 조립(assemble)시켜 주는 하나의 행렬(matrix)과 같다는 것이다. 그는 파리 메트로에 물질을 넘어선 '시민적 지위'(civil status)를 부여한다(Auge, 2002: 4-5). 지하철을 타는 사람은 늘 분리되어 있고 분산되어 있다. 지하철에서 사람들은 대개의 경우 우연적, 일시적으로 존재한다. 하지만 이는 그만큼 지하철이 각자 자유롭고 평등한 '계약'의 공간이라는 뜻이 되기도 한다(Auge, 2002: 43-45). 지하철의 키워드가

하철은 사회적 약자를 적극적으로 배려한다. 우리나라의 경우 65세 이상 노인들은 지하철 이용이 무료이며, 여성전용 칸이 따로 있는 지하철도 있다. 한편 2016년 6월, 중국 광둥성 선전시 일부 노선에서는 세계 최초로 지하철에 비즈니스석이 도입되었다고 한다. 요금이 일반 차량의 3배라고 하는데 이는 만인에게 편리하고 공평하게 출범한 지하철의 본래 정신에 어긋나는 처사가 아닐까 싶다. 특히 이런 일이 사회주의 국가 중국에서 일어나 더욱 놀랍다(OBS 2016.8.22. 참고).

'고독'이기는 하다(Auge, 2002: 30). 그러나 그것은 나만의 고독이 아니라 여러 사람들의 '고독들'(solitudes)이다. 이와 더불어 오랜 세월이 흐르는 동안 파리 지하철에는 기억과 추억, 문화와 예술의 켜도 함께 쌓여 왔다. 이런저런 점들을 종합하여 오제는 파리 메트로를 '파리지앵의 특권'이라 주장한다(Auge, 2002: 44).

최근 우리나라 지하철을 기계공간이 아닌 '사람 공간'으로 장소화하려는 나름의 노력이 없지는 않다. 가령 서울 지하철의 경우 새소리를 들려주기도 하고 벽면이나 기둥에 시(詩)를 게시하기도 한다. 지하철 공연이나 지하철 축제 등도 문화공간으로의 변신 가능성을 타진하는 일이다. 하지만 이들 대부분은 '위로부터의 관치 기획'이라는 점에서 일정한 한계가 있다(전규찬, 2008: 170-171). 어두운 지하철 플랫폼에서 창공을 나르는 새소리를 듣는 것도 생뚱맞기는 마찬가지다. 게다가 역사(驛舍)나 승강장, 전동차 내부를 불문하고 무차별로 급증하는 지하철 광고는 공적 공간의 상업적 오염이라는 측면에서 재고가 절실하다. 특히 요즘 우리나라 지하철에서는 시각적 광고만이 아니라 청각적 광고 또한 늘어나고 있는데, 이는 전 세계적으로 유례를 찾기 어렵다. 도시의 문화와 정체성을 말해 주는 공간으로서 지하철에 대한 인문사회학적 상상력이 간절한 시점이다.

지하철이 공간 및 공간에 대한 감각을 왜곡하거나 호도하는 측면도 사회적으로 공론화될 필요가 있다. 1933년 런던에서는 그래픽, 아이콘, 그리고 색깔로 구성된 전기 회로 다이어그램 같은 모습의 지하철 노선도가 등장했다. 명칭은 '런던 지하 지도'(London Underground Map)였지만, 그것은 통상적인 지도가 아니라 노선도였다는 점에서 의미가 있다. '런던 지하철 노선도'는 해리 벡(Harry Beck)이라는 디자이너의 작품이다.[20] 벡이 만든 지하철 노선도는 지하철 이용자들에게 큰 인기를 끌었고, 만국공용어가 되어 시간적, 문화적, 언어적 장벽을 뛰어넘었다. 우리나라도 예외가 아니다. 혹자는 이를 "문명의 이기 가운데 최고 걸작"이라 부르기도 하고(브라이슨, 2009), 사회적 공공성을 지향하는 예술민주화 사상의 개가라는 평을 얻기도 한다(조영식, 2015).

　벡의 지하철 노선도가 대대적인 환영을 받게 된 것은 그것이 그 당시 시대상황을 반영했기 때문이다. 노선도와 탑승객이 모종의 감수성을 공유했다는 점, 다시 말해 "현대인들이 경험한 역사적으로 특수한 시공간 질서가 노선도의 내적 논리와 공명하고 있었기 때문"이라는 것이다(하드로, 2004). 그것은 결코 하늘에서 갑자기 뚝 떨어진 것이 아니었다. 대신 그것은 자본주의가 폭발적으로 성장하고 대외

20　벡은 원래 전문 디자이너가 아니라 런던교통여객공사(LTPB)라는 회사의 전기 엔지니어링 제도공이었다. 1931년에 지하철 노선도를 회사에 제출했지만 그 해에 그는 구조조정 방침에 따라 해고되었다. 너무 혁신적이고 너무 추상적이라는 이유에서였다. 이듬해에 그는 동료 엔지니어들의 도움으로 복직했으며, 1933년 1월에 노선도가 처음 선을 보였을 때 지하철 탑승자들에게 압도적인 인기를 끌었다. 살아생전 그는 자신의 디자인 업적에 합당한 예우를 회사로부터 받지 못했다. 그를 알아준 것은 오히려 바깥세상이었다. 1947년에 그는 '런던인쇄학교'의 교수가 되었다. 그로부터 50년이 지난 1997년에야 그의 공헌은 회사로부터 공식적으로 인정되었고, 2013년 이후 런던 지하철 노선도에는 다음과 같은 문구가 인쇄되기 시작했다. "이 다이어그램은 1931년 해리 벡에 의해 구상된 원조 디자인으로부터 진화한 것임"("Harry Beck" Wikipedia; 하드로, 2004 참조).

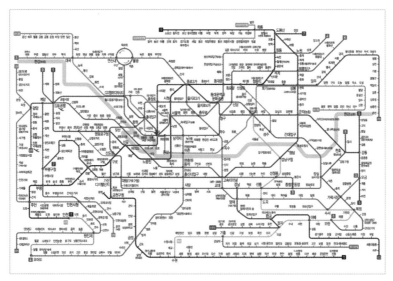

2017년 현재 수도권 지하철 노선도

적으로 팽창을 본격화하는 가운데 테크놀로지가 빠르게 발전하고 노동과정이 변환되며, 대기업이 득세하던 1920-30년대 일련의 상황과 맞물려 있었다. 곧 '효율성, 기능성, 표준화'가 새로운 사회적 가치로 득세할 무렵에 벡의 디자인이 대중의 호응을 얻은 것이다.

그러나 여기에 문제가 없는 것은 아니다. 지도와는 달리 지하철 노선도는 실제 지리와 무관하다.[21] 벡은 지하에서는 역의 순서와 환

---

21 물론 모든 지도가 실제 공간을 있는 그대로 표현하는 것은 아니다. 대부분의 지도는 특정한 목적이나 기능을 위해 디자인된 것이다. 지도가 "실용적인 기록이면서 동시에 이데올로기적인 기록인 이유"다(하드로, 2004).

승역만 제대로 표시되면 그만이라고 생각했다. 곧 사실적 묘사 그 자체는 의미가 없으며, 지상의 실제 비율과 축적은 얼마든지 왜곡이 가능하다고 본 것이다. 자본주의적 시공간 관념의 요구에 따라 중요한 것은 거리보다 시간이었다. 따라서 그는 지하철 노선도에서 중심부는 크게 확대하는 반면, 주변부는 축소된 채 중심을 향하게 그렸다.[22] 또한 모든 역 사이의 방향은 종횡의 직선 아니면 45도 사선 위주로 표시되어 있다.

게다가 노선도는 지상(地上)의 지역적, 지형적 특성을 전혀 반영하지 않아서 통과하는 지점이 언덕인지, 강물인지, 터널인지를 상관하지 않는다. 도시공간은 표준화, 추상화된 다이어그램 속에서 존재할 뿐, 지하철 노선에 지나지 않는 장소는 아예 보이지 않고, 노선에 연결된 장소라도 그것의 구체적인 역사적, 지리적 배경은 사라진 채 단순한 하나의 점으로 축소될 뿐이다. 지하철 속에서 사람들은 장소의 부재를 통해 '지도 위의 침묵'(silence on maps)을 달릴 뿐이다(Harley, 1988: 290). 그리고 궁극적으로 이는 사람들의 의식을 외부 현실세계로부터 멀어지게 만든다는 점에서 다분히 정치적이고 이데올로기적이다. 지하철 노선도는 사람들로 하여금 자유를 정주가 아닌 부단한 이동성 속에 찾도록 정서적으로 압박하기도 한다(Scanlan, 2004).

---

22 예컨대 지하철 노선도만 보면 서울시 도봉구에 있는 도봉산역과 충남에 소재한 천안역은 서울역에서 비슷한 거리에 위치해 있다.

물론 지하철 노선도에는 점으로 찍힌 역 표시 옆에 역 이름이 적혀 있다. 이런 점에서 지하철은 역사(驛舍) 명칭을 통해 기억의 공간화 혹은 시각적 재현을 나름 시도하고 있는 것이다(이희상, 2009: 309-313). 지하철 역명의 대부분이 주변의 지명이나 거리명, 기관명이나 시설명으로부터 유래하는 것도 이 때문이다. 그런데 여전히 남아 있는 문제는 역명의 부여 과정이 인위적이고 정치적인 경우가 많아, 그곳 고유의 역사 및 장소의 정체성을 오히려 왜곡할 수도 있다는 점이다. 지하철 역명을 둘러싸고 정치적 대립이나 종교적 갈등이 벌어지기도 할 뿐 아니라, 최근에는 역 이름의 상업적 판매가 사회적 논란을 야기하는 중이기도 하다.[23]

4. 자동차와 도로

오늘날 길의 주인공은 단연 자동차이다. 차도(車道)와 인도(人道)로

---

[23] 서울 지하철 신천역이 잠실새내역으로 바뀌는 과정에서처럼 역 이름 교체가 선거에서 공약으로 등장하는 것은 드문 일이 아니다. 봉은사역을 코엑스역으로 바꾸려는 운동은 종교적 갈등을 내장하고 있다. 한편 서울시는 2015년 4월, '지하철 역명 병기 유상판매' 방안을 내놓았다. 기존 역 이름을 그대로 두면서 인근 기관이나 기업, 대학 이름들을 나란히 표기해 주고 사용료를 받겠다는 발상인데, 자칫 장소 고유의 정체성이 자본의 힘에 의해 좌우되는 결과를 초래할 개연성을 배제하기 어렵다(조선일보, 2015.8.7). 최근 대구 지하철 동대구역이 신세계백화점을 괄호 속에 병기하기 시작했는데 시민의 입장에서 지하철 승객의 신분과 백화점 고객의 지위가 과연 동격인지 묻고 싶다. 사실 우리나라에는 대학교 이름을 내건 역명이 너무 많다. 이는 지역 주민이나 승객의 교통 편의를 위한 것이라기보다 학교 홍보의 차원일 개연성이 높다. 해당 대학과 역 건물이 터무니없이 멀리 떨어져 있는 경우가 허다하기 때문이다.

구분된 도로에서 전자가 우선이고 후자는 사람에 대한 눈치나 배려 정도다.[24] 도로는 우리 시대를 대표하는 기계공간이다. 우리 주변에 자동차전용도로는 많아도 보행 전용 도로는 흔치 않다. 물론 그전에도 바퀴 달린 이동 수단이 도로를 차지한 적은 있다. 사람이 끄는 것도 있었지만, 대개의 경우는 우마(牛馬), 그 가운데도 말이 견인하는 마차가 일반적이었다. 하지만 축제나 시위 때와 같은 특별한 경우가 아니면 요즘 세상에 도로는 더 이상 말의 차지가 아니다. 남아 있는 게 있다면 자동차의 힘을 마력(馬力, horsepower)으로 표현하는 관행 혹은 기차의 별명이 철마(鐵馬)라는 사실 정도다. 19세기 말에 반짝 자전거의 전성시대가 있었지만 그것 역시 자동차에 의해 금방 밀려나고 말았다.[25]

바퀴가 발명된 이후 사람이나 짐승이 아닌 스스로의 힘으로 달리는 수레는 인류의 오랜 꿈이었다. 15-16세기경 레오나르도 다 빈치(Leonardo da Vinci)는 스프링의 힘으로 달리는 자주차(自走車)를 도면 위에 그리기도 했고 네덜란드에서는 풍력 자동차가 실험되기도 했다. 하지만 자동차의 효시는 17세기 중반 증기기관의 실용화 이후 1769년 프랑스의 공병장교 퀴뇨(Nicholas Cognot)가 포차(砲車)를 견인할 목적으로 만든 증기자동차이다. 그러나 증기기관은 외연기관이

---

24 도로 무단횡단을 의미하는 영어 '제이워킹'(jaywalking)은 자동차 산업이 만들어 낸 신조어다. jay 는 촌놈이나 시골뜨기라는 말인데, 자동차 운행에 방해되는 보행자들을 경멸하는 의미였다.
25 자전거의 역사에 대해서는 바로니(2008), 헐리히(2008) 참조.

다. 따라서 자동차 역사에서 결정적인 분수령은 19세기 후반 석유를 이용한 내연기관의 발명이었다.

인류역사에서 20세기는 다른 모든 모빌리티 수단을 제치고 자동차의 시대가 되었다. 어리(2014: 214)는 이를 '자동차의 자연화'(naturalization)라 부른다. 말하자면 자동차는 단순한 교통수단이 아닌 그 자체가 사회적 원리이자 삶의 방식이 되었다는 것이다. 자동차는 "낯선 기계가 아니라 일상생활에서 익숙하고 당연하게, 그리고 보편적으로 이용"되는 존재가 되었다는 뜻이기도 하다. 어리는 루만(Niklas Luhmann)의 체계이론을 원용하여 자동차 이동사회는 자기생산적(autopoietic) 시스템이라 주장한다(어리, 2014: 210).[26] 어떤 외부 환경이 시스템을 생산하는 것이 아니라 시스템 스스로가 자신을 조직하고 생산하는 시스템이라는 것이다.

자동차 모빌리티를 '자기생산적 시스템'으로 사고한다는 말은 자동차라는 사물을 그것과 연결된 운전자, 기업, 도로, 신호, 석유, 법규, 제도 등 다른 요소들과의 사회적 결합체로 인식한다는 의미다. 자동차는 자동차 기업에 의해 생산되고, 그렇게 생산된 자동차는 운전자, 주유소, 도로를 증가시키고, 이것은 다시 자동차의 생산 증

---

[26] 루만(2014: 353, 359)은 체계이론과 자기생산이론은 서로 양립해야 한다고 본다. 이는 자기생산체계를 단순한 연결망이나 관계구조로 파악하는 것이 아니라, 시간적 작동의 측면에서 인식하는 것을 의미한다. 루만에 의하면 사회를 구성하고 성립시키는 것은 인간이나 행위가 아니다. 대신 사회적 체계는 커뮤니케이션의 자기생산체제다. 이때 그가 말하는 커뮤니케이션은 언어적 '소통'이 아니라 사회적 '교통'이다.

대로 피드백 된다. 중요한 점은 이와 같은 자기생산적 오토모빌리티 시스템에 공간계획이 핵심적 일부로 동참하고 있다는 사실이다. 그 결과 자동차 시대는 건축형태, 주거양식, 주택개발, 상업시설 및 레저문화, 도시설계 및 도시계획 등과 긴밀히 상호작용하고 있다(어리, 2014: 210, 216-217, 223, 234-235 참고).

자동차는 20세기 자본주의의 전형적 제조물이다. 많은 사회과학에서 "자동차 산업은 곧 자본주의다"(어리, 2014: 215).[27] 우자와 히로후미(2016: 55)는 자동차와 자본주의 관계를 다음과 같이 설명한다. "자동차는 자본주의 경제제도 안에 한번 편입이 되면 생산과 소비 양 측면에서 가속도가 붙고 범위가 확대되어, 경제순환의 과정에서도 사회적 생활이라는 점에서도 떼려야 뗄 수 없는 것이 되어버린다." 대다수 가정에서 자동차에 대한 지출은 주택 다음으로 높은 편이다. 자동차는 단순한 사물에 그치는 것이 아니라 의인화 내지 인격화되는 경우가 많다. 이른바 '자동차 감정'(automotive emotions)은 특정 자동차 브랜드 혹은 모델에 대한 수집, 애정, 청결, 숭배, 욕망, 충동을 의미하는 개념이다. 자동차 산업은 일종의 '리비도 경제'(libidinal economy)로서 합리적 판단보다는 본능적으로 좋고 싫은 감정에 의해 구매가 결정되는 경향이 크다(어리, 2014: 216 참고).

---

27 반면, 리프킨(2014: 367-375)은 협력적 공유경제의 부상과 사물 인터넷의 발달에 따라 "자본주의 시장의 꽃이었던 자가용은 차량공유라는 기회의 희생물로 전락하고 있다"고 주장한다. 미국에서 자동차가 차고에서 잠자는 시간의 비율이 평균 92%라는 점을 들어 자동차는 극도로 비효율적인 고정 자산으로 단죄된다.

사람들이 자동차에 의존하거나 집착하는 이유는 다양하다. 우선 자동차 시대는 자동차를 '성인의 기호'이자 '시민권의 표시', '사회적 네트워크의 토대'라고 생각하게 만드는 경향이 있다. 자동차가 없으면 어른도 아니고 시민도 아닐 뿐 아니라 사회적으로 배제되어 있다는 느낌을 부지불식간에 받기 쉽다. 또한 사람들은 자동적 이동기계를 자신의 능력과 취향에 따라 자율적으로 통제하는 데 따른 성취감을 맛보고 즐긴다. '스스로[自] 움직이는[動]' 것이 자동차의 원래 뜻이지만 자동차를 움직이는 궁극적인 힘은 사람이기 때문이다. 자동차 운전의 매력 가운데 하나는 자아와 사물 사이의 강력한 조합이다.[28]

무엇보다 자동차는 속도에 편리가 더해진 이동기계다. 기차나 비행기, 선박 등에 비해 자동차는 즉각적 이용이 가능하도록 늘 대기하고 있다. 또한 운전자로 하여금 사회생활을 스스로 시간표화하도록 한다는 점에서도 자동차는 기차나 비행기에 비해 확실한 장점을 갖고 있다. 주어진 공공시간표를 초월하는 자기만의 시간표를 기획할 수 있다는 점에서 자동차는 자유와 주체성을 제공한다(어리,

---

28 자동차와 운전자는 분리될 수 없다는 의미에서 어리는 '자동차 운전자'가 아닌 '자동차-운전자'라는 용어를 의도적으로 사용한다(어리, 2014: 220). 이와 관련하여 한국 남자들이 운전대를 여성에게 잘 맡기지 않는 이유에는 운전을 통한 남성성 과시가 한몫한다고 생각한다. '운전이 취미'라고 말하는 것이나 남자들이 일반적으로 스포츠카를 좋아하는 것도 비슷한 맥락일 것이다. '자동차-운전자' 이론에 의하면 무인(無人) 자동차의 미래가 반드시 밝은 것은 아니다. 이에 대한 반론으로서 구세대와는 달리 인터넷세대는 무인자동차를 더 선호할 것이라는 주장은 리프킨(2014: 373-374) 참조.

2014: 209, 221, 225-226).[29] 자동차는 이동기계이면서 '움직이는 집' 혹은 사무실이기도 하다. 오디오를 비롯한 자동차 실내는 '육체의 확장'으로 진화되고 있으며, '집안 분위기'가 나는 자동차 안에서 '나의 작은 세계'를 구축하는 일이 전혀 놀랍지 않은 세상이 되었다(어리, 2014: 233-241).

자동차와 도로는 실과 바늘의 관계다. 도로의 발전이 없는 자동차 시대는 원천적으로 상상하기 어렵기 때문이다. 순서로 보면 도로의 발전이 자동차의 등장을 초래한 것은 아니다. 반대로 자동차 시대가 도로의 획기적 증가와 기능적 개선을 유발하였다. 이런 점에서 사람 중심의 전통적인 길을 쇠퇴하게 만든 궁극적 요인은 도로가 아니라 자동차이다. 도로가 자동차용으로 급속히 변신할 무렵, 도로 건설의 일차적 벤치마킹 대상은 철도였다. 기차의 발명은 자동차에 비해 한 세기 정도 앞섰는데, 도로는 '철로처럼' 매끄럽고, 평탄하고, 견고한 직선을 배우고 닮고자 했다. 아스팔트가 깔리고 시멘트 포장이 이루어지면서 도로의 기술적 상태가 19세기 철도 수준에 도달하기 시작한 것은 자동차의 시대, 곧 20세기에서였다(쉬벨

---

29 이 대목에서 우리나라의 경우 자동차의 의미는 보다 더 각별할 수 있다. 우리나라에서 이른바 '마이 카' 시대가 열린 것은 1988년부터이다. 우리나라 사람들이 자가용을 사랑하는 이유를 대중교통의 저발전으로 설명하는 것은 한계가 있다. 또한 한국인의 자동차 사랑에 과시적 목적이 두드러진다고 단정하기도 쉽지 않다. 우리나라에서 자가용 승용차가 단기간에 폭발적으로 늘어나게 된 원인 가운데 하나는 그것으로부터 프라이버시 영역을 확보할 수 있었기 때문이 아닌가 한다. 이는 아파트가 대다수 한국인들에게 역사상 최초로 사적 주거공간을 제공한 것과 비슷한 맥락이다. 한국사회가 '개인의 탄생'을 경험하는 데는 비슷한 시기에 보급이 일반화된 아파트와 자가용의 공이 적지 않을 것이다.

부쉬, 1999: 34).

전통적 길이 아닌 현대식 도로는 인간의 삶과 관련하여 혁명적 변화를 야기하였다. 우선 길의 장소성이 소멸되는 대신 공간의 균질화 내지 빈곤화가 일어났다(볼노, 2011: 131-133). 이제 길에서 중요한 것은 대지의 특성이 아니라 킬로미터(km)로 표시되는 측량 가능한 거리로 바뀌었다. 도로표지판은 전국적으로 혹은 세계적으로 표준화되기 시작했으며 내용도 주로 거리 관련 정보 일색이다.[30] 도로는 '자동차 영토'의 전형적인 기계공간이다(Horvath, 1974). 자동차를 몬다는 것은 익명화된 기계의 세계에 진입하는 것과 다를 바 없는 것이다(어리, 2014: 229).[31]

도로의 발달이 길의 인문학적 가치를 위협하는 것은 또 있다. 실존적 차원에서 인간은 중심을 필요로 하는 존재인데, 도로는 공간의 탈중심화를 유발한다. 끝까지 나 있는 도로, 도로가 도로로 한없이 이어지는 공간이 중심 찾기를 어렵게 만드는 것이다(볼노, 2011: 133-135). 도로 위의 '나'는 익명의 개인으로 전락하며, 도로상의 '지

---

30 이에 비해 옛길은 장승이나 적성(積城), 관방(關防) 시설 등을 통해 지역 주민의 가치관, 관념체계, 기술수준 등을 표현하고 있었다(최영준, 2010).

31 다음은 1980년대 초 미국의 고속도로를 처음 경험한 최인호의 소설 일부이다. "고속도로에서는 … 차가 굴러가고 있는 것이 아니라 도로 자체가 무서운 속도로 움직이고 있는 착각에 빠져들게 된다 … 그런 맹렬한 속도감에서 잠시 한눈을 팔면 간선도로를 알리는 도로표지판을 잃어버리게 되는데 일단 방향을 잃어버리면 자동기계 속에서 스스로 조립되고, 절단되고, 포장되는 상품처럼 조잡한 불합격품이 되고 마는 것이다 … 도로는 거대한 이동 벨트이며 그 위를 굴러가는 차들은 빠르게 조립되는 상품처럼 보인다 … 무시무시한 메커니즘에 이기는 길은 살인과도 같은 전쟁에서 쓰러지지 않는 길이었다"(최인호, 1995: 375).

금·여기'가 실제의 나보다 더 중요해진다. 도로의 직진 본능도 마찬가지다. 도로에서 후진이란 기본적으로 길의 의미와 가치를 '무효화'하는 일이어서 사람을 오직 앞으로 몰아내는 경향이 있다. 볼노(2011: 137)에 의하면 "자동차 도로는 본질적으로 과속, 난폭, 홍분을 요구"한다.

도로는 인간 교류를 피상화시킨다. 도로 위의 운전자들은 "목적지 도착을 위해 필요한 것들, 곧 속도, 계기, 장치 등만 기능적 유용성의 관점에서 볼 뿐이다"(르페브르, 2011: 451-452, 번역 일부 저자 수정). 물론 신뢰에 기초한 교통질서나 교통문화가 기본적으로 전제되어 있긴 하지만 면대면(面對面)의 소통방식은 결코 아니다. 도로에서 운전자들끼리 교환하는 나름의 '동지의식'도 있다. 예컨대 양보를 주고받을 때 비상 라이트의 일시 작동을 통해 감사를 표현하는 경우다. 하지만 이 역시 사회적 유대감으로 연결되지 않는 찰나의 접촉일 뿐이다. 사람들이 도로 위에서 인격적 관계를 맺는 일은 거의 없다. 오히려 도로상에서 운전자들끼리 서로 싸울 때가 훨씬 더 많다. 우리에게 보다 익숙한 삶의 현장은 '교통전쟁'이나 '교통지옥'이다.

자동차 도로의 발전은 자동차전용도로, 그 가운데서도 고속도로의 건설로 절정을 이루게 되었다. 고속도로의 효시는 1930년대 독일의 아우토반(Autobahn)으로서, 히틀러는 수레와 마차가 그것만을 위한 도로를 만들고, 기차가 그것에게 필요한 철도를 만들었듯이, 자동차도 자신을 위한 전용의 자동차 도로를 건설해야 한다고 생각했다. 고속도로가 가장 발달한 나라는 미국이다. 20세기 자동차 시대를 맞이하여 '자동차의 나라' 미국이 자동차전용도로를 가장 많이 건설한 것이다. 엄밀히 말해 초기 미국의 자동차 회사들은 제조업자라기보다 조립업자에 가까웠다. '자동차의 왕' 헨리 포드가 개척한 것은 자동차 그 자체가 아니라 자동차를 만드는 새로운 방법이었다(코완, 2012: 382-384). 어쨌든 미국에서 자동차 시대와 20세기는 거의 나란히 도착했다.

1908년 포드자동차 회사가 세계 최초로 자동차를 대량생산하게 되면서 미국은 급속히 자동차 도로 중심의 나라로 바뀌어 갔다. 유럽 국가들의 핵심 교통인프라가 철도였다면, 미국의 경우는 도로였다. 미국에서는 제1차 세계대전까지 모든 도시가 자동차를 염두에 두고 계획될 정도였다(Kay, 1998: 170-172). 대공황 때도 나치 독일의 아우토반에 버금가는 고속도로를 구상했는데, 저소득층을 위한 '유소니언 하우스'(Usonian House)와 자동차의 결합을 민주주의의 보루로 생각한 인물은 당시 미국의 대표적인 건축가인 프랭크 라이트(Frank Lloyd Wright)였다(Kay, 1998: 217). 그 당시 미국인들은 자동차를 내다 판 돈으로 배부르게 먹기보다는, 자동차를 타고 구호품 배급소에 가서 줄을 서는 편을 택했다(게이틀리, 2016: 121-122).

제2차 세계대전이 끝나면서 미국에는 강력한 군산복합체가 등장했고, 1956년부터 "세계사를 통틀어 평화기에 추진된 최대의 공공사업"이라는 주간(州間) 고속도로 건설이 시작되었다(Kay, 1998: 231-

233).**32** 규모도 물론 엄청난 것이었지만 미국의 고속도로는 특이하게도 '프리웨이'(freeway)로서 통행료를 징수하지 않았다. 말하자면 물리적 거래 비용을 확 낮춘 것이다. 미국의 주간 고속도로는 전후 미국의 눈부신 경제성장과 더불어 연방 정치공동체의 구축, 냉전시대 국가안보에도 톡톡히 기여했다는 평가다. 역사가 짧은 미국의 경우 고속도로는 도시의 관문 역할까지 수행하는 경우가 적지 않다.**33** 미국의 고속도로 운영방식, 특히 번호부여 체계는 국제적 모델이 되어 있고, 우리나라 고속도로의 경우도 예외가 아니다.

미국이 '자동차의 나라'에 이어서 보다 확실히 '고속도로의 천국'이 되는 계기는 1950년대 말 주간 고속도로의 건설에 맞춰 도시고속도로(urban expressway)가 등장하면서 부터였다. 히틀러나 무솔리니도 고속도로 건설은 도시 외곽에 멈추었는데, 미국에서는 고속도로

---

32 2010년 기준 총연장이 75,932km로서 세계 최대의 고속도로 체계이다. 미국 주간 고속도로의 정식 명칭은 '드와이트 D. 아이젠하워 전미주계간방위고속도로망'(全美州界間防衛高速道路網, Dwight D. Eisenhower National System of Interstate and Defense Highways)이다. '아이젠하워'라는 말이 들어간 것은 아이젠하워 대통령 시절에 연방도로법이 제정되어 전미고속도로 사업을 시작했기 때문이며, '방위'라는 말이 포함된 것은 고속도로 건설에 군사적 목적이 중요했기 때문이다. 유사시를 대비하여 비상활주로로 설계된 경우가 많아 미국의 고속도로는 대부분 직선으로 뻗는다. 물론 고속도로는 어느 나라에서나 직선화가 기본이고, 미국의 지형 조건 또한 직선화에 유리했지만 말이다. 어쨌든 직선 위주의 미국 고속도로는 '크루즈 콘트롤'(cruise control)의 사용을 쉽게 하지만, 그 대가로 이른바 '고속도로 최면'(highway hypnosis)의 원인이 되기도 한다.

33 대부분의 역사도시가 공간적 위계를 구분하는 전방과 후방 계획을 가졌다면 그런 경험이 전혀 없는 미국에서는 커다란 안내 표지판의 등장과 함께 고속도로의 폭과 외관이 달라지고 있다는 사실이 운전자로 하여금 자신이 그 도시의 정문으로 들어가고 있음을 알려주는 경우가 많다(투안, 1995: 74). 고속도로 톨게이트가 말하자면 도시의 대문(大門)인 셈인데, 이런 추세는 우리나라도 닮아 가는 측면이 있다. '역사도시' 서울에서도 오늘날 관문은 숭례문이 아니라 고속도로 톨게이트로 바뀌어 간다.

가 대담하게 도시 내부까지 진입한 것이다. 이를 주도한 인물은 당시 뉴욕시장 모제스(Robert Moses)였다. 이 과정에서 그는 약 25만 명의 시민을 소개(疏開)시켰는데, 이때 "달걀을 깨지 않고는 오믈렛을 만들 수 없다"는 프랑스 속담을 언급한 것으로 일약 유명해졌다. 모제스는 도심의 고속도로 인터체인지를 "도시를 장식하는 콘크리트 리본"이라 미화했다. 그리고 미국발(發) 도시고속도로 모델은 전 세계적으로 퍼져 나갔다.[34]

고속도로 특유의 여러 가지 순기능을 물론 부정할 수는 없다. 시공간의 압축 효과, 사회적 교류와 소통의 촉진, 전국적 국민 통합, 행정적 통치력의 증대, 토목 관련 기술축적 등 고속도로가 인류의 삶에 끼친 긍정적인 효과는 십분 인정되어야 한다. 솔직히 시골길을 잃고 헤매다가 고속도로 표지판을 발견하면 '문명'에 복귀하는 기분이 들 때도 있다. 언제라도 구원이 가능하고 무언가 상식이 통할 것 같은 공간이 바로 고속도로이다. 게다가 요즘에는 쇼핑몰, 카페테리아, 극장, 모텔 등의 유치를 통해 고속도로가 복합문화공간으로 진화 중이다. 고속도로가 기계공간에서 사람공간으로, 혹은 비장소에서 장소로 변신하려는 노력인 것이다.

그럼에도 고속도로에 대한 인문학적 성찰은 여전히 부족하다. 멈포드(Mumford, 1963)는 고속도로를 일종의 '비약'으로 치부했다. 무릇

---

34 우리나라도 마찬가지다. 서울의 올림픽대로, 내부순환도로, 북부·동부·서부 간선도로 등은 모두 도시고속도로다. 지방에서도 도시고속도로는 해마다 늘어나고 있다.

문명은 지속성과 안정성을 담보하는 가운데 '누적적'이어야 한다고 믿던 그는 모세혈관과 공존하지 않는 동맥으로서의 고속도로가 무슨 필요가 있는가라고 비판했다. 특히 그는 모제스가 추진한 고속도로의 도시내부 진입에 반대했는데, 자신이 볼 때 그것은 뉴욕 중심부의 밀집상태를 외곽 주변지대로 연장하는 처사였다. 멈포드는 "조용하고 쾌적하던 교외는" 도시고속도로에 의해 "벌써 도시만의 특성인 불편을 노출하기 시작했다"고 불만을 터트렸다. 그는 고속도로가 교통을 위한 것이 아니라 자동차 산업을 위한 것이라고 단언했다.

모제스의 도시고속도로 건설에 대해 멈포드 못지않게 격렬히 저항한 인물은 제이콥스였다. 사실 모제스의 도시고속도로 건설계획이 제이콥스로 하여금 도시운동가로 변신하게 만들었다고 해도 과언이 아니다. 미국을 '아스팔트의 나라'(Asphalt Nation)라고 부르는 케이(Kay, 1998: 271-273)는 고속도로의 발달이 부유한 계층이 사는 교외와 가난한 사람들이 밀집한 도심으로 주거공간을 양극화시켰을 뿐 아니라 자동차의 확산과 더불어 미국식 개인주의가 가일층 심화되었다고 말한다. 자동차와 고속도로가 "미국을 얇게 펴고 있다"(spread America thin)는 것이다.

우리나라의 경우에도 이제는 고속도로의 미덕과 해악 사이의 균형 잡힌 논의가 필요한 시점이 아닌가 한다. 우리나라에서 고속도로는 특히 속도와 직선의 상징이다. 박정희 대통령 시대의 '조국근대화'는 속도를 유달리 강조했는데, 이는 고속도로의 명칭 자체가 '고속'(high speed)이라는 말을 담고 있다는 사실이 웅변한다.[35] 박정희 시대의 고속도로는 질주정 체제하에서 일종의 '발사체적 체험'을 은유한 측면이 있다(김한상, 2010). 고속도로는 또한 공간을 '직선운동'으로 인지하면서 중단 없는 '전진(前進)의 지배'를 내면화시킨 효과가 있었다.

고속도로는 전국을 일일생활권 혹은 반일(半日)생활권으로 만드는 데 기여했다. 신체나 물류의 이동이 한시도 중단 없이 기계처럼 진행되는 고속도로는 '국토의 공장화' 내지 '여행의 공정화'(工程化)를 의미한다(최병두, 2010). 말하자면 국토는 공장이요 고속도로는 컨베이어벨트가 되는 셈이다. 고속도로에 의해 전국이 시공간으로 가까워지면서 지방 고유의 장소성이 사라지거나 중소도시와 농어촌 같은 '사이 공간'이 쇠퇴하고 있는 사실은 지금부터라도 보다 심각하게 다루어져야 한다. "지방도로는 속이지 않는다"(볼노, 2011: 149 재인용)는 말이 있다. 이는 고속도로에는 길의 인문학적 가치와 의미가 결여되어 있다는 뜻이 아닐까? 따라서 고속도로에 의해 전국 방방곡곡이 지적으로 가까워진 현실이 마냥 반갑지는 않다.

---

35 우리나라에서 고속도로의 정식 명칭은 고속국도이다. 이는 1970년 경부고속도로 건설과정에서 제정된 고속국도법에 의거한 것인데, 고속국도법 자체는 2014년에 도로교통법에 통합·소멸되었다.

5. 길의 재발견

19-20세기 근대 교통혁명을 주도했던 기차와 철도, 자동차와 도로는 21세기에 들어와서도 행군을 멈출 줄 모른다. 자신들의 존재 이유 및 가치를 고속화와 지하화, 정보화, 세계화의 방식으로 계속 입증해 보이면서 말이다. 그리고 이와 같은 새로운 이동 공간은 개별적으로 분산된 형태가 아니라 하나의 유기적 시스템을 구성하고 있다. 우리가 흔히 교통이라는 말 대신 '교통체계'라는 말을 쓰는 것은 이런 배경에서다. 시스템은 그만큼 지속가능성이 높다는 뜻을 담고 있다.

흥미로운 점은 이와 같은 교통시스템의 발전 이면에 최근 길과 걷기에 대한 관심이 급증하고 있다는 사실이다. 원초적 형태의 공간 이동에 대한 회귀 본성 같은 것이 일종의 시대정신처럼 부상하고 있는 것이다. 걷기 열풍이 대표적이지만 자전거 타기도 이러한 흐름에 합세한다. 골목길의 인기와 올레길 신드롬의 확산도 기존의 근대 교통체계나 교통문화에 대한 반동이자 반전(反轉)이다.[36] 이런 현상의 원인에 대해 준비된 대답은 몇 개 대기 중이다. 예컨대 환경보호와 에너지 절감에다가 고령화 시대에 곁들여진 이른바 '건강관

---

[36] 골목길이 일상의 영역에 있다면 올레길은 비일상 혹은 탈일상 영역에 있다. 여가 혹은 관광으로서 걷기에 대한 관심이 나타난 것은 1960-70년대 영국이나 프랑스, 일본 등지에서 트레일(trail), 랑도네(randonner) 등 걷기 탐방로가 조성되면서부터다. 국내에서는 2000년대 제주도 올레길이 사실상 효시라 볼 수 있다(김성진, 2010).

심'(health concern) 같은 것들이다.

하지만 이와 같은 공익적 관점과 실용적 목적을 통해 길과 걷기에 대한 공감과 동조가 늘어나는 것을 설명하기에는 일정한 한계가 있어 보인다. 오히려 무릇 사람에게는 길에서 걷기를 원하고 좋아하는 모종의 본능 같은 것이 장착되어 있지 않을까 싶기 때문이다. 우선 걷기는 신체활동이면서도 두뇌활동이다. 걸음걸이는 심장의 펌프질을 자극하여 뇌의 산소공급을 늘린다는 게 의학계의 설명이다(그로, 2014). 우리가 명당급(級) 걷기 좋은 길을 '철학자의 길', '시인의 길' 혹은 '사색의 길'로 부르는 것은 이런 맥락에서다. 그리고 이세상에 사는 우리들 모두는 자기 나름대로 다소간 철학자나 시인이 아닐까?

걷기는 길의 본래적 기능을 복원하는 최적의 활동이자 태초의 역사를 상기시키는 최상의 노력이다. 걷는 길에는 도로나 철도가 절대로 대신할 수 없는 그 무엇이 있다. 걷기 예찬론의 탄탄하고 오래된 지적 계보는 바로 그런 연유로 구축되었을 것이다. 예컨대 소로(2013)는 도보여행을 "문밖에서 신을 예배하는 최고의 방법"이라고 썼다. 작가이자 사회학자인 브르통(2002: 91)은 보행을 "가없이 넓은 도서관"이라고 정의했다. 자동차나 열차와는 달리 걷기는 보행자자신이 주도하는 "심리적 혹은 정서적 지리학"일 뿐 아니라 시각만이 아닌 모든 감각을 통해 지나가는 공간을 직접 그리고 새롭게 구축하는 "열린 과정"이라는 이유에서다.

아닌 게 아니라 걷기의 강점은 장소성 발견 및 형성을 위한 오감과의 각별한 친화력에 있다(김미영·전상인, 2014). 걷기는 일차적으로 두 발이 바닥과 접촉하는 행위이지만 우리가 걸을 때 두 발만 사용하지는 않는다. 걷는 행위 자체의 안전성과 효율성을 위해서라도 시각이나 청각, 후각, 촉각 등 다른 감각을 총동원할 수밖에 없다. 걷는 도중에 우리는 두 손으로 젖은 땅을 만져 보기도 하고 나무가 발산하는 미묘한 냄새를 느끼기도 한다. 땅바닥에 주저앉아 새들이 지저귀고 마을 아이들이 뛰어노는 소리를 듣기도 한다. 결국 자신만의 리듬과 템포를 생산하는 걷기는 공간을 자기 식대로 길들이는 절호의 기회다.

볼노(2011: 143-151)의 지적처럼 길은 걸어가는 것 자체가 목적일 수 있는 유일한 이동이다. 그는 걷기의 미덕에 대해 다음과 같이 말한다. 첫째, 목적으로부터 해방된 채 "서두르지 않는다"는 점이다. 걷기란 "영원히 일요일을 즐기는 기분"이라고도 했다. 둘째, 걷기는 바닥과 유기적으로 밀착하는 느낌을 준다. 이는 자동차나 기차의 경우 승차감이 좋으면 좋을수록 피부를 통한 정보 수집과 감각 인식에 실패하는 것과 대조적이다. 셋째, 걷기는 걷는 이로 하여금 풍경의 일부가 되어 풍경에 흡수되게 만든다. 요컨대 걷는 것은 그 자체로 "고향이고 회춘이며, 자유이고 해방"이다.

마차나 자동차, 기차가 발명되기 전까지 우리 인류는 누구나 다 걸어 다녔다. 보통 사람들에게 멀리, 자주 이동할 필요성은 거의 없었기에 걷기 이외의 대안적 방법은 심각히 강구되지 않았다. 일반적으로 도시의 규모는 보행 거리나 가청(可聽) 거리를 넘지 않았다(Mumford, 1961: 80). 전근대사회에서 걷지 않는다는 것은 오히려 예외적인 일로서, 높은 지위나 특권을 의미했다(정수복, 2009: 68-69). 그때만 해도 걷는 행위는 자신의 근육이나 체력을 동원한다는 점에서 미천한 노동을 방불케 하는 측면이 있어 보였다.

걷기가 기본이자 원칙이었음에도 불구하고 막상 근대 이전에는 보행 환경이 썩 좋은 편은 아니었다. 서양의 경우 전근대사회의 도시는 하수와 오물로 가득했을 뿐 아니라 거지나 강도, 노점상, 매춘부 등에 의해 무질서나 불안 혹은 공포의 요인이 많았다(솔닛, 2003: 278-283). 18세기 말까지만 해도 유럽에서는 보행자의 이미지가 대체로 부정적이었다(어리, 2012: 93-94). 도보는 가난, 결핍, 부랑 등의 이미지와 연결되었고, 걷는 사람은 거지, 정신병자, 아니면 범죄자로 간주되기 십상이었다. '노상강도'(footpad)라는 말도 이런 배경에서 나왔다.

그러다가 자동차와 철도가 새로운 운송수단으로 등장하면서 도보는 긍정적인 의미를 새로 획득하게 되었다. 걷기는 더 이상 육체노동이 아니게 되었을 뿐 아니라 길을 걷는 자가 반드시 꼴사납거나 위험한 인간일 이유도 사라졌다. 기계화된 이동이 늘어나면서 느긋한 걷기를 통한 '거리의 마찰'을 오히려 미덕으로 여기는 분위기까지 생겨났다. '소요'(peripatetic)라는 담론이 등장하고 '소요이론'

(peripatetic theory)이 발전하는 것은 이런 맥락에서였다. 이에 발맞추어 19세기에 보도, 가로등, 화장실, 교통신호, 교통법규 등 도시의 도보 환경을 정비하는 설비와 장치가 등장하였다. 20세기에 들어와서는 보행자를 위한 의류나 장비까지 속속 등장했다(어리, 2012: 95-96). 신발, 지도, 양말, 방한복, 모자 등은 물론이고 '소니 워크맨'도 여기에 동참했다.

자동차 시대가 처음 열린 곳도 서구였지만 보행의 가치가 재인식되고 보행의 권리가 재발견된 곳도 서구였다. 1933년 르 코르뷔지에가 주도한 '아테네 헌장'(The Charter of Athens)은 자동차 중심, 도로 위주의 도시설계를 대세로 정착시켰다. 그 결과 한동안 보도와 걷기의 영역이 적잖이 축소된 것은 사실이다. 하지만 소위 '68운동'과 더불어 이른바 도시권(right to the city) 개념이 부상하면서 보행을 천부적 권리로 인식하는 흐름이 늘어났다. 르페브르(Lefebvre, 2003)는 도시권이란 형식적인 시민권이 아니라 실질적인 거주권이 되어야 한다고 주장하면서, 거주권 속에 도시 보행권을 포함시켰다.

유럽에서 발원한 '68운동'보다 더 결정적으로 보행권이 신장하게 된 계기는 1980년대 미국을 풍미한 뉴어바니즘(New Urbanism) 운동이었다. 뉴어바니즘의 핵심 모토는 '휴먼 스케일의 살기 좋은 공간'(liveable space at a human scale)이었다. 뉴어바니즘 운동은 길 혹은 스트리트(street)를 시민 모두를 위한 공적 공간으로 인식했다. 특히 보행 활동을 공동체적 유대와 장소감을 증대시키는 유력한 방편이라고 믿었다(Talen, 1999). 도시권 개념의 득세와 뉴어바니즘 사조의 확산에도 불구하고 자동차 시민사회와 보행 시민사회가 반드시 제로섬 관계에 놓인 것은 아니었다(어리, 2012: 241-244). 서구의 자동차 문화와 도보 문화는 공진화한 측면이 있다.

이처럼 서구 사회는 걷고 싶은 욕망과 걸을 수 있는 도로환경 사이의 간극을 메우기 위한 노력을 꾸준히 진행해 왔다. 그 결과 유럽 선진국에는 이른바 '명품 가로'를 위한 학문적 연구와 정책적 성과가 오랫동안 축적되어 왔다. 자치 도시의 유구한 전통 위에서 무릇 전문가라면 도시가로(都市街路) 본연의 사회적 역할과 문화적 잠재력을 잘 알아야 했고 또한 알고 있었기 때문이다. 구미학계가 발군의 도시설계 이론가들을 배출한 것에는 이런 이유가 숨어 있는 것이다. 이는 우리나라의 경우, 도시설계를 도시계획 이후의 '사치' 또는 '화장' 정도로 인식하는 것과 사뭇 대조적이지 아닐 수 없다(이석정, 2013).

미국의 MIT 교수로서 1950년대 이탈리아 플로렌스에 머물면서 유럽의 도시를 연구한 케빈 린치(Lynch, 1960)는 도시나 건축을 기능주의적 시각에서 접근하는 르 코르뷔지에를 비판하면서 이들의 형태적, 경관적, 감각적 요소를 강조하였다. 그에 의하면 형태는 기능을 충실하게 따를 것이 아니라 형태 그 자체로서 가치가 있는 것이었다. 린치에게 중요한 것은 "도시의 시각적 인지와 구조화를 촉진시킬 수 있는 도시환경의 이미지 제고"였다. 그는 도시의 이미지를 구성하는 다섯 가지 물리적 요소로서 가로(path), 경계(edges), 지구(地區, district), 교점(交點, nodes), 그리고 랜드마크(landmark)를 꼽았다.

린치는 이 다섯 가지 도시의 이미지 구성요소들 가운데 다른 모든 것들을 질서화할 수 있는 가장 막강한 수단이 바로 길 혹은 가로라고 생각했다. 그는 가로를 "도시 공간에서 일어나는 습관적 혹은 잠재적 이동 경로"로 정의하면서 그것의 연속성(continuity)과 방향성(direction)을 가장 중시했다. 연속성은 가로수의 통일, 단일한 색감 혹은 질감의 도로포장, 정연한 건물 배치, 일정한 건축선 등을 통해 가로 각각의 개성을 확보하는 것을 말하고, 방향성은 올바른 목적지로 가고 있다는 확신을 느낄 수 있도록 지면의 경사, 도로 표지나 상점 혹은 인파의 증감, 가로수의 색이나 질감 등을 고려하는 것이다. 린치는 길을 따라 일어나는 일은 "오랜 세월에 걸쳐 경험된 형태로 인지되거나 상상되는 일종의 '음악적 선율'(melody) 같은 것"이라 주장했다.

세계적인 건축가이자 도시공학자인 얀 겔(Jan Gehl, 1987)은 도로를 이동 공간이 아닌 공공 공간으로 생각한다. 그는 지구 상에서 가장 행복한 나라로 공인되는 덴마크 태생이고 그중에서도 세계에서 가장 걷기 좋은 도시로 통하는 코펜하겐 출신이다. 그의 지론은 "삶이 우선이고, 그 다음이 공간이며, 그 이후가 건물인데, 이를 뒤집는 것은 말이 안 된다"(First life, then spaces, then buildings, the other way around never works)라는 말로 요약된다. 얀 겔에게 걷기와 행복은 사실상 동의어였다. 얀 겔의 모토는 "사람을 위한 도시"(cities for people)이다.

그는 실외 활동의 형태를 세 가지로 나누는데, 등교, 출근, 쇼핑, 버스나 사람 기다리기와 같은 '필수적 활동'(necessary activities), 바람 쐬며 걷거나 이리저리 쏘다니는 일, 햇볕 쪼이기처럼 하고 싶은 마음이 있는데다 시간과 장소가 주어지면 실천에 옮기게 되는 '선택적 활동'(optional activities), 공공 공간의 존재 여하에 따라 할 것인가 말 것인가가 결정되는 '사회적 활동'(social activities)이 바로 그것이다. 사회적 활동에는 아이들이 안전하게 뛰어노는 것, 사람들이 서로 인사와 대화를 나누는 것, 다양한 공동체 활동에 동참하는 것, 그리고 가장 보편적인 양태로서 그냥 익명의 타인을 수동적으로 보고 듣는 일 등이 포함된다.

얀 겔에 의하면 보행은 교통의 한 가지 수단이기도 하지만 공공 환경에 존재할 수 있는 가장 비공식적이고 가장 복잡하지 않은 사회적 활동의 가능성을 제공한다는 점에 더 큰 의의가 있다. 공공 공간으로서의 도로는 방해받지 않고, 뒤에서 밀리지 않으며, 헤쳐 나가는 데 너무 어렵지 않아야 한다. 도로포장이나 표면 조건도 중요하여, 자갈길, 모래, 울퉁불퉁한 길은 가급적 피해야 한다. 도로설계는 보행자만이 아니라 자전거, 유모차, 휠체어 이용자들도 배려해야 한다. 또한 도로는 비단 걷는 용도만이 아니라 앉기도 하고 서 있기도 하는 공간이어서, 매우 섬세하게 디자인될 필요가 있다. 버스를 기다리는 일, 쇼윈도를 쳐다보는 일, 벤치에 앉아 있는 일, 볼

라드(bollard)에 기대는 일 등도 모두 거리에서 일어나는 행동들이기 때문이다.

미국의 도시계획 및 도시설계 학자인 알렌 제이콥스(Allan Jacobs, 1993: 3-6)는 '위대한 가로'(great streets)라는 개념을 제안한다. 길이라고 모두가 좋은 길이 아니라는 것이다. 그에 의하면 가로는 수도나 가스, 전기 등을 공급하는 공익시설에 그치는 것이 아니다. 가로의 가장 큰 기능은 소통, 곧 커뮤니케이션으로서, 도시공동체의 형태와 구조 및 안락을 조율한다. 또한 도로는 사람들이 집 밖으로 나가 다른 이들을 조우하도록 허용하는 조건이다. 그곳은 사회성(sociability)이 형성되는 공공장소이자 다양한 의견과 이해가 표출되고 반영되는 정치적 공간이기도 하다. 단순한 이동이나 접근의 차원을 넘어 이와 같은 상징적, 의례적, 사회적, 정치적 역할을 수행할 때 도로는 비로소 위대해진다는 것이 제이콥스의 주장이다.

이와 관련하여 제이콥스는 위대한 가로의 8대 조건을 제시한다(Jacobs, 1993: 270-292). 첫째는 '여가를 겸비한 걷기'로서 보행은 편안하고 안전하고 즐거울 뿐만 아니라 무언가 배울 것이 있어야 한다. 둘째는 '신체적 편안함'으로서 가로는 햇빛, 바람, 그늘이 적정한 상태를 유지해야 한다. 셋째는 '선명성'(definition)이다. 수직적 차원에서는 건물이나 벽 혹은 가로수의 높이에 따라, 수평적 차원에서 길이나 건물 혹은 가로수 간격을 통해 가로는 자신의 물리적 개성을 분명히 드러내야 한다. 넷째는 '눈을 사로잡는 능력'으로서 가로는 늘 움직이고 싶어 하고 또한 움직여야만 하는 눈의 활동에 부응해야 한다. 다섯째는 '투명성'(transparency)이다. 가로에서 공적 영역과 사적 공간은 일반적으로 창문과 출입구를 통해 구분되는데, 건물 안에 무엇이 있는지 그리고 그곳이 무엇을 하는 곳인지가 밖에서 잘 알 수 있어야 한다. 여섯째는 건물들이 높이나 형태 차원에서 서로 조화를 이루어야 한다는 '상호보완성'(complementarity)이고, 일곱째는 '청결 혹은 정리정돈'(maintenance) 그리고 끝으로 여덟째는 가로 건축 및 설계의 수준이다. 이들 모두가 우리에게는 참으로 부러운 귀감이 아닐 수 없다.

서구에서는 도시 가로를 누구나 평등하게 접근할 수 있는 공간으로 생각한다. 사실 공원이나 광장은 모든 사람이 매일 이용하지 않는다. 이에 반해 길은 사회적 약자나 강자 모두에게 필요한 공간이면서 실제로는 경제적으로 여유가 없는 사람들에게 훨씬 더 긴요한 공공 공간이다. 약자에게는 사실상 길이 집일 경우가 많다. 유럽 대도시의 도시 관리 역사는 다른 말로 가로 관리의 역사이다(이석정, 2013). 유럽의 도시 가로는 단순한 교통공간이 아니라 시민사회를 상징하고 대표하는 공간으로 자리 잡아 왔다.

도시가로의 형태와 기능에 관한 한 우리나라는 변명의 여지없이 후진국 수준에 머물러 있다. 어린 자녀를 둔 가정주부의 입장에서 우리나라의 동네 길은 위험하고 불안하기 짝이 없다(박소현, 2015 참고). 자동차에 밀려 인도가 제대로 확보되어 있지 않은 데다가 보도블록마저 평탄하게 깔린 곳이 드물다. 무질서한 간판이나 무단 주차, 가로수는 도로 위의 지뢰에 가깝다. 아마도 우리나라 동네 길이 이처럼 형편없는 까닭은 역설적으로 그곳은 주부나 어린이 같은 약자들이 주로 이용하기 때문일지 모른다. 우리나라에서 도로를 설계하고 건설하는 사람들은 40-50대 중산층 전문직 오너드라이버 남성일 공산이 높다. 그리고 이들이 동네 길을 이용할 일은 현실적으로 많지 않다. 결국 길을 만드는 사람과 길을 다니는 사람이 따로 있는 것이다.

하지만 이와 같은 후진국 수준의 보행도로가 반드시 정책가나 전문가의 책임만은 아니다. 우리 모두는 건축사학자 코스토프(2009)의 다음과 같은 주장에 귀를 기울일 필요가 있다. "많은 도시가 설계자가 가졌던 훌륭한 의도와는 상관없이 제멋대로 만들어진다. 일단 설계가 되고 나면 도시는 일상생활에서 일어나는 의례적인 일과 변덕스러운 역사의 흐름에 따라 즉흥적으로 만들어진다." 이는 아무리 훌륭한 길 닦기도 성숙한 시민의식과 책임윤리에 의해 뒷받침되지 않으면 별로 소용이 없다는 의미다. 보행 습관, 운전 예절, 공간의 공사 구분 매너 등이 함께 나아지지 않으면 우리는 길 본연의 도덕적이고도 교훈적인 가치에 끝내 다시 다가가지 못할 것이다.

제 5 장

—

나가며

이 책의 문제의식은 우리 사회가 당면하고 있는 경제부국과 공간 빈국 사이의 극명한 대조다. 언필칭 선진국 대열이고 툭하면 OECD 회원국을 말하지만 막상 국민들이 공간적 차원에서 향유하는 자유와 정의, 안녕과 평화, 역사와 전통, 그리고 행복과 품격에는 아직도 갈 길이 많이 남아 있는 나라다. 물론 근대화, 세계화, 정보화의 흐름 속에 우리가 사는 집, 우리가 모여 사는 동네나 도시, 우리가 이용하는 교통수단에 획기적인 변화가 일어났고, 그중에는 삶의 수준을 놀라울 정도로 업그레이드시킨 부분이 적지 않다. 그러나 오랜 시간 열심히 달려왔다고 반드시 바른 길을 왔거나 옳은 길을 가고 있는 것은 아니다. 지금 이대로라면 앞으로도 우리의 공간생활은 끝내 개발도상국 신세를 벗어나지 못할 지도 모른다.

이 책은 공간 후진국인 대한민국의 원인을 집과 터, 그리고 길에 대한 인문학적 통찰력과 사회학적 상상력의 부족에서 찾고자 했다. 사실 공간연구나 공간정책에 관련하여 우리나라는 인력이나 예산이 모자란 나라도 아니고 관심이나 노력이 아쉬운 나라도 아니다. 관련 정부 부처는 불패의 막강 조직이며, 관련 학과나 전공이 거의 모든 대학에 설치되어 있는 가운데 유관 학회만 해도 수십 개가 서로 경쟁하고 있다. 따라서 문제는 사고의 프레임이고 발상의 패러다임이다. 우리나라의 공간 관련 학문과 정책이 현재처럼 기술·공학 분야의 헤게모니에 압도되어 있거나 부동산 연구에 한눈을 팔고 있는 한 공간 선진국의 꿈은 언제까지나 요원하다고 말할 수밖에 없다.

물론 공간 분야에 있어서 인문사회학적 접근이 전무한 것은 아니다. 작금의 인문학 대중화에 편승하여 건축이나 주택, 마을, 도시 등을 주제로 한 읽을거리들이 도서관에 가득하고 서점에 즐비하다. 기술·공학 영역의 전문가 가운데 우리나라의 공간 관련 분야의 실상을 자아 비판하는 경우도 결코 적지 아니하다. 하지만 이들 대부분의 경우에도 따뜻한 인문학은 넘치나 냉철한 사회(과)학은 아쉽다. 낭만주의적 담론이 난무하고 이상주의적 교훈이 범람하는 통에 정확한 현실 진단과 합리적 대안 제시는 오히려 시각을 잃고 초점을 놓치기 십상이다.

가령 '집'을 들여다보자. 오랫동안 우리나라에서는 이른바 '주택-기계' 관념이 주류를 차지했다. 그 결과가 이른바 '아파트 공화국'이며, 인문사회학적 성찰이 배제된 아파트 사회로의 행군은 목하 많은 부작용을 드러내고 있는 것이 부인할 수 없는 사실이다. 이에 대해 다른 쪽에서는 '아파트 때리기'에 분주한데, 많은 경우 노스탤지어와 센티멘털리즘과 이데올로기의 맹목적인 발산에 가깝다. 흥미로운 것은 아파트 거주에 대한 실제 선호와 그것에 대한 심정적 거부가 공존하는 우리나라의 이율배반적 상황이다. 보다 체계적인 주거공간의 인문사회학이 필요하고 중요한 까닭은 바로 이 대목에 있다.

　한 걸음 더 나아가 인류의 주거문명 자체가 근본적인 변화를 경험하고 있는 것이 바로 우리 시대다. 가족 대신 개인이 부상하고 사람 대신 사물이 득세하는 와중에 피동적 무주택자와 능동적 비주택자가 새로운 주거문명의 주역으로 부상하고 있다. 그렇다면 이제는 집의 가치와 기능, 본질 등에 대해 보다 근본적인 성찰이 시작되어야 한다. 어디에, 얼마나, 어떻게 집을 지을 것인가는 점차 낡은 질문이 되어 가고 있다. 주택 '공급'은 조만간 사어(死語)가 될지도 모른다. 대신 지금은 왜, 누구에게, 무엇을 위한 집인지를 물어야 할 때다. 집의 인문사회학은 바로 이러한 논쟁의 중심이자 무대가 되어야 할 것이다.

　'터'의 경우도 비슷하다. 급속한 근대화 과정에서 전통적 마을이 대부분 파괴되고 도시는 새로운 사회공동체로 진화하지 못했다. 이러한 결과는 불도저식 도시계획의 예고된 재앙이었다. 하지만 도시계획이라는 것 자체가 본래부터 권력의 도구이고 자본의 수단일 수 있다는 인식은 우리나라 학계에서 오랫동안 금기시되었다. 여기에 대한 일각의 반동은 마을이나 동네, 혹은 공동체에 대한 절대 숭배와 과잉 집착으로 나타났다. 그것의 희극적 비극은 마을 만들기 담론이 우리나라에서 너무나 쉽게 행정화(行政化)·사업화(事業化)되는 개념상의 형용모순(oxymoron)이다. '토건 마피아들'이 시류를 쫓아

때로는 도시계획으로, 때로는 마을 만들기로 이리저리 몰려다니는 것도 가관(可觀)이기는 마찬가지다.

제대로 된 터의 인문사회학이 있었더라면 거시적 사회변동과 연계하여 공동체라는 사회적 단위를 누가, 언제, 왜 필요로 하는지를 좀 더 분석적으로 따졌을 것이다. 또한 인류 문명과 인간의 삶에 관련하여 도시의 존재 이유가 무엇인지, 도시가 무엇으로 사는지를 염두에 두고 우리나라 도시의 현재와 미래를 고민했을 것이다. 유행에 따라 토건도시와 정보도시 사이를 왔다 갔다 하는 도시계획 연구 및 정책으로는 '보이지 않는' 도시의 위대한 잠재력을 간과하기 쉽다. 우리나라의 모든 도시가 공산품처럼 획일화 내지 평준화된 채 공예품 같은 개성과 품격을 드러내지 못하는 현실 앞에서 선진국 도시들과의 격차를 전문가의 이름으로 뼈아프게 절감할 때다.

'길'에서도 사정은 마찬가지다. 최근까지만 해도 압축적 근대화 과정에서 우리는 줄곧 빠른 길, 넓은 길, 편한 길, 먼 길을 쫓아가는 교통 강국의 꿈을 향해 왔다. 그리고 세계적 기준에 의하면 아직도 그쪽으로 갈 길이 많이 남아있는 것도 사실이다. 하지만 다른 한편으로 우리는 사람의 길, 혹은 인간의 도를 그동안 너무나 많이 잃어버렸다. 최첨단 이동 수단도 좋지만 당장에는 편하게 걸을 만한 동네 길이 더 아쉬운 것이다. 교통 기계-공간의 전방위 확대는 학계 내 교통 인문학 및 교통 사회학 분야의 완전 부재라는 우리의 현실을 참으로 부끄럽게 만든다.

그렇다고 해서 보행도시론이나 걷기예찬론이 최상의 대응이나 최고의 능사라는 얘기는 아니다. 여기서도 '모 아니면 도'라는 식의 해결은 설득력이 낮다. 예컨대 올레길이 인기를 끌자 동·서·남해안과 비무장 접경지역 등 한반도 외곽을 잇는 이른바 '코리아 둘레길'을 2018년까지 2년 만에 완성하겠다는 정부의 계획은 길의 인문학적 재발견 취지에 어울리지 않는다. 총 길이 4,500km로서 스페인 산티아고 순례길의 세 배라는 점이 뭐 그리 중요한가 말이다. 관건은 오히려 길의 다양성과 선택의 자유다. 이런 점에서 도시설계 실무자는 많으나 이론가는 드문 우리나라의 처지가 다시 한 번 딱하다. 특히 이는 공간계획 및 설계의 한국적 토착화와 관련하여 매우 심각한 문제로 보인다. 우리 시대의 최대 추세이자 화두는 '모빌리티 전환'이다. 정주문명으로부터 유목문명으로의 대반전이 예상되는 시점에 이동과 교통에 관련된 인문사회학적 사유의 필요성과 당위성은 이미 발등에 떨어진 불이 아닐 수 없다.

산업화와 민주화를 동시에 성취한 유일한 개발도상국 대한민국에서 모든 국민이 근대화의 위업 완수를 일상에서 체감하기 위한 또 다른 관문은 공간 생활 및 공간 문화의 선진화이다. 그렇다면 이를 위해 누가, 어디서, 무엇을, 어떻게 시작할 것인가? 무엇보다 한 나라의 공간 수준은 사실상 그 나라의 공간 지식 수준이라는 사실을 자각해야 한다. 그런 만큼 우리나라의 공간계획 관련 지식생태계의 일대 개혁은 피할 수도, 미룰 수도 없는 절박한 과제다. 현재와 같은 공학·기술 헤게모니를 넘어서 보다 다양한 인문사회학 전공분야가 동참할 수 있는 기회를 처음부터 제도적으로 마련해야 한다. 구색을 맞추거나 들러리 세우는 식으로 인문사회학의 역할을 생각한다면 공간빈국 대한민국의 미래는 백년하청(百年河淸)이다.

이른바 프로젝트형 학술연구의 만연은 공간지식 생태계의 다양성과 생산성을 저해하는 관행이다. 우리나라의 공간 관련 연구는 권력 및 자본과 유착되어 있는 경우가 대부분이다. 유관 학회들은 학술 용역단체로 존립하는 측면이 크다. 말하자면 공간이나 공간연구에 관련하여 아카데미즘 고유 영역의 우위나 주도가 너무나 취약한 것이다. 이러한 사정은 물론 이 분야 학문의 고유 특성일 수도 있다.01 하지만 그것도 어디까지나 정도와 비율, 빈도의 문제다. 우리나라의 경우 공간 관련 연구의 관급(官給)지향과 시장영합은 눈에 띄게 과하고 두드러져 있다. 두말할 나위 없이 이는 지난 세월의 국가주도 압축성장 체제에 원죄(原罪)가 있다 할 것이다.

이런 점에서 지방자치제의 실시는 우리나라의 공간계획이나 정책을 업그레이드시킬 수 있는 소중한 기회였다. 물론 지방자치에 따라 공간 문제를 보다 지역친화적이고 주민밀착적으로 접근할 수

---

01 학문의 용역성은 순수학문이 아닌 응용학문의 보편적 현상이라고 볼 수도 있다. 사회과학 분야에서는 예컨대 행정학이 그렇다(안병영, 1982 참조). 이는 어떻게 보면 푸코(1994: 325-328)가 말하는 "새로운 지식의 형성과 축적을 통한 권력효과"라는 입장에서 근대학문 자체의 운명이라고 볼수도 있다. 푸코는 심리학, 정신의학, 교육학, 범죄학 등 "최근 1세기 이상 전부터 우리 '인류'가 매료되고 있는 인문과학"이라는 것이 사실은 "권력이 다르면 지식도 달라진다"는 점을 말해 주고 있다고 주장하는데, 도시계획학은 그것의 일부가 아니라 그것의 전형이다.

있는 제도적 틀은 과거에 비해 잘 갖춰진 셈이다. 하지만 정작 진행되고 있는 현실을 뜯어 보면 지역공간은 정치적 포퓰리즘이 초래하는 갖가지 폐해에 심각하게 시달리고 있는 형편이다. 선거에서의 승리를 위해 지역 정치인들은 유권자의 눈을 만족시키는 개발주의적 성과에 몰입하는 경향이 있으며, 그 결과 전 국토가 목하 신음 중이다. 말하자면 각종 '선거판'과 연중 '공사판'의 파괴적 결합이다. 지방자치제 이후 각 지역마다 지자체 부설 싱크 탱크(Think Tank)가 설립되었지만, 그것들 또한 자치단체장을 위한 포퓰리즘 공간정책의 산실로 점차 전락하고 있다.

두말할 나위 없이 분권과 자치는 공간 선진화를 위한 중요한 조건 가운데 하나다. 하지만 우리나라 지방자치에는 분권도 없고 자치도 없다. '무늬만' 지방자치일 뿐이어서 사실상 권리는 적고 책임 또한 가볍다. 이에 비해 선진국의 지방자치단체는 권리가 많은 만큼 책임 또한 무겁다. 따라서 그곳에서는 공간 문제에 대한 인기영합적 접근을 쉽게 상상하기 어렵다. 지역의 공간정책에 필요한 재원을 대부분 스스로 조달해야 하는 상황, 그리고 이를 지역 주민들이 세금의 형태로 직접 부담해야 하는 상황이 포퓰리즘의 발호와 기승을 원천적으로 힘들게 만들기 때문이다. 이에 비해 우리나라 지방자치의 현실에서 포퓰리즘은 치명적 유혹이다. 중앙정부와의 연줄에 따라 재원이 '로또처럼' 분배되는 상황에서 지역 정치인이나 지역 주민 공히 아무런 부담 없이 개발주의의 베팅을 즐기며 포퓰리즘의 함정에 빠지게 되는 것이다.

그러므로 공간빈국의 상태를 벗어날 수 있는 조건으로서 시민의식의 성숙을 아무리 강조해도 지나치지 않다. 우리나라는 자치 도시의 오랜 역사도 없고 이렇다 할 만한 시민혁명의 경험도 없다. 그런 만큼 국민은 있으되 시민은 없는 나라다. 시민이 없다는 것은 진정한 의미의 도시가 없다는 뜻이 되기도 한다. 여기서 시민이란 한편으로 자유와 권리, 참여를 주장하면서 다른 한편으로는 책임과 의무 및 교양을 겸비한 근대적 개인을 말한다. 이들의 힘이 모여 성숙한 시민사회를 형성하지 않는 한, 공간 문제에 대한 공공 의식 및 문화적 안목의 배양도 어려울 뿐 아니라 관(官) 주도 공학·기술 중심의 공간정책에 대한 이성적 대응과 합리적 비판 또한 어렵게 만든다.

막강한 힘으로 우리 시대에 떠오르는 화두는 '공간적 전환'이다. 그리고 세상은 '모빌리티 패러다임'으로 급속히 바뀌고 있다. 어리 (2014: 494, 519)에 의하면 이와 관련하여 오늘날 지구 상에는 서로 대조적인 두 개의 흐름이 관찰된다. 세계적으로 그렇다는 말인데, 우리나라에서는 좀 더 두드러져 있는 느낌이 들기도 한다. 유감스럽게도 두 가지 선택 모두 비관적이라는 공통점이 있다. 그 하나는 '디스토피아적인 야만주의' 공간이다. 이는 제대로 된 사회적 차원의 대처 없이 '만인 대 만인의 투쟁'이라는 홉스주의적(Hobbesian) 미래로 치닫는 것이다. 다른 하나는 '자아와 사회의 디지털 오웰화

(Orwell-zation)'이다. 이는 모든 공간과 이동에 대해 빅 브라더의 감시와 추적이 강화되는 것을 의미한다. 요컨대 한편으로는 토마스 홉스(Thomas Hobbes)가 다른 한편으로는 조지 오웰(George Orwell)이 작금의 시대정신을 대표하고 있는 셈이다.

전자의 징후로는 이른바 신자유주의의 부작용이 대표적이다. 무주택자와 비주택자가 늘어나고 공동체가 붕괴되며 도시가 약육강식의 정글이 되어 가는 시대, 유목과 이동이 생존의 조건이 되어 홈과 어웨이의 공간적 의미 구분이 사라지는 시대가 바로 그것이다. 한병철(2012: 43-44)은 "후기 성과사회가 우리 모두를 벌거벗은 생명으로 환원"시키고 있다고 말한다. 말하자면 현대인들은 모두 '호모 사케르'(Homo Sacer)의 운명에 처해 있다는 것이다.[02] 언제라도 죽일 수 있는 것이 본래 의미에서의 벌거벗은 생명이라면, 현대사회의 호모 사케르는 절대로 죽일 수 없는 존재라는 점에 특성이 있다. 호모 사케르의 존재와 관리가 신자유주의의 작동원리 가운데 하나이기 때문이다.

주인 스스로 노동하는 노예가 되는 '노동사회', 그리고 인간이 자기 자신을 착취하는 '피로사회'는 오늘날 우리나라 현실 곳곳에서

---

02 벌거벗은 생명, 곧 호모 사케르는 원래 어떤 범죄에 의해 사회에서 추방당한 자를 의미한다(아감벤, 2008 참고). 강제수용소의 유대인, 관타나모 수용소의 포로들, 신분 증명서류 없는 월경자(越境者), 무법의 공간에서 추방을 기다리는 난민들, 산소 호흡기에 묶인 채 간신히 연명 중인 중환자실의 환자들이 대표적인 사례다. 아감벤은 주권 개념에 입각한 서양 근대 정치철학의 패러다임을 비판하고 정치의 본질은 주권자와 벌거벗은 생명 간의 관계에 있다고 주장한다.

모습을 드러내고 있다. 주거빈곤의 심화, '홈 스위트 홈' 담론의 붕괴, 가까이하기에는 너무나 먼 취업과 직장, 높은 자살률 등이 바로 그것이다. 이와 같은 삶의 황폐화 경향에 맞서 작고 낮은 수준의 공간운동이 생겨나고 있는 사실 자체는 의미 있는 일이다. '작은 집' 캠페인이 그렇고 '마을 만들기' 사업이 그렇다. 중세 유럽의 코뮌을 대안적 모델로 제시하는 관점도 마찬가지다(이성백, 2016 참고). 하지만 그것이 문제의 근본적인 해결이 될지는 미지수다. 이들이 현실에서는 오히려 기존의 지배와 권력을 강화하는 결과를 초래할 수도 있기 때문이다. 작금의 마을 만들기를 시민사회의 동원과 지역운동의 발명을 통해 국가가 자신의 통치성을 공간적 차원에서 심화·확대하는 것이라고 비판하는 것은 이런 맥락에서다(박주형, 2013).

실제로 당대의 지배권력은 신자유시대의 공간을 홉스주의적 무질서 상태로 결코 내버려 두지 않는다. 아래로부터 발생하는 다양한 공간운동이 마음껏 활개 치도록 방치하지도 않을 것이다. 두말할 나위도 없이 공간과 권력은 본디 둘이 아니기 때문이다. 공간은 권력의 수단이자 무대로서, 언제 어디서나 지식과 기술의 사용을 통한 계획과 생산, 관리와 재생의 대상이 된다. 그러므로 우리 시대의 공간정책은 권력이나 자본의 이해를 위해 구조적으로는 보다 체계화되고 미시적으로는 더욱 치밀하고 은밀해지는 경향이 있다. 이것이 바로 넓은 의미에서의 오웰주의적 접근이다. 작금의 공간 오웰주의가 『1984년』에서 조지 오웰이 경계했던 전체주의 사찰국가에 비해 정도는 덜할지 모르지만 말이다.

우리 시대의 오웰주의 공간정책은 푸코주의와 결합하는 양상을 보인다. 정보화 혁명과 더불어 '디지털 빅 브라더' 세상을 지향한다는 의미에서다. 이런 점에서 오늘날 한국사회에서 풍미하는 각종 스마트 공간담론은 매우 조심스레 판단되어야 한다. 규율사회라는 근대사회의 특성을 파악한 다음 근대 도시계획으로부터 '감옥사회'의 그림자를 읽었던 것이 푸코였다. 오웰주의적 공간정책은 또한 막스 베버가 도구적 합리성의 무한증대가 초래할 것으로 예상한 '쇠우리'(iron cage) 사회를 환기시킨다(Weber, 1958 참고). 공간에 대한 목적합리적 접근을 통해 효율성, 계산성, 예측가능성 등을 높이고자 하는 관행은 우리 사회에서 아직도 강력하게 남아 있다. 공급자, 시혜자, 보호자의 위치에서 접근하는 공리주의적 공간정책은 우리 사회에서 불굴의 신화를 사수하고 있다.

홉스주의와 오웰주의를 둘러싼 우리 시대의 공간 문제는 어떤 점에서 산업화 초기 르 코르뷔지에가 던졌던 질문, 곧 '혁명이냐, 건축이냐'를 떠올리게 한다. 전에 없던 사회적 혼란 속에서 프롤레타리아로 전락하게 된 수많은 사람들이 새로운 세상을 만들기 위해 혁명을 꿈꾸던 시절, 르 코르뷔지에는 건축을 통해 혁명은 피할 수 있다고 굳게 믿었다. 그리고 그것은 오랫동안 가능한 현실로 판명되었다. 하지만 앞으로도 계속 그럴 것이라는 보장은 없다. 오늘날 후기 산업화 시대의 호모 사케르에게는 또 다른 혁명이 필요할지 모르기 때문이다. 대안적 공간운동과 공간담론의 부상은 그것의 전조일 수 있다. 물론 그런 만큼 제도권의 공간정책이 맞대응의 수위를 높이며 더욱더 강도를 높일 공산도 커질 것이다.

　그러나 이제는 '혁명이냐, 건축이냐'를 따지는 르 코르뷔지에식 이분법이 얼마나 현실 적합성을 띠고 있는지에 대해서 한 번쯤 재고해도 좋을 듯하다. 2015년도 제6회 '젊은 작가상' 수상작품은 정지돈의 「건축이냐 혁명이냐」였다(정지돈, 2015).**03** 줄거리가 없이 마치 퀼트 이불처럼 이곳저곳에서 갖고 온 천 조각을 꿰매어 놓은 것 같은 파격적 형식의 소설이 행여 르 코르뷔지에를 반박하면서 "혁명은 피할 수 있다"가 아닌 "혁명은 피할 수 없다"는 메시지를 던지지 않을까 짐작한다면 이는 틀렸다. 르 코르뷔지에와는 달리 정지돈 작가는 혁명과 건축 가운데 군이 하나를 선택하지 않는다. 혹은 애초부터 양자택일은 없다고 말하는 듯하다. 바로 이 대목이 20세기와 21세기의 차이라면 차이이고, 모더니즘과 포스트모더니즘의 구분이라면 구분이다.

03　이 작품의 주인공은 이구라는 이름의 대한제국의 황족이다. 영친왕과 일본 황족 출신 어머니(이방자) 사이에서 태어난 그는 해방 이후 한국과 일본 모두로부터 거부되었다. 그는 미국 MIT에서 건축을 공부했고 르 코르뷔지에를 숭배하면서 모더니즘 건축의 마지막 계승자로 평가되는 이오 밍페이(Ieoh Ming Pei) 사무실에서 일한 적도 있다. 그가 한국으로 돌아온 것은 1960년대 초 박정희 정권의 결정에 따른 것이었다. 1960년대 한국사회에서 예술의 꽃은 건축이었고, 이구는 그 무렵 한국 건축계를 김수근과 함께 부유(浮游)했지만 처세 스타일은 서로 달랐다. 1970년대 이구는 동남아와 중동을 무대로 사업을 벌였으나 끝내 도산(倒産)하고 말았고 그 이후 일본에서 도피와 은둔의 삶을 보내다가 생애를 마쳤다. 비운의 황족이라는 점에서 그는 혁명을 꿈꿀 만했지만 건축을 택했고, 건축으로 자신과 세상의 운명을 바꾸기에 현실의 벽과 문턱은 그에게 너무나 높았다.

불행인지 다행인지 우리 시대의 사회적 행위에는 목표와 전선이 뚜렷하지 않다. 혁명과 건축 사이에 무수한 변이가 존재할 뿐 아니라 홉스주의와 오웰주의 사이에도 다양한 변주가 가능하다. 건축과 혁명, 국가와 사회, 정치와 일상 사이의 경계와 구별이 점점 더 흐려지는 것이 정보화, 이동화, 가속화, 개인화, 세방화(世方化, glocalization) 시대의 특징이다. 바로 이럴 때 가장 절실한 것은 인문사회학적 감수성과 통찰력 및 상상력이다. 생각의 프레임이 달라지지 않고, 발상의 패러다임이 바뀌지 않는 현재 우리나라의 공간 지식 생태계로는 경제부국과 공간빈국 사이의 부끄러운 간격을 앞으로도 좀처럼 좁히기 힘들 것이다. "어찌하다 우리가 기술적으로는 신(god)이나 도덕적으로는 악마(devil)가 되었고, 과학적으로는 초인(superman)이나 미학적으로는 백치(idiot)가 되었는가?" 이는 20세기 미국이 배출한 걸출한 철학자, 문명비평가, 건축비평가, 미술사가, 도시사학자 멈포드(Lewis Mumford, 1952: 137-138)가 한 말이다. 정작 이런 자탄(自嘆)과 자책(自責)이 더욱더 절실한 나라는 외화내빈(外華內貧)의 공간 후진국, 바로 지금의 대한민국이 아닐까.

참고문헌

강내희, 2016,『길의 역사: 직립 존재의 발자취』, 문화과학사.

강영안, 2015, "이웃,"「철학과 현실」104.

강인호·한필원, 2000,『주거의 문화적 의미』, 세진사.

강학순, 2011,『존재와 공간: 하이데거 존재의 토폴로지와 사상의 흐름』, 한길사.

고영, 2005,『산복도로에 쪽배가 떴다』, 천년의 시작.

구자훈, "종말론 관점에서 본 '새하늘과 새땅' 그리고 도시," 미간행 논문.

권원용, 2008, "도시계획의 역사적 성찰," 서울대학교 환경대학원 학술대회 발표논문.

김기찬, 2003,『골목안 풍경 30년: 1968-2001』, 눈빛.

김기홍, 2014,『마을의 재발견』, 올림.

김명숙, 2009, "기억의 문학적 형상화 ― 죠르주 페렉의『W 혹은 유년시절의 기억』과
　　　　최윤의『하나코는 없다』를 중심으로,"「불어불문학연구」80.

김명환, 2016, "'대치동', 승자독식과 각자도생의 소용돌이," 류보선 외, 2016,『서울의
　　　　인문학: 도시를 읽는 12가지 시선』, 창비.

김미영·전상인, 2014, "오감(五感)도시를 위한 연구방법론으로서의 걷기,"「국토계획」
　　　　49(2).

김복래, 1999,『서양생활문화사』, 대한교과서.

김성진, 2010, "도보여행의 현황과 과제," 서울대학교 환경계획연구소 창립30주년
　　　　심포지엄 발표집.

김윤희, 2014, "사회적 생산성 제고와 근대 통치성: 서울 '도시개조사업'의 재검토
　　　　(1896-1899년),"「아세아연구」57(1).

김의원, 1984,『국토이력서』, 매일경제신문사.

김종영, 2015,『지배받는 지배자 ― 미국유학과 한국 엘리트의 탄생』, 돌베개.

김한상, 2010, "담론의 승리: 박정희 정권기 고속도로의 문화적 건설," 최영준 외,

2010, 『고속도로의 인문학』, hi-pass.

김홍중, 2008, "골목길 풍경과 노스탤지어," 「경제와사회」 77.

김훈, 2015, 『라면을 끓이며』, 문학동네.

노형석, 2004, 『모던의 유혹, 모던의 눈물』, 생각의 나무.

도승연 외, 2011, 『현대철학과 사회이론의 공간적 선회』, 라움.

류보선 외, 2016, 『서울의 인문학: 도시를 읽는 12가지 시선』, 창비.

박배균, 2012, "한국학 연구에서 사회-공간론적 관점의 필요성에 대한 소고," 「대한
　　　지리학회지」 47(1).

박소현, 2015, 『동네 걷기 동네 계획』, 공간서가.

박인석, 2013, 『아파트 한국사회: 단지 공화국에 갇힌 도시와 일상』, 현암사.

박정자, 2008, 『시선은 권력이다』, 기파랑.

박주형, 2013, "도구화되는 '공동체'," 「공간과 사회」 43.

박진빈, 2016, 『도시로 보는 미국사: 아메리칸 시티, 혁신과 투쟁의 연대기』, 책세상.

박치완, 2008, "G. 바슐라르에 있어 '일상적인 것'의 가치 ─『공간의 시학』을 중심으로,"
　　　「프랑스학연구」 45.

박현선, 2003, 『현대 북한사회와 가족』, 한울.

박홍근, 2015, "1960년대 후반 서울 도시근대화의 성격 ─ 도시빈민의 추방과 중산층
　　　도시로의 공간개편," 「민주주의와 인권」 15(2).

배명훈, 2009, 『타워』, 오멜라스.

브란트, 빈센트, 2012, "서울의 빈민가와 이농민," 최협, 2012, 『판자촌일기 ─ 청계천
　　　40년 전』, 눈빛.

서울역사박물관, 2013, 『돌격 건설! 김현옥 시장의 서울 I 』, 서울역사박물관.

승효상, 2009, 『지문: 땅 위에 새겨진 자연과 삶의 기록들』, 열화당.

신지은, 2012, "사회성의 공간적 상상력: 신체-공간론을 통해 본 공간적 실천," 「한국
　　　사회학」 46(5).

안병영, 1982, "행정이론의 토착화와 '정부용역학'의 극복," 「월간조선」 7월호.

양귀자, 1987, 『원미동 사람들』, 문학과지성사.

양태자, 2011, 『중세의 뒷골목 풍경』, 이랑.

염복규, 2014, "붕괴된 신화, 지속되는 신화: 김현옥 '건설' 시정과 와우아파트 붕괴 사고가 남긴 것," 『역사비평』 108.

_____, 2016, "서울 남촌, 100년의 역사를 걷는다," 류보선 외, 2016, 『서울의 인문학』, 창비.

유길준, 허경진(옮김), 2004, 『서유견문』, 서해문집.

유승호, 2013, "후기근대와 공간적 전환 — '사회적 공간'으로서의 공간," 『사회와 이론』 23(2).

윤재홍, 2002, "골목과 이웃의 교육인간학," 『교육철학』 27.

이문열, 2000, 『아가(雅歌), 희미한 옛사랑의 그림자』, 민음사.

이복남, 2015, 『한국건설의 가치를 말하다』, 서울대출판문화원.

이상헌, 2013, 『대한민국에 건축은 없다』, 효형출판.

이성백, 2016, "공동체사회론의 철학적 재성찰," 류보선 외, 2016, 『서울의 인문학』, 창비.

이석정, 2013, "공공공간 설계와 일상의 행복," 서울대 환경대학원 40주년 기념학술대회 〈국민행복, 공간에게 길을 묻다〉 자료집.

이승수, 2010, "도시문화의 모세혈관, 골목길의 재발견," 『고전문학연구』 38.

이영훈, 2014, "한국사회의 역사적 특질: 한국형 시장경제체제의 비교제도적 토대," 이영훈(엮음), 2014, 『한국형 시장체제』, 서울대출판문화원.

이종관, 2011, 『공간의 현상학, 풍경 그리고 건축』, 성균관대출판부.

이종건, 2013, 『건축 없는 국가』, 가향 미디어랩 & 커뮤니티.

이종범(편), 1994, 『전환 시대의 행정가: 한국형 지도자론』, 나남.

이지누, 2006, 『(이지누의) 집 이야기』, 삼인.

이진경, 2000, 『근대적 주거공간의 탄생』, 소명출판.

이찬규, 2009, "장소의 경험 1: 한국과 프랑스 골목 문화의 새로운 가치와 전망," 『인문과학』 44.

이태진, 1997, "1896-1904년 서울 도시개조사업의 주체와 지향성," 『한국사론』 37.

_____, 2005,『동경대생들에게 들려준 한국사: 메이지 일본의 한국침략사』, 태학사.

이한구, 2010,『역사주의와 반역사주의』, 철학과 현실사.

이현욱·구본준, 2011,『두 남자의 집짓기』, 마티.

이희상, 2009, "(비-)장소로서 도시 기계공간 — 대구 지하철 공간의 기호적 재현에 대한 해석,"「대한지리학회지」44(3).

임동근, 2010, "한국의 도시지식체계의 형성과정과 연구기관의 발전방향,"「인천학 연구」12.

임동우, 2011,『평양 그리고 평양 이후 — 평양 도시공간에 대한 또 다른 시각: 1953-2011』, 효형출판.

임석재, 2006,『서울, 골목길 풍경』, 북하우스.

_____, 2012,『기계가 된 몸과 현대 건축의 탄생』, 인물과사상사.

장세룡, 2016,『미셸 드 세르토, 일상생활의 창조』, 커뮤니케이션북스.

장세훈, 2005, "한국전쟁과 남북한의 도시화: 서울과 평양의 전후복구과정을 중심으로,"「사회와 역사」67.

전규찬, 2008, "공적 공간 서울 지하철의 문화정치적 읽기," 한국방송학회, 〈한국방송학회 세미나 및 보고서〉.

_____, 2010, "지하철이라는 현대적 대중교통의 탄생: 교통양식론의 관점에서 살펴본 서울 지하철의 역사,"「언론과 사회」18(1).

전상인, 2007, "계획이론의 탈근대적 전환에 대한 비판적 성찰,"「국토계획」42(6).

_____, 2009,『아파트에 미치다: 현대한국의 주거사회학』, 이숲.

_____, 2010, "우리 시대 도시담론 비판 — 동네의 소멸과 감옥도시에의 전조,"「한국지역개발학회지」22(3).

_____, 2012, "보이지 않는 도시를 찾아서," 이인식 외,『인문학자, 과학기술을 탐하다』, 고즈윈.

_____, 2014, "행복에 대한 공간사회학적 성찰,"「문화와 사회」16.

_____, 2016, "주거와 행복: '아파트 공화국'의 오해와 진실," 한국행동과학연구소(편저),「한국사회의 발전과 행복」, 학지사.

전상인·김미영, 2012,『옥상의 공간사회학』, AURI.

전종한 외, 2005,『인문지리학의 시선』, 논형.

전진성, 2005,『역사가 기억을 말하다』, 휴머니스트.

정기용, 2008,『감응의 건축: 정기용의 무주 프로젝트』, 현실문화.

정성훈, 2010, "공간의 의미 부각과 현대성의 위기,"「사회와 철학」20.

정수복, 2009,『파리를 생각한다: 도시걷기의 인문학』, 문학과지성사.

정지돈, 2015, "건축이냐 혁명이냐,"『2015년 제6회 젊은작가상 수상작품집』, 문학동네.

조경란, 2013, "봉천동의 유령,"『일요일의 철학』, 창비.

조명래, 2013,『공간으로 사회읽기 — 개념, 쟁점과 대안』, 한울.

조세희, 1986,『난장이가 쏘아올린 작은 공』, 문학과지성사.

조영식, 2015, "시간을 이긴 디자인 10선: 런던 지하철 노선도," NAVER 지식백과.

조주은, 2004,『현대가족 이야기: 〈현대자동차〉노동자가족의 삶을 통해 들여다
   본 한국 가족의 현실』, 이가서.

조홍식, 2016,『파리의 열 두 풍경』, 책과 함께.

최병두, 2010, "경부고속도로: 이동성과 구획화의 정치경제지리,"「한국경제지리학회지」
   13(3).

최성모, 1994, "김현옥론: 서울의 스카이라인을 바꾼 정열의 행정가," 이종범(편),
   1994,『전환시대의 행정가: 한국형 지도자론』, 나남출판.

최영준, 2010, "길의 문화적 조망: 영남대로에서 경부고속도로까지," 최영준 외,
   2010,『고속도로의 인문학』, hi-pass.

최인호, 1995, "깊고 푸른 밤," 최인호,『깊고 푸른 밤 외(外)』, 동아출판사.

최종현·김창희, 2013,『오래된 서울』, 동하.

한귀영, 1997, "부랑자의 탄생: 근대인과 그 타자성," 서울사회과학연구소(편),『근대
   성의 경계를 찾아서』, 중원문화.

함인희, 2016, "가족과 행복: '문화적 위선'을 넘어서," 한국행동과학연구소(편저),
   『한국사회의 발전과 행복』, 학지사.

함재봉·고명현, 2008, "밈(meme) 이론으로 본 촛불시위,"『월간조선』2008년 12월호.

허재완, 2010, "고속철도(KTX)의 빨대 효과에 대한 비판적 검토,"「도시행정학보」
　　23(4).

홍성태, 2006, "식민지 근대화와 물 생활: 근대 상수도의 보급과 일상생활의 변화,"
　　홍성태(엮음), 2006,『한국의 근대화와 물』, 한울.

홍성태·이명진, 2016, "자치민주주의의 사회적 조건: 마을만들기를 넘어 '마을민주
　　주의'로," 한국사회학회·대구경북학회, 2016 한국사회학회 지역순회 특별심포
　　지엄 〈한국 민주주의의 미래 III. 영남정치와 한국의 민주주의〉 발표자료.

가라타니 고진, 조영일(옮김), 2012,『세계사의 구조』, 도서출판b.

게이츠, 빌, 안진환(옮김), 1999,『빌게이츠@생각의 속도』, 청림출판.

게이틀리, 이언, 박중서(옮김), 2016,『출퇴근의 역사』, 책세상.

골드버그, 폴, 윤길순(옮김), 2011,『건축은 왜 중요한가』, 미메시스.

골드스미스, 마샬, "글로벌 커뮤니케이션과 선택적 공동체," 피터 드러커 외, 이재규
　　(옮김), 2000,『미래의 공동체』, 21세기북스.

괴테, 요한 볼프강 폰, 박영구(옮김), 1998,『괴테의 이탈리아 여행』, 푸른숲.

그라운트, 존, 윤기중(옮김), 2008,『사망표(死亡表)의 제(諸)관찰: 역병과 환경의
　　경제성 분석』, 법문사.

그람시, 안토니오, 이상훈(옮김), 1999,『옥중수고』, 거름.

그레이, 존, 김경숙(옮김), 1993,『화성에서 온 남자, 금성에서 온 여자』, 친구미디어.

그로, 프레데리크, 이재형(옮김), 2014,『걷기, 두발로 사유하는 철학』, 책세상.

글레이저, 에드워드, 이진원(옮김), 2011,『도시의 승리』, 해냄.

나리타 류이치, 한일비교문화세미나(옮김), 2007,『고향이라는 이야기: 도시공간의
　　역사학』, 동국대출판부.

나피에르, 니콜, 이세진(옮김), 2007,『다른 곳을 사유하자』, 푸른숲.

들뢰즈, 질·펠릭스 가타리, 김재인(옮김), 2003,『천 개의 고원: 자본주의와 분열증
　　2』, 새물결.

렐프, 에드워드, 김덕현 외(옮김), 2005,『장소와 장소상실』, 논형.

루만, 니클라스, 윤재왕(옮김), 2014,『체계이론 입문』, 새물결.

르 브르통, 다비드, 김화영(옮김), 2002,『걷기 예찬』, 현대문학.

르 코르뷔지에, 장성수(옮김), 1997,『새로운 건축을 향하여』, 태림문화사.

르페브르, 앙리, 양영란(옮김), 2011,『공간의 생산』, 에코리브르.

리더, 존, 김명남(옮김), 2006,『도시, 인류 최후의 고향』, 지호.

리제베로, 빌, 박인석(옮김), 2008,『건축의 사회사: 산업혁명에서 포스트모더니즘까지』,
　　열화당.

리프킨, 제레미, 안진환(옮김), 2014,『한계비용 제로사회 — 사물인터넷과 공유경제
　　의 부상』, 민음사.

마뇨, 알레산드로 마르초, 김정하(옮김), 2015,『책공장 베네치아 — 16세기 책의
　　혁명과 지식의 탄생』, 책세상.

마이어슨, 조지, 김경미(옮김), 2003,『하이데거, 하버마스, 그리고 이동전화』, 이제이
　　북스.

맥루한, 마샬, 박정규(옮김), 1997,『미디어의 이해』, 커뮤니케이션북스.

메를로-퐁티, 모리스, 류의근(옮김), 2002,『지각의 현상학』, 문학과지성사.

메시, 도린, 정현주(옮김), 2015,『공간, 장소, 젠더』, 서울대출판문화원.

미야자키 마사카스, 오근영(옮김), 2016,『공간의 세계사』, 다산북스.

바로니, 프란체스코, 문희경(옮김), 2008,『자전거의 역사: 두 바퀴에 실린 신화와 열정』,
　　예담.

바슐라르, 가스통, 곽광수(옮김), 2003,『공간의 시학』, 동문선.

Park(박), Steven, 남수현·이혜승(옮김), 2013,『르 꼬르뷔제: 200분의 1 주택편』,
　　Spacetime.

벡, 울리히, 홍성태(옮김), 1997,『위험사회 — 새로운 근대(성)을 향하여』, 새물결.

벤야민, 발터, 반성완(옮김), 2005,『발터 벤야민의 문예이론』, 민음사.

볼노, 오토 프리드리히, 이기숙(옮김), 2011,『인간과 공간』, 에코리브르.

브라이슨, 빌, 박여진(옮김), 2009,『빌 브라이슨의 발칙한 영국산책』, 21세기북스.

_____, 박중서(옮김), 2011, 『거의 모든 사생활의 역사』, 까치글방.

브로델, 페르낭, 주경철(옮김), 1995, 『물질문명과 자본주의 1-2: 일상생활의 구조 하』, 까치글방.

비릴리오, 폴, 이재원(옮김), 2004, 『속도와 정치』, 그린비.

Sharr, Adam, 장정제, 2010, 『건축과 철학 하이데거』, 건축과 철학.

세넷, 리차드, 임동근 외(옮김), 1999, 『살과 돌 — 서구문명에서 육체와 도시』, 문화 과학사.

소로, 헨리 데이비드, 강승영(옮김), 1993, 『월든』, 이레.

_____, 윤희기(옮김), 2013, "걸어서 들판을 지나 야생 속으로," 헨리 데이비드 소로 외, 2013, 『소로우에서 랭보까지, 길 위의 문장들』, 예문.

소자, 에드워드, 이무용(옮김), 1997, 『공간과 비판사회이론』, 시각과언어.

솔닛, 레베카, 김정아(옮김), 2003, 『걷기의 역사』, 민음사.

쇼르스케, 칼, 김병화(옮김), 2006, 『세기말 비엔나』, 구운몽.

쇼트, 레니에 존, 이현욱·이부귀(옮김), 2001, 『문화와 권력으로 본 도시탐구』, 한울.

쉐나우어, 노버트, 김연홍(옮김), 2004, 『집: 6000년 인류 주거의 역사』, 다우.

쉬벨부쉬, 볼프강, 박진희(옮김), 1999, 『철도여행의 역사: 철도는 시간과 공간을 어떻게 변화시켰는가』, 궁리.

슈미트, 칼, 김남시(옮김), 2016, 『땅과 바다』, 꾸리에.

슐츠, 크리스찬 노버그, 이재훈(옮김), 1991, 『거주의 개념: 구상적 건축을 향하여』, 태림문화사.

스미스, 데이비드 J., 황세림(옮김), 2015, 『지구의 역사가 1년이라면』, 푸른숲주니어.

스즈키 히로유키, 우동선(옮김), 2003, 『서양 근·현대건축의 역사: 산업혁명기에서 현재까지』, SIGONGART.

스콧, 제임스, 전상인(옮김), 2010, 『국가처럼 보기: 왜 국가는 계획에 실패하는가』, 에코리브르.

시모즈 아키코, 김난주(옮김), 2015, 『가족이라는 병』, 살림.

시오노 나나미, 김석희(옮김), 1995a, 『로마인 이야기 1: 로마는 하루아침에 이루어지지 않았다』, 한길사.

_____, 김석희(옮김), 1995b, 『로마인 이야기 10: 모든 길은 로마로 통한다』, 한길사.

아감벤, 조르조, 박진우(옮김), 2008, 『호모 사케르: 주권권력과 벌거벗은 생명』, 새물결.

아리에스, 필립, 문지영(옮김), 2003, 『아동의 탄생』, 새물결.

아탈리, 자크, 이효숙(옮김), 2005, 『호모 노마드: 유목하는 인간』, 웅진닷컴.

어리, 존, 윤여일(옮김), 2012, 『사회를 넘어선 사회학』, 휴머니스트.

_____, 강현수·이희상(옮김), 2014, 『모빌리티』, 아카넷.

엘리아데, M., 이은봉(옮김), 1998, 『성과 속』, 한길사.

우자와 히로후미, 임경택(옮김), 2016, 『자동차의 사회적 비용』, 사월의책.

제이콥스, 제인, 유강은(옮김), 2010, 『미국 대도시의 죽음과 삶』, 그린비.

줄레조, 발레리, 길혜연(옮김), 2004, 『한국의 아파트 연구』, 고려대아연출판부.

짐멜, 게오르그, 김덕영·윤미애(옮김), 2005, 『짐멜의 모더니티 읽기』, 새물결.

칼비노, 이탈로, 이현경(옮김), 2007, 『보이지 않는 도시들』, 민음사.

컨, 스티븐, 박성관(옮김), 2004, 『시간과 공간의 문화사』, 휴머니스트.

코노버, 테드, 박혜원(옮김), 2011, 『로드, 여섯 개의 도로가 말하는 길의 사회학』, 21세기북스.

코스토프, 스피로, 양윤재(옮김), 2009, 『역사로 본 도시의 모습』, 공간사.

코완, 루스 슈워츠, 김명진(옮김), 2012, 『미국기술의 사회사』, 궁리.

콜린스, 랜들, 김승욱(옮김), 2014, 『사회학 본능』, 알마.

크레스웰, 팀, 심승희(옮김), 2012, 『짧은 지리학 개론 시리즈: 장소』, 시그마프레스.

클라크, 그레이엄, 정기문(옮김), 2011, 『공간과 시간 그리고 인간』, 푸른길.

투안, 이푸, 심승희·구동회(옮김), 1995, 『공간과 장소』, 대윤.

파묵, 오르한, 이난아(옮김), 2008, 『이스탄불』, 민음사.

파이지스, 올랜도, 김남섭(옮김), 2013, 『속삭이는 사회 1: 스탈린 시대 보통사람들의 삶, 내면, 기억』, 교양인.

페로, 미셸, 이영림·이은주(옮김), 2013, 『방의 역사』, 글항아리.

페리, 클래런스, 이용근(옮김), 2013, 『근린주구론, 도시는 어떻게 오늘의 도시가 되었나?』, 커뮤니케이션북스.

Fujita, Hiroo, 이정형(옮김), 1995, 『도시의 논리』, 도서출판국제.

푸코, 미셸, 오생근(옮김), 1994, 『감시와 처벌: 감옥의 역사』, 나남.

_____, 오트르망(옮김), 2011, 『안전, 영토, 인구 ― 콜레주드프랑스 강의 1977-1978년』, 난장.

_____, 이상길(옮김), 2014, 『헤테로토피아』, 문학과지성사.

플로리다, 리차드, 이길태(옮김), 2002, 『창조적 변화를 주도하는 사람들』, 전자신문사.

하드로, 재닌, 박해천(옮김), 2004, "런던 지하철 노선도: 현대적 시공간에 대한 상상," 박해천·박노영·윤원화(엮음), 『디자인 앤솔러지』, 시공사.

하버마스, 위르겐, 한승완(역), 2001, 『공론장의 구조변동: 부르주아 사회의 한 범주에 관한 연구』, 나남출판.

하비, 데이비드, 구동회(옮김), 1994, 『포스트모더니티의 조건』, 한울.

_____, 최병두(옮김), 1995, 『자본의 한계: 공간의 정치경제학』, 한울.

_____, 김병화(옮김), 2005, 『모더니티의 수도, 파리』, 생각의 나무.

하워드, 에벤에저, 조재성·권원용(옮김), 2006, 『내일의 전원도시』, 한울.

하이데거, 마르틴, 전양범(옮김), 1992, 『존재와 시간』, 시간과공간사.

한병철, 김태환(옮김), 2012, 『피로사회』, 문학과지성사.

핼펀, 데이비드, 제현주(옮김), 2012, 『국가의 숨겨진 부』, 북돋움.

헉슬리, A., 정승섭(옮김), 1994, 『멋진 신세계』, 혜원출판사.

헐리히, 데이비드, 김인혜(옮김), 2008, 『세상에서 가장 우아한 두 바퀴 탈것』, 알마.

헤스코트, 에드윈, 박재근(옮김), 2015, 『집을 철학하다』, 아날로그.

호가트, 리처드, 이규탁(옮김), 2016, 『교양의 효용: 노동자계급의 삶과 문화에 관한 연구』, 오월의봄.

홀, 에드워드, 최효선(옮김), 2002, 『숨겨진 차원: 공간의 인류학』, 한길사.

후설, 에드문트, 이종훈(옮김), 2007, 『경험과 판단』, 민음사.

후지모리 데루노부, 한은미(옮김), 2012, 『인문학으로 읽는 건축이야기』, 이순.

히라카와 가쓰미, 남도현(옮김), 2016, 『고양이 마을로 돌아가다』, 이숲.

Agnew, John A., 1987, *Place and Politics: The Geographical Mediation of State and Society*, Allen & Unwin.

Arendt, Hannah, 1951, *The Origins of Totalitarianism*, HBJ Book.

Aristotle, Sinclair T. A.(trans.), 1981, *The Politics*, Penguin.

Augé, Marc, John Howe(trans.), 1995, *Non-Places: Introduction to an Anthropology of Supermodernity*, Verso.

_____, Tom Conley(trans.), 2002, *In the Metro*, The Univ. of Minnesota Press.

Bourdieu, Pierre, Richard Nice(trans.), 1984, *Distinction: A Social Critique of the Judgement of Taste, Routledge*, Harvard Univ. Press.

Casey, Edward S., 1987, *Remembering: A Phenomenological Study*, Indiana Univ. Press.

Castells, Manuel, Alan Sheridan(trans.), 1979, *The Urban Question: A Marxist Approach*, Edward Arnold.

Collins, Randall, 1994, *Four Sociological Traditions*, Oxford Univ. Press.

Conley, Tom, 2002, "Afterwords: Riding the Subway with Marc Augé," Marc Augé, 2002, *In the Metro*, The Univ. of Minnesota Press.

Cumings, Bruce, 1981, *The Origins of the Korean War*, Princeton Univ. Press.

Curtis, William, J. R., 1986, *Le Corbusier: Ideas and Forms*, Rizzoli.

de Certeau, Michel, Steven Rendall(trans.), 1984, *The Practice of Everyday Life*, Univ. of California Press.

Deleuze, Gilles and Felix Guattari, Brian Massumi(trans.), 1986, *Nomadology: The War Machine*, Semiotext(e).

Descartes, Rene, F. E. Sutcliffe(trans.), 1968, *Discourse on Method and the Meditations*, Penguin Books.

Diaconu, Madalina, Eva Heuberger, Ruth Mateus-Berr, Lukas Marcel Vosicky(eds.), 2001, *Senses and the City: An Interdisciplinary Approach to Urban Sensescapes*, LIT.

Fishman, Robert., 1982, *Urban Utopias in the Twentieth Century: Ebenezer Howard, Frank Lloyd Wright, and Le Corbusier*, The MIT Press.

Foucault, Michel, 1980, "Questions on Geography," Colin Gordon (ed.), C. Gordon, et. al. (trans.), *Power/Knowledge: Selected Interviews and Other Writings 1972-1977*, Pantheon Books.

_____, 1986, "Of Other Spaces," *Diacritics* 16(1).

Fukuyama, Francis, 1995, *Trust*, The Free Press.

Gans, Herbert J., 1962, *Urban Villagers: Group and Class in the Life of Italian-Americans*, The Free Press.

Gehl, Jan, Jo Koch(trans.), 1987, *Life Between Buildings: Using Public Space*, Van Nostrand Reinhold.

Giddens, Anthony, 1979, *Central Problems in Social Theory: Action, Structure, and Contradiction in Social Analysis*, Macmillan.

_____, 1990, *The Consequences of Modernity*, Stanford Univ. Press.

Halbwachs, Maurice, 1980, *The Collective Memory*, Harper & Row.

Hall, Peter, 1998, *Cities in Civilization*. Pantheon.

Harley, J. B., 1988, "Maps, Knowledge and Power," Dennis Cosgrove and Stephen Daniels (eds.), *The Iconography of Landscape: Essays on the Symbolic Representation, Design and Use of Past Environment*, Cambridge Univ. Press.

Harvey, David, 1985, *The Urbanization of Capital*, Johns Hopkins Univ.

Hazan, Eric, David Fernbach(trans.), 2010, *The Invention of Paris: A History in*

Footsteps, Verso.

Henry, Todd A., 2014, *Assimilating Seoul: Japanese Rule and the Politics of Public Space in Colonial Korea, 1910-1945*, Univ. of California Press.

Hillier, Bill, 1996, *Space is the Machine: A Configurational Theory of Architecture*, Cambridge University Press.

Horvath, Ronald J., 1974, "Machine Space," *The Geographical Review* 64(2).

Howes, David, 2001, "Vienna: Sensory Capital," Diaconu, Madalina, Eva Heuberger, Ruth Mateus-Berr, Lukas Marcel Vosicky(eds.), 2001, *Senses and the City: An Interdisciplinary Approach to Urban Sensescapes*, LIT.

_____(ed.), 2005, *Empire of the Senses: The Sensual Culture Reader*, Bloomsbury.

Ingold, Tim, 1993, "The Temporality of the Landscape," *World Archaeology* 25(2).

Jacobs, Allan B., 1993, *Great Streets*, MIT Press.

Jacobs, Jane, 1984, *Cities and the Wealth of Nations: Principles of Economic Life*, Random House.

Jencks, Charles, 1977, *The Language of Post-Modern Architecture*, Rizzoli.

Kay, Jane Holtz, 1998, *Asphalt Nation: How the Automobile Took Over America and How We Can Take It Back*, Univ. of California Press.

Lefebvre, Henri, Robert Bononno(trans.), 2003, *The Urban Revolution*, Univ. of Minnesota Press.

Lydon, Mike & Anthony, Garcia, 2015, Tactical Urbanism: Short-term Action for Long-term Change, Island Press.

Lynch, Kevin, 1960, *The Image of the City*, MIT Press.

Melvin, Jeremy, 2006, ··· *isms: Understanding Architectural Styles*, Universe.

Molz, J. Germann, 2010, "Connectivity, Collaboration, Search," Büscher, Monika, John Urry, & Katian Witchger(eds.), 2010, *Mobile Methods*, Routledge.

Mumford, Lewis, 1952, *Arts and Technics*, Columbia Univ. Press.

_____, 1961, *The City in History: Its Origins, its Transformations, and its Prospects*, Penguin Books.

_____, 1963, *The Highway and the City*, Harcourt Brace and World.

Miliutin, N., 1975, *The Problem of Building Socialit Cities SOTSGOROD*, MIT Press.

Putnam, Robert D., 2000, *Bowling Alone: The Collapse and Revival of American Community*, Simon & Schuster.

Sage, Henry Grabar, 2012, "The Essence of Paris: The Growth of the Metro and Ideas of Space, 1900-1914," *The Yale Historical Review: An Undergraduate Publication*, 2(1).

Scanlan, John, 2004, "Trafficking," *Space and Culture* 7(4).

Sennett, Richard, 1992, *The Conscience of the Eyes: The Design and Social Life of Cities*, W. W. Norton & Co.

Sonne, Wolfgang, 2003, *Representing the State: Capital City Planning in the Early Twentieth Century*, Prestel.

Stein, Gertrude, 1937, *Everybody's Autobiography*, Random House.

Stevens, Quentin, 2007, *The Ludic City: Exploring the Potential of Public Spaces*, Routledge.

Stovall, Tyler Edward, 1990, *The Rise of the Paris Red Belt*, University of California Press.

Talen, Emily, 1999, "Sense of Community and Neighbourhood Form: An Assessment of the Social Doctrine of New Urbanism, *Urban Studies* 36(8).

Tilly, Charles, 1975, "Reflections on the History of European State-Making," C. Tilly(eds.), 1975. *The Formation of National States in Western Europe*, Princeton Univ. Press.

UN-Habitat, 2013, *Global Urban Indicators Database*.

UN, 2005, *Economic, Social and Cultural Rights, UN Annual Report*.

Weber, Max, Talcott Parsons(trans.), 1958, *The Protestant Ethic and the Spirit of Capitalism*, Charles Scribner's Sons.

_____, Guenther Roth and Claus Wittich(eds.), 1978, *Economy and Society: An Outline of Interpretive Sociology*, Univ. of California Press.

Wilkinson, Philip, 2010, *50 Architecture Ideas You Really Need to Know*, Quercus.

Zukin, Sharon, 2010, *Naked City: The Death and Life of Authentic Urban Places*, Oxford Univ. Press.

찾아보기